本书作者近照

2007年8月，程志虎的妈妈攀登北京八达岭长城

妈妈的处世智慧与人生哲学，给了程志虎莫大启发，这
些年来，他将之融会贯通，运用到企业管理和监理工作中

　　百善孝为先，每次回家，程志虎都推着妈妈
散步聊天。妈妈经常教导的很多道理一直萦绕在
程志虎脑际，影响着他的人生

程志虎夫妇与95岁的老母亲在一起

相亲相爱一家人

　　2014 年 6 月，程志虎担任港珠澳大桥 SB01 标总监期间组织成立了工地卫生队。由于夏季天气炎热，现场常常发生人员中暑晕倒的情况。而姐姐电话里的一句"赤脚医生"，让程志虎顿时来了灵感。"工地卫生队"成立以后，暑期的3个月中，基地未发生一起人员食物中毒、伤亡事故，数起突发性的中暑事件也得到及时有效的处理

梦里依旧那座桥

程志虎 著

东南大学出版社
SOUTHEAST UNIVERSITY PRESS
·南京·

内容提要

本书是港珠澳大桥总监理工程师、"全国五一劳动奖章"获得者程志虎博士在中国交通建设监理协会会刊《中国交通建设监理》上开设的《"虎"说八道》专栏中发表的文章汇编。该专栏从 2017 年 1 月开始,至 2021 年 12 月结束,历时 5 年,总计 50 余篇,约 30 万字。程志虎博士的深情告白既有对职业梦想的热切追寻,也有期待行业回归高端的艰辛探索,字里行间浸透着一位交通科技工作者的一往情深。非凡的人生经历成为其创作的源泉,也造就了程志虎博士文章的温和及包容气度。程博士不仅写出了自己的秘密和情怀,也写出了行业的秘密和情怀。

图书在版编目(CIP)数据

梦里依旧那座桥 / 程志虎著. — 南京 : 东南大学出版社,2022.12

ISBN 978 - 7 - 5766 - 0279 - 1

Ⅰ. ①梦… Ⅱ. ①程… Ⅲ. ①交通工程-监理工作-中国-文集 Ⅳ. ①U491 - 53

中国版本图书馆 CIP 数据核字(2022)第 205350 号

责任编辑:杨 凡　责任校对:子雪莲　封面设计:王 玥　责任印制:周荣虎

特约编审:陈克锋　封面摄影:郝笑天

梦里依旧那座桥

著　　者	程志虎
出版发行	东南大学出版社
社　　址	南京市四牌楼 2 号(邮编:210096　电话:025 - 83793330)
印　　刷	南京迅驰彩色印刷有限公司
开　　本	787 mm×1092 mm　1/16
印　　张	13.5
字　　数	298 千字
版 印 次	2022 年 12 月第 1 版　2022 年 12 月第 1 次印刷
书　　号	ISBN 978 - 7 - 5766 - 0279 - 1
定　　价	68.00 元
经　　销	全国各地新华书店
发行热线	025 - 83790519　83791830

(本社图书若有印装质量问题,请直接与营销部联系,电话:025 - 83791830)

自序

我的心,仍将与监理事业紧密相连

时间过得真快,《"虎"说八道》专栏一晃已经走过了5个年头。当初《中国交通建设监理》编辑部向我约稿的情景,恍如昨日。

2016年底一个阳光明媚的下午,编辑部的崔云来到了港珠澳大桥SB01标总监办我的办公室。她对我说:"您集知名无损检测专家、杰出企业管理者、资深总监、中国交通建设监理协会副理事长等多重身份于一身,是行业的传奇人物。"听话听音,我多少有些尴尬,也有些发蒙,更有些紧张,不知道她葫芦里装的是什么药。

崔云倒是一脸轻松。她笑着对我说:"编辑部希望您在杂志开设一个专栏,将您多年来在监理一线积累的思考与感悟写出来,与同行分享。"原来如此,我松了一口气,心中甚感欣喜。

转念一想,我又实实在在地担忧起来:"写一两篇文章,对我倒不是什么难事,但要开设专栏连续地发表文章,我担心我没有这个功力。再者,我这个人的个性太过率直,闹不好还会引来无数的攻击和非议。"

"您不仅勤于思考、敢于实践,而且还善于总结、长于表达,是深受同行尊重和喜爱的'老虎'。把您的故事、思考和感悟写出来,大家一定会欢迎的。"崔云继续鼓励我。

"那这个栏目的名字就叫《"虎"说八道》吧! 但愿我的《"虎"说八道》不是胡说八道。"我当真是不知天高地厚,居然满口答应下来。

就这样,我变成了专栏作者,开始了我的《"虎"说八道》。从2017年第1期开始,转眼就是5年。截至2021年第12期,整整60个月时间,《中国交通建设监理》杂志《"虎"说八道》专栏共发表了我写的50余篇文章。

回顾这几年撰写专栏文章的经历,当真是酸甜苦辣在心头。说实话,这每期两页 3000 字的文章,对我来说是十分费心费力的。写作期间,我曾不止一次地想过放弃,但又觉得这样做对不起那些喜欢《"虎"说八道》的同行们,最终还是坚持了下来。

有一段时间,我特别崇拜金庸先生。他撰写的《笑傲江湖》《射雕英雄传》和《书剑恩仇录》等武侠小说,故事情节跌宕起伏,人物关系错综复杂,历史地理知识深入浅出,武功渊源娓娓道来,情感演绎曲折细腻,而它们居然都是在报纸上发表的连载小说,简直太厉害了! 我想,金庸先生所付出的艰辛,是常人根本无法想象的。

本期是 2021 年的第 12 期,是 2021 年收官之作,本文也将是《"虎"说八道》的最后一篇文章了。值此告别之际,总得再"虎说"一点什么。此刻我最想表达的,一是对《中国交通建设监理》杂志的各位编辑、对所有关心和喜爱《"虎"说八道》的领导和一线同行的感谢。其次对《"虎"说八道》进行一个简要的梳理总结,再就是谈谈下一步的打算,也算是对朋友们作一个交代。

我的感谢和感慨,首先要献给《中国交通建设监理》编辑部的各位领导和编辑,他们对我的写作给予了巨大的帮助和鼓励。现在回过头来再看,当初我的确是被崔云"忽悠"了。亲身经历后才知道,做一个专栏作者是一件十分艰难的事情。每到月底,编辑总会如期像"逼债"一样打电话来催稿,我心里总不免有些埋怨。慢慢地,也就形成了习惯。说起来也怪,如果哪一个月接不到催稿电话,我的心里反而感到空落落的,充满了期待。

就在前不久,我就闹了一个笑话。因为杂志今年 10 月刊和 11 月刊合刊成了一期,在 9 月底、10 月初的那几天时间里,我一直没有接到催稿电话。我果真按捺不住了,便给崔云打去了问询电话:"您怎么不'逼债'啦?"电话那头,崔云哈哈大笑:"那您就休息一个月吧! 两期合一期啦。"

我的感谢和感慨,也要献给中国交通建设监理协会的领导、交通运输部及各省份交通质监部门的领导以及那些常年工作在一线的监理工程师同行们。领导

和同行们的认可,是支撑我坚持写下去的动力源泉。几乎每期杂志刊出后,我都能够收到一些读者的电话和微信,他们对文章的内容进行点评以及对我进行鼓励。

中国交通建设监理协会原理事长凤懋润先生,每年年底总会让我把更新后的合订本给他送一本,也对《"虎"说八道》给予了很多指点。10余年来,我主持了10余座特大型桥梁的监理检测工作,自始至终得到凤懋润先生的悉心指导和帮助。他渊博的学术造诣、严谨的治学作风以及高尚的人格修养,使我深受感染、终身受益。

内蒙古自治区交通建设工程质量监督局局长王殿臣、贵州省交通建设工程质量监督局局长杨黔江、港珠澳大桥管理局总工程师苏权科、交通监理界德高望重的老前辈熊光忠先生、西南交通大学教授范文理、重庆市城市建设投资(集团)有限公司副总经理李华基、江西交通咨询有限公司副总经理习明星、中咨公路工程监理咨询有限公司总监王友斌……都是我的良师益友,对专栏给予了很多关注、指点和鼓励。王殿臣局长每一次见到我都会提到我写的那篇《妈妈的"经典语录"》,并鼓励我坚持写下去。

事实上,最应该感谢的,是所有工作生活在一线的监理工程师们。《"虎"说八道》栏目推出5年来,我接收到的最多的反馈信息还是来自一线的监理同行。他们告诉我,在监理项目一线紧张、艰苦和枯燥的生活中,《中国交通建设监理》是他们重要的精神食粮,《"虎"说八道》又是他们最喜欢看的内容,充满人生的哲理和启迪。这虽然是当面恭维我的话,但我听了后还是很受鼓舞,不仅让我感受到《"虎"说八道》的价值所在,也深切感受到坚持下去的意义和责任。

今年10月,我应邀参加了中国建设监理协会在长沙主办的"2021建设监理创新发展交流会",并作了《关于监理咨询企业创新发展的几点思考》的大会报告。这个会议的参会者大都是来自建设监理行业的领导和专家,会休期间,有很多新的朋友找到我,谈论的话题竟然是《"虎"说八道》,这让我深感意外。看来,《中国交通建设监理》杂志不仅是在交通监理行业,在建设监理行业也有很大的影响力。最让我感动的,是贵州陆通工程管理咨询有限责任公司一位名叫刘

洁刚的部长，居然将《"虎"说八道》的所有文章用图表形式进行了系统梳理，这样耐心细致的工作连我自己都没有做过。

写到这里，我要再一次向坚守在一线的监理工程师们致以最崇高的敬意和感谢！在"一带一路"异国他乡的炎炎烈日下，在青藏高原稀薄的空气中，在"天鸽""山竹"台风呼啸而过的沿海工地……数以万计的监理同行"以监理作为终身职业"，持之以恒、义无反顾、无怨无悔、默默无私地奉献着青春年华，谱写了一曲曲荡气回肠的英雄之歌。他们，是新时代交通行业最可爱的人！

这段时间，我又认认真真地将所有在《"虎"说八道》栏目发表的文章，从头到尾仔细阅读了一遍。借鉴刘洁刚的思路，我也对《"虎"说八道》进行了梳理，发现"虎说"是真，"八道"还真谈不上。如果一定要往"论道"上去"拔高"，顶多也就是"虎说"了"三道"：工程之道或监理之道、人生之道（感悟）、企业经营管理之道。如果用一句话来概括，就是"做人、做事、做监理"。内容主要包括三个方面，首先是我在日常工作、学习和生活中关于人生的思考和感悟，其次是我的总监生涯及对一些监理往事的回顾，更多的还是对工程哲学、监理之道以及企业发展之道、经营之道和管理之道的一些思考与感悟。

有些文章我还是非常喜欢的，比如《妈妈的"经典语录"》《我的重庆情结》《孤岛私语》《"虎"说八道》《写给两位年轻监理的信》以及《随感录》《心灵的锁》等，饱含着我的真情实感，充满正能量。也有一些针砭时弊的文章，属于幽默调侃、"边走边骂"之作，如《女CEO的短信》《大佬与老大》《不过是一个伪球迷》《我小子，真该踹》等。《"虎"说八道》的主要内容大多是围绕监理核心主题而开展的，数量最多，内容也最丰富。

我是一个职业监理工程师，所思所想、所梦所行当然离不开监理主题。诚如我在《持之以恒的职业情怀》中所言，"岁月匆匆催人老，梦里依旧那座桥"。梦里的那座"桥"，就是我持之以恒倾注巨大热情和全身心投入的监理事业。

因为我个人的力不从心，《"虎"说八道》专栏即将关闭。最后，我想要告诉所有喜欢我的朋友，专栏关闭后，我仍然会写文章，我的心，仍将和监理事业紧紧地连在一起。

目录

"互联网一"：企业转型之道

"互联网＋"的概念,相信大家已然十分熟悉。今日我提出的所谓"互联网一",与"互联网＋"并不对立。只是,变加为减,对于生存与发展面临严峻挑战的监理企业而言,或许是互联网时代转型与发展的唯一出路。

互联网的功能是如此强大,早已经深入世界的每一个角落,甚至改变了我们的生活和生产方式。互联网无所不在,就像高速公路之于我们的工作生活,不管你是否喜欢,其实你早已经离不开它。新常态下中国经济要转型,"互联网＋"是必然的发展趋势。也就是说,各行各业必须与互联网相结合,才能跟得上时代发展的脚步。

互联网是一个平台。只是,这个平台的功能实在太过于强大,能够让地球变平,让距离消失,让时间和空间都掌握在你自己的手中。当"互联网＋"铺天盖地涌来时,很多人蜂拥而上,生怕晚一步就会落伍,更不能让别人感觉自己不够时尚。给人的感觉似乎是,不管是谁,只要与互联网加在一起,就立马插上了腾飞的翅膀,点石成金,芝麻开门。

事实果真如此吗? 当然不是。尽管互联网的功能极其强大,能够让信息传播更快捷,让沟通变得更畅通,让交易变得更及时,让支付变得更保险,却无法改变事物的本质属性。换句话说,你的产品、你的服务,并不能因为互联网而改变它的固有属性。如果你经营的企业是一个负债累累、濒临倒闭、产能过剩又缺乏核心技术和核心产品的生产型企业,"互联网＋"恐怕也不能改变你的命运。可悲可叹的是,这些企业并没有找到真正的病根,更没有采取有针对性的措施,而是一味寄希望于"互联网＋"。"互联网＋"成了他们手中的救命稻草,后果如何,可以想到。更有甚者,在"互联网＋"的旗帜下,跟风融资,盲目扩张,借壳上市……编织着一个又一个美丽动人的故事。后果如何,也可想而知。

无论是产品还是服务,不管你如何经营,终究要回归到它的本质属性。缺乏核心理念、缺乏核心人才、缺乏核心技术以及缺乏核心产品的企业,终究要被市场所淘汰。"互联网＋",只会加快你走向死亡的步伐。

笔者认为,在互联网时代,监理企业更应该注重自身核心竞争能力的培养,更应该注重核心技术、核心产品的培育,更应该注重核心团队的建设。尖锐的钉子比笨拙的榔头更容易突破重重包围,要敢于丢弃那些落后的、影响企业发展的过剩产能,敢于淘汰那些不能与时俱进的员工,敢于大刀阔斧地进行改革创新,丢掉包袱,轻装前进。这就是我提出的"互联网一"的理念。

用一句话来概括,就是"互联网帮你做减法"。"互联网一"的概念,并不是抵制互联网的使用;恰恰相反,企业应该充分利用互联网平台,剪除阻碍企业发展的那些多余的东西,帮助企业实现转型升级。对于监理企业来说,这尤为重要和迫切。

日本杂物管理咨询师山下英子曾经提出"断舍离"的概念。她倡导人们在整理自己的杂物时要"断绝不需要的东西,舍弃多余的废物,脱离对物品的迷恋"。这看似是物品管理理念,实则是生活理念,也是现代商业的理念。笔者认为,做企业和做人一样,不能贪多求大。尤其在公司核心业务和产品上,一定要聚焦。在创业初期,团队、资金、产品都不成熟完备的时候,创业者先要想着如何将一个产品的价值发挥到最大化,而在一些非核心的问题上"断舍离"。

2017,监理企业遭遇前所未有的全新挑战,其生存与发展面临一系列复杂的现实问题。充分利用互联网平台把减法做好,进而大胆进行体制机制改革,引进人才、提升技术、创新管理模式以及塑造核心竞争能力,是监理企业转型与发展的唯一出路。

显然,这并不是一件很容易的事情。

在互联网时代,监理企业更应该注重自身核心竞争能力的培养

家门口的国际竞争

"在中国经济发展进程中,没有一个行业像监理这样,实现了如此快的迅猛发展,引起过如此多的期待、关注、误解与非议,承受过如此多的压力和磨难。"这是十年前笔者在刊物上发表的《在激情与理智的交叉点上》中的一句感慨。

一不留神,十年时间已经过去。监理行业的现状,似乎并没有得到根本性扭转。一样的期待与关注,一样的误解与非议,一样的压力与磨难,似乎又多了一些无助与迷茫。在激情与理智交叉点上抱怨、纠结与徘徊多年,监理企业的老总们,终于明白了塑造核心竞争力的重要意义。打铁还需自身硬嘛!可就在老总们苦苦追寻企业转型升级之道的时候,"国际化"的浪潮已经席卷而来,发生在"家门口的国际竞争",早已如火如荼。不知道这究竟是机遇还是挑战?

"我从睡梦中醒来,可醒来才发现这世界变化太快……"这是崔健在《新长征路上的摇滚》中唱出的无奈。是啊,这世界变化太快!监理企业应当睁大眼睛,认清我们所置身的时代,抓住机遇,应对挑战,把握未来。

与十年前相比,中国经济发生了天翻地覆的变化。随着我国综合国力的不断增强,中国已经成为拉动世界经济前行的一个重要引擎。国家"一带一路"建设的实施,如同长风浩荡,为我国企业"走出去"起到了强大的引领和支撑作用,创造出了难得的国际化机遇。放眼望去,跨地域、跨行业、兼具多种业务模式于一体的国际工程承包业,可谓风生水起,业已成为国际项目管理人才沟通与交流的重要平台。国际化,已经不再是一个新名词。

按照经济学的定义,"国际化"的概念,是指企业有意识地追逐国际市场的行为体现。值得指出的是,"国际市场"并不等同于"国外市场","国际化"也不仅仅是指国内的企业"走出去",当然也包括国外的企业"走进来"。或许,发生在"家门口的国际竞争",更加精彩纷呈,更加惊心动魄。

港珠澳大桥工程,是当今世界上规模最大、技术要求最高,也是施工和项目管理难度最大的超级工程。在港珠澳大桥工程中,笔者作为 SB01 标的总监理工程师,亲身经历、目睹了这场发生在"家门口的国际竞争"。

无疑,港珠澳大桥工程是典型的国际化超级工程项目。事实上,自 2001 年 12 月 11 日正式加入世贸组织(WTO)开始,中国已经全面融入了世界经济市场,完成了与国际接轨。国内企业"走出去",国外企业"走进来",中国市场,业已成为国际市场的一个重要组成部分。不久前,在瑞士达沃斯召开的世界经济论坛 2017 年年会上,国家主席习近平发表了题为"共担时代责任,共促全球发展"的主旨演讲,强调推动经济全球化已成为中国的国家战略。中国,当之无愧已成为经济全球化的中流砥柱。

在国际化背景下,尤其是面对发生在"家门口的国际竞争",中国监理企业的机会在哪里？又将面临什么样的挑战呢？进一步说，在国际化背景下，中国的监理咨询企业该如何把握机遇、顺势而为，及早做出关乎企业长远发展的战略抉择？又该如何应对挑战、化解风险，实现创新发展？

接下来，让我们先看一看来自港珠澳大桥超级工程的简要介绍和几组数据。我相信，通过对港珠澳大桥工程的解剖分析，能够帮助我们准确把握"国际化"背景下工程项目的特点和要求，或许也能够为监理企业的创新发展，提供某些有价值的借鉴和引领。

港珠澳大桥工程是中国交通建设史上规模最大、技术最复杂、标准最高的工程，是中国迈向世界桥梁强国的里程碑项目，代表了现代桥梁工程的发展方向，是几代中国交通人的骄傲与梦想。它跨越伶仃洋，东接香港特别行政区，西接广东省珠海市和澳门特别行政区，是"一国两制"框架下、粤港澳三地首次合作建设的超大型跨海交通工程，工程总投资超过1200亿元。

港珠澳大桥工程集岛、隧、桥于一体，是一个超级集群工程，包括珠海、澳门接线，珠海、澳门口岸，海中桥隧主体工程，香港接线及香港口岸，总长55公里，建成后将成为世界上最长的跨海大桥。海中桥隧主体工程长约29.6公里，其中沉管隧道长约6.7公里，两个海中人工岛面积各10万平方米，海中桥梁全长约22.9公里。

港珠澳大桥工程的自然条件复杂、工程技术难度高，所在的伶仃洋海域通航条件复杂、环保要求高，海中隧道、人工岛、钢结构工程都具有世界级难度。在项目管理方面，建设管理需要融合三地，建设工期紧迫，建设质量保障存在挑战，参建方众多，管理协调、信息沟通难度极大。

港珠澳大桥工程的核心理念，包括全寿命周期规划，需求引导设计，大型化、标准化、工厂化、装配化，立足自主创新、整合全球优势资源，以及以合同履约为基础的一桥各方关系。新材料、新方法、新技术、新工艺、新装备、新手段的交叉融合与成功运用，极大地推动了桥梁行业的技术进步。关键技术创新包括海中人工岛快速成岛技术、沉管管节工厂化制造技术、钢箱梁的工厂化制造与安装技术、120年耐久性保障技术等。

据不完全统计，港珠澳大桥的参建单位超过100家，被称为"百团大战"。

国内知名的企业，包括中国交通集团（一航局、二航局、三航局、四航局、天航局、广航局、一公局、二公局、公规院、上海振华等）、中国中铁集团（大桥局、大桥院、铁四院、桥科院、港航院、山桥集团、宝桥集团、中铁建物资等），来自全国各地的著名企业（广东长大集团、广东交通集团、广州地铁院、上海市政院、上海隧道院、上海城建、北京交科院、江苏交科院、江苏法尔胜、江苏蓝舶、武船重工、武桥集团、成都新津新筑等）等数十家企业。

来自国外的国际知名咨询公司，包括美国AECOM、丹麦COWI、美国奥雅纳工程顾问、美国林同炎国际工程咨询、荷兰隧道工程咨询、英国莫特麦克唐纳、日本长大株式会社、英国合乐集团、日本神钢、日立造船株式会社、德国隔而固、挪威佐敦涂料、德国毛勒、意大利科尼特钢、中远关西涂料、瑞士埃施利曼、美国联邦公路署、韩国三星集团等二十余家。

来自国内的著名监理企业，包括中铁大桥院咨询监理公司、中国船级社实业公司、中铁大桥局桥科院监理公司、铁四院(湖北)工程监理咨询有限公司、广州南华工程管理有限公司、西安方舟工程咨询监理有限责任公司、广东华路交通科技有限公司、重庆中宇工程咨询监理有限责任公司、广州港水运工程监理公司、广州市市政工程监理有限公司等数十家。

国内的交通建设市场,也是国际竞争的舞台。港珠澳大桥这一正发生在"家门口的国际竞争",是一个典型的案例,具有很强的示范性和导向性,给我们带来了巨大的冲击和感悟。

如何跨过更加规范、更加透明、更加严格的国际招标门槛,在国际竞争中脱颖而出,是监理企业参与国际项目遭遇的第一个难题。长期以来,某些监理企业之所以能够实现超越自身能力的"激情扩张",更多是因为"经营手段"和"人脉关系",再就是因为"条块分隔""行业保护"甚至是"黑箱操作"。更有甚者,扯一面旗帜作为挂靠,凭特定关系揽一个项目,也能够帮助某些监理企业完成"跨越式发展"。在国际化背景下,企业发展最重要的因素,早已从人脉关系和行业保护,提升到战略眼光、管理水平、核心技术、品牌形象、人才队伍等核心竞争能力的培养和运用上来了。要想在国际化竞争中免遭淘汰,如何全方位提升核心竞争能力,是监理企业不可或缺的功课。

国际化背景下,监理企业在项目实施过程中,必须切实履行合同职责,提高服务质量,必须按照国际标准、合同文件、国际惯例开展工作,必须经得起来自各方的严格监督与考评。港珠澳大桥所谓的"百团大战",相互之间究竟在比什么呢?答案:比人才、比技术、比管理、比装备、比质量、比安全、比履约、比诚信、比创新……

如今,国际工程项目的规模日益大型化、复杂化,涉及的利益相关方不断增多,参建各方来自世界各地,都是通过国际招标进入,人员组成也日趋多元化,跨文化沟通与管理的难度大大增加。类似于港珠澳大桥按照"就高不就低"原则取用三地标准,国际工程项目的技术标准越来越高。建设中涉及的技术、规范等越来越细化、多样,这使技术标准的规范统一难度加大。国际工程项目的建设周期长、可变因素多,使用的货币种类和支付方式多,再就是政治、经济、文化、宗教、自然、经营管理等方面的风险因素也普遍存在,需要增强防范风险的意识,加大风险管控和资金投入。另外,国际工程项目强调以人为本、绿色环保和可持续发展的理念,对于安全质量的控制,要求也更加严格。

在国际化背景下,监理企业要"走出去",首先要能够赢得"家门口的国际竞争"。限于篇幅,笔者提出以下八对关键词,作为自己总结的一些应对之策:"道法术器,竞争能力""准确定位,锁定目标""业务转型,高端创新""资源整合,合作共赢""改造重组、资本运作""与众不同,特色鲜明""安全质量,风险管理""诚实守信,国际惯例"。

有专家预言:2017年注定将成为动荡之年、磨难之年、迷茫之年。难道说,这就是监理企业的宿命?笔者当然不敢苟同。心中的回答是:数风流人物,还看今朝!

总监秘诀(三则)

如何妥善协调处理安全、质量、投资、进度间的关系

对项目业主而言,对"工程安全质量"的关注,更多地表述在各种会议和文件要求之中。然而,他们对于工程进度、投资的关注,往往是无声的,但一定是发自内心的。说这段话,并不涉及哪个项目、哪个人。说得更确切些,或许这就是当今中国如火如荼的超大规模工程建设中所体现出的"政治经济哲学"。

一个懂政治、讲政治的总监,不仅要充分理解会议上各级领导对安全质量的要求,更应善于聆听并深刻领会来自心灵深处的声音。无论如何,这都是对总监智商、情商的极大考验。

如何妥善协调处理好安全、质量、投资、进度相互之间的关系,这的确是一个难题。如果把这个题目转化一下,或许能够帮助总监尽快找到答案。换句话说,总监首先应该对工程监理的业务属性、风险特征有清醒的认识,进而才能找到监理工作的核心重点。

近年来,我国不断发生的"铁路动车事故""桥梁垮塌事故",暴露了我国工程建设过程中深层次的质量和效益问题。大多数桥梁,设计本身并没有多大毛病,但最终质量能否达到要求,关键还在于施工过程中的质量控制的好坏。

从客观上说,监理对进度、费用的控制,力度是很有限的。这除了监理自身的能力原因外,还取决于业主对监理的授权是否充分,以及我国现行的工程项目管理模式和人们的传统习惯。从深层次分析,"工程各方"尤其是项目业主、承包商的质量意识、履行合同的意识,以及对有关规章制度的"贯彻、落实",是问题的关键。

工程的安全质量,对于监理来讲,是实实在在的。因为监理不到位、失职或过失,或错误的检测结果,导致安全与质量事故、工程延期或业主经济损失,监理单位将被索赔甚至承担刑事责任。一旦工程项目出了安全质量事故,哪怕监理确实尽心尽职,也常常会成为"替罪羊"。

工程监理的业务属性,是对工程建设过程中各类风险的控制;工程建设过程中最大的风险就在于"安全质量"。因此,工程监理的核心任务,是确保工程的安全质量。甚至可以说,安全质量是关乎监理企业生存与发展的生命线。

笔者总结出以下几句"口诀",可以作为处理安全、质量、投资、进度间关系的基本准则:"牢记职责,不辱使命,宁做恶人,不做罪人。"

如何处理重大安全质量问题和隐患

对总监职业心、责任感和良知的真正考验,发生在对于重大安全质量问题和隐患的处理过程中。比如说,监理的平行检测、第三方抽检等过程中,发现工程或结构件出现重大质量缺陷,该如何处理呢?报废?让步接收?还是降低验收标准?重大安全质量问题的处理,还

涉及进度调整、工程索赔、责任追究等一系列相关问题。

事实上，发现重大安全质量问题和隐患，对项目业主、承包商来说，同样也是面临考验。尤其是承包商，在重大安全质量问题和隐患面前，其对安全质量的认识、社会责任感以及履行合同的意识，将表现得淋漓尽致。

无论如何，监理对于重大安全质量问题和隐患，不能做丝毫的让步。以下八句口诀，可以作为重大安全质量问题和隐患（或事故）的"总监秘诀"："事故汇报要及时，应急预案要启动，原因调查要深入，事故责任要理清，纠正措施要得当，预防措施要落实，跟踪检查要到位，归档资料要完整！"对于企业质量管理，"八句口诀"也可以作为处理重大问题的基本准则。

"事故汇报要及时，应急预案要启动。"一旦发生重大安全质量事故，现场监理工程师必须在第一时间向总监/分管副总监汇报事故情况；在要求承包方立即启动应急预案的同时，会同承包方积极组织人员疏散、抢救，对事故现场进行控制，避免事态或损失进一步扩大。发现工程中存在重大安全隐患，以及在检测中发现重大质量问题，也应及时向总监汇报，同时采取措施对现场进行控制，以便于后续的原因调查和分析。对于特别重大的安全质量事故，总监应及时向项目业主、所在地政府的安全质量监督部门报告。

"原因调查要深入，事故责任要理清。"获悉发生重大质量问题与隐患（尤其是发生安全事故）的消息后，总监应及时赶到现场，在参与现场处理的同时，应督促承包商组织有关人员对重大质量问题与隐患的产生原因进行深入调查。对于特别重大的安全质量事故，总监办应组织专家调查组对事故产生的直接或间接原因进行诊断分析。

对事故原因的调查分析一定要深入透彻，这对于将来采取纠正与预防措施、处理因事故引起的索赔，以及追究相关人员的责任等，至关重要。

"纠正措施要得当，预防措施要落实。"产生重大安全质量问题与隐患的原因可能是多方面的，有直接原因（如施工或制造工艺问题、人为责任问题、技术问题、气候环境等），也有间接原因（如安全质量意识问题、管理问题等）。通常，针对直接原因所采取的是纠正措施，针对间接原因则需要制订预防措施。无论是纠正措施还是预防措施，都必须具有针对性、科学性与有效性；更关键的是，这些措施必须实实在在落实到位，确保类似重大安全质量问题与隐患不再发生。

"跟踪检查要到位，归档资料要完整。"对于承包商所采取的纠正措施或预防措施的落实情况及其效果，监理方应紧盯不放，指定专人进行跟踪检查，确保问题得到妥善处理和有效解决。在此基础上，要求编写承包人《重大安全质量问题处理报告》，对重大安全质量问题的调查过程、原因分析、纠正措施或预防措施及其落实情况、处理结果等进行总结汇报。监理方应督促承包人整理、汇总重大安全质量问题处理过程中的所有材料，形成完整的案卷，以便将来提交归档。

"八句口诀"所描述的程序和原则，看起来并不复杂，但要真正做到位却非常困难。难在哪里呢？正如安全质量问题的产生原因，有直接原因，也有间接原因；人员的责任，有直接责任,也有间接责任;领导的讲话,有明确的关怀,也有隐含的希望。面对来自各方面的压力,能够将间接原因分析透彻、对隐含希望深刻领悟的人,这世界上有几个?

一个合格的总监,必须是一个有高度社会责任感、职业操守与良知的人,要经得起各种诱惑与考验。恪守"牢记职责,不辱使命,宁做恶人,不做罪人"基本准则,是"八句口诀"的前提所在,是"秘诀中的秘诀"!

如何正确应对工程变更、计量支付与索赔等事务

工程监理过程中,应对设计变更、工程索赔以及重大技术方案评审等事务,总监的责任是巨大的,可谓"一字千金"。这些事务往往是与工程的进度、费用、安全质量联系在一起的,尤其涉及业主、设计单位、承包商等工程各主体单位之间重大的利益和责任纠纷时,总监的态度将备受各方关注。如果处理不当,除当事各方将提出质疑和不满外,还可能导致纠纷的进一步激化,甚至诉诸法律,对工程项目造成极其不利的影响。

无疑,这是对总监专业知识、政策水平与管理协调能力的极大挑战与考验。依据多年来担任总监工作的实践积累与思索,笔者总结出以下"四句口诀",可以作为判断与处理类似事务的"总监秘诀":"理由是否充分? 数据是否准确? 程序是否合法? 资料是否完整?"

事实上,这也是公司管理者在进行重大决策时应该恪守的基本准则。

"理由是否充分?"在做出某个重大决策前,首先应进行广泛深入的调查研究工作,深入倾听来自各种渠道不同的声音,进而判断即将要做出的决策,必要性如何? 迫切性如何? 是否切实可行? 利弊与风险如何? 如果理由并不很充分的话,切不可急于做出决策。要知道,有些错误决策一旦做出,造成的损失或不良影响,可能在短时间内很难消除。

"数据是否准确?""用数据说话、用事实说话"是我们分析问题、解决问题的基本原则。合理的判断应建立在调查研究基础之上,更应建立在对内外部信息与数据进行科学分析的基础之上。只有通过对相关真实信息与数据的深入分析,才能去粗取精、去伪存真、透过现象看到问题的本质。然而,怎样才能保证信息与数据的准确性呢? 毛主席说过,"从群众中来,到群众中去""没有调查就没有发言权"! 无疑,广泛深入、多渠道地进行调查研究,是获得准确信息数据、进行科学判断和决策的根本保证。

"程序是否合法?"工程建设强调必须严格按照国家的建设程序进行。国家的各项法律法规和基本建设程序,是规范工程建设参建各方职业行为的基本准则,必须严格贯彻执行。任何凌驾于法律法规、建设程序之上的行为,都是非法的。事实上,企业的经营管理也是如此。公司的各项工作,必须在国家的法律法规和企业规章制度的框架内,严格按照既定的工作程序进行。尤其是涉及干部任免、机构调整、整合重组等的重大决策,必须按照相关程序经集体研究并报董事会批准后,才能贯彻实施。过程不可超越,一旦在步骤和阶段中有所超越,则必然要为此付出沉重的代价。

"资料是否完整?"ISO 9000 族标准有一个基本原理,就是"QS 是用记录加以证明的,记录就是证据",体现出 QS 的严密性与可追溯性。在质量体系的运行过程中,所有质量活动都必须留有记录,以证明质量体系的运行状态以及某项质量活动的完成情况与效果。工程

建设管理资料的完整性,对于工程建设项目来说至关重要。对企业的经营管理,何尝又不是如此呢?

　　这四句话,道理并不深奥,内涵却十分丰富,加之这四句话对仗工整、朗朗上口,在CCSI(中国船级社实业公司)的监理项目中,甚至在CCSI的管理层干部中,早已耳熟能详,逐步演变为处理类似问题的"秘诀"。

在港珠澳大桥担任总监期间,程志虎现场检验钢箱梁

女 CEO 的短信

大约在八年以前,因为业务关系,我有幸认识了江南某民营企业一位漂亮的女 CEO。除了热情、美丽和聪明伶俐,给我留下最深刻印象的是她的勤奋好学与锲而不舍。据说,她投身民营企业的励志故事,已经被拍成了微电影。

上大学的时候,她是外语系的一名女学生。阴差阳错地,她大学毕业后嫁人从夫,从婆婆手中接过了一家规模并不算小的制造企业,并担任总经理。一晃,她在总经理的岗位上,已经十余个年头。在她的经营管理下,这家企业早已今非昔比,取得了骄人的业绩。

她曾多次只身赴新加坡、台湾地区等,参加有关工业企业管理的培训。每次学习归来,她总喜欢将课程中学习到的理论和案例,制作成展板,悬挂在办公室、会议室、大楼的走廊甚至车间的每一面墙壁上。有一次,她在参加了某培训机构组织的拓展训练后,立马回厂组织全体职工进行模仿训练。她不仅如饥似渴地学习各种知识,并且总能够立竿见影地将学到的知识"现买现卖",在工厂中组织实施。

几年前,她开始通过短信方式,每天给员工发送一条短信。短信的内容,大多是一些励志的名人语录、格言警句。短信虽短,但语言大都十分精炼,饱含着人生哲理,让人非常喜欢。或许是因为我对此的欣赏,此后,她在短信的群发名单中,加进了我的名字。

世界上,果真有如此执著之人。我已经记不清有几年了,至少已经整整五年,我每天早上 8 点左右,都能接到这位女 CEO 的短信。最让人难以置信的是,就算是在春节,她的短信也会如期而至。当然,偶尔也有例外,她会发出一则告示:"×月×日至×月×日,出国学习,短信停发,请予谅解。"我想不明白,究竟是什么信念和力量,支撑着她持之以恒、几年如一日地重复着这样一个单一的动作。

惊叹于她的执著,每天收到她的短信,我总会认真阅读。起初,看到有感触的内容,我甚至还会给她回一个短信,谈谈我读后的感悟。然而,她似乎压根就没看到过我的回复,还是一如往常,一直发、一直发,从未间断。我呢,照样心平气和,一直看,一直看,但不再回复。

日复一日,女 CEO 的励志短信装满了我的手机。我闭上眼睛,试图回忆起她短信的只言片语,脑海里却总是一片空白。五年来,累积在手机里的短信多达一千八百条,似乎一条也没有留存在我的记忆之中。我常常想,对于喜欢阅读与思考的我来说尚且如此,那么,她的员工和朋友们在日复一日收到这些短信后,又将如何呢?

一如往常,某日早上 8 点左右,我又如期收到了女 CEO 的短信。今天的短信,真的很短,只有一句话:"这世上那么多天灾人祸你没有经历过,所以你才有闲心整天要死要活。"我不知道这则短信她是从哪里摘录下来的,但我能够肯定,这只是原文中的一句话而已。这句话,放在原文中,应该不会有任何问题;可她却偏偏将其"挑"了出来,又不做任何交代,让人感到一头雾水。

或许,是因为原文篇幅太长,她把完整的段落分解成独立的句子,每则短信发其中的一句吧。果真如此的话,就需要将前后几天的短信联系在一起阅读。于是,我干脆静下心来,按照由近及远的顺序,再次阅读了她最近的短信,结果却让我非常吃惊。

前一天的短信是这样写的:"六个字就可以把我的一生感悟总结出来,那就是:生活仍会继续。"再往前追溯一天,短信的内容是:"以貌取人,是科学的。性格写于唇边,美满露于眼角,理性感性寄于声线,坦诚虚伪映在瞳仁。站姿看出才华气度,步态可见自我认知。声色里有近来心境,眉宇间藏过往岁月。衣着显审美,发型表个性。职业看手,修养看脚,贫穷从全身散发出来。"再往前追溯一天,短信说:"乐观,就是肯定所有发生的一切事情。"

我不知道她这些短信的来源,也不知道她是如何筛选的,短信内容的离散性、跳跃性很大,前后两天的短信内容,似乎找不到一点相关性。往往是,昨日的内容还没有来得及消化,今日新的内容又来了。

并且,短信的内容和寓意,似乎也值得商榷。那些名人的妙语高论,往往是特定语境下的产物;如果把它单独挑出来再说一遍,就会显得很不得体,甚至连意思都变了。就像前面的那句话,"乐观,就是肯定所有发生的一切事情",悲观难道就不是吗?悲观,也正是因为肯定所有发生的一切事情。两者真正的区别在于,面对所发生的一切,乐观者能够从中看到希望,而悲观者内心则充满失望,乐观者能够积极应对,悲观者则情绪消极。

再举一个有趣的例子。女 CEO 在某天的短信中,发来了这样一段话:"如果你太在意别人的想法,那么你的生活就会变成一条裤衩。别人放什么屁,你都得接着。人活着,总有看不惯的人,就像别人也看不惯我们一样。"

不知道是哪位"名人"在什么场合哗众取宠的"俏皮话",居然被其奉为名言,真让人哭笑不得。这位"名人",或许是受到了别人的刺激,想骂人家"放屁",于是就借用"裤衩"作为道具,自以为骂得十分巧妙。遗憾的是,这位"名人"似乎并不懂得逻辑,把自己骂进去了,居然还浑然不知。与其说这是一句"名言",还不如说它就是一句"脏话"。

显然,女 CEO 并没有理解这句"脏话"的含义。否则,她绝不会选择这句"俏皮话",一点正能量都没有。这样,能够得到她所期待的励志效果吗?

事实上,我的涵养功夫也很差。看了这则短信后,我居然给女 CEO 发去了一则短信,谈了我的感受:"这段话是谁说的呀?不够文明,比喻也不够恰当。生活是动态的,不可能变成裤衩;就算真的变成了裤衩,也只能是自己的裤衩。自己的裤衩,或许能够接着自己放的屁,但接不着别人放的屁。打一个恰当比方,能够说明一个深奥的道理。如果比方不够恰当,其效果与境界就大不一样了。"短信的结尾,我还特意加了一句:"读后有感,不吐不快;错误之处,敬请谅解!"

让我没有想到的是,女 CEO 给我回信了。她说:"谁说的并不重要,每个人接收到的感受不一样就可。按照自己能够理解的积极面领悟就好。"

说真话,女 CEO 的回答,我真的很不满意。如此粗俗的"脏话",会给人什么好的感受呢?又有谁,能够理解其中的积极含义呢?并且,女 CEO 这句带有明显"暴力"倾向的回答,也说明她的心态已然严重扭曲。考虑到她的性别,我再没有说话。

为什么说她有暴力倾向呢?事实就摆在面前,她把如此粗俗的"脏话",通过短信方式强行塞进了人家的手机,还要求人家"按照自己能够理解的积极面领悟就好",这是典型的网络暴力。

或许,大家都听说过"爷孙俩与一头驴"的故事。爷孙俩牵着一头毛驴去赶集,爷爷出于对自己孙子的爱,把驴让给孙子骑,有人指责孙子不尊老;孙子听后,把驴让给爷爷骑,又有人指责爷爷不爱幼;于是乎,爷孙俩商量着一块儿骑,更有人指责他们虐待毛驴;那就一块儿走吧,旁人却嘲笑爷孙俩是傻瓜,有驴不骑。故事告诉我们,做人真难。那位愚蠢的名人,如果换成这个故事来说明"不必太在意别人的想法",相信会更有说服力,境界也会大不一样。当然,这只是我的一厢情愿。

光阴似箭,转眼五年过去,女 CEO 的短信从未间断。说实话,除了感慨于她的执著,对于她的短信,我已经渐渐失去了再读下去的兴趣,甚至已经感到十分无奈。但毕竟是朋友,我当然没有对她说,以后您别再发给我了。果真如此的话,对她必将是一种伤害。

透过女 CEO 的短信,我看到了她的努力,看到了她的坚持,甚至也看到了她的倔强。她试图通过短信方式,塑造企业文化、提升员工素质。她是执著的,也是骄傲的。显然,她陷入了误区,以至于她一厢情愿的所有努力,早已走到了愿望的反面。更可悲的是,对于这一切她却浑然不知,依然自我陶醉于早已丧失内涵的形式之上。

或许,女 CEO 并没有真正读懂她每天发出去的短信,她也没有真正理解企业文化的内涵。在她看来,每天给员工们发出一条看似充满哲理的短信,她的企业就有文化了,她的员工就有素质了。可她并不知道,她日复一日所发出去的这些短信,内容包罗万象,逻辑关系混乱,自相矛盾不断,与自己的企业更是一点关系也没有。强加于人的短信,与塑造企业文化风马牛不相及。至于能否提升员工素质,也值得商榷。

我可以每天到书店去买一本书回家,但如果只知道买书,却从来不看书,即便买回来的书早已装满整个书架,我也不是文化人。如果因为天天买书,由此认定自己就是文化人,那显然是自欺欺人。收废品的人每天也会收到很多书籍,但他或许只是一个文盲。

做企业先做文化。首先,你要为自己的企业定位,其次,要赋予企业以文化内涵。企业文化是一个企业的文化,关键要有企业自身的特色。女 CEO 的短信,塑造不出企业的文化。说到底,还在于女 CEO 没有真正领悟企业文化的精髓。

上一次见到这位漂亮的女 CEO,是在一年之前。这一年来,除了每天早晨如期而至的短信,我一直没有再见到过她。我似乎一直在期待,能够早日与她见面并对她说点什么。

果真再见面了,我又能对她说什么呢?

做人，做事，做员工

不久前，笔者有机会参加了广东凯力集团的内部培训，并聆听了该企业董事长钟永强先生《如何打造冠军团队》的演讲，感触良多。应钟永强之邀，针对团队建设话题，我也做了一个即席发言。

凯力集团是一个传统制造企业，如此重视团队建设，让我肃然起敬。联系到监理行业，我再次深刻地认识到，一线监理的团队建设问题，更值得关注。事实上，监理企业要承担社会责任、履行合同职责、确保安全质量，离不开一线监理人员，更需要打造一支支精英监理团队。

个人与团队

团队是由个人组成的，个人是团队的一分子。团队靠崇高的理想、明确的目标、精细的分工以及严明的纪律，将大家凝聚在一起。所谓团队精神，就是大局意识、团结协作和高效运转的综合体现。团队的目标，与个人的利益是一致的。

一个监理团队，往往由多种不同的角色组成，男的，女的，年龄大的，年龄小的，活泼开朗的，文静内向的，并不要求每一个人都是同一种类型的人，他们各有所长，能够通过分工合作而取长补短，形成团结协作的高效监理项目部。

作为团队的一分子，最要紧的就是团结协作。"人抬人，万丈高；狗咬狗，一嘴毛！"讲的都是一个道理。中国人最讲究彼此对待，"你敬我一尺，我敬你一丈"。如果你在背后说别人坏话，迟早要传到对方耳朵里，他听到了能说你的好话吗？反过来，你在背后赞扬别人，也会传到对方的耳中，对方一定会报之以对你的赞叹和敬佩。

本性与本事

团队与"团伙"是有本质区别的。

"团伙"往往是冲着个人利益而纠结起来的小团体，因利而聚，无利而散，短期合作，彼此利用。事实上，"团伙"之所以能够纠结在一起，也可能是彼此臭味相投、利益相近、私交深厚，或是环境所迫等因素所促成，从某种程度上说，也是符合人的"本性"的。

《三字经》的第一句话就说，"人之初，性本善"。当然，也有哲人指出，"人之初，性本恶"。依我看来，人性之中，有善良的一面，也有恶俗的一面，就像一个硬币有正反两面一样。

团队与"团伙"的区别，还在于能够"弃恶扬善"。一个人加入某个"团伙"，或许是出于"本性"，而"团伙"的目标又进一步将人"恶俗"的一面激发出来，最终使人可能走上犯罪的道路。团队就不一样了，团队恰恰要将人性中的"善良""谦让""荣耀""感恩"等正能量发扬光大，以充分体现出"团队精神"。

这绝不是一件容易的事情。对于"团队领导"来说，要将一群性格各异、背景不同、观点不一的个人凝聚在一起，形成一个思想统一、目标一致、分工合作、行为协调的整体，靠"本性"恐怕不行,必须要有真本事。

最典型的案例,就是《西游记》里的唐僧"取经团队"。团队中的孙悟空和猪八戒,可都不是省油的灯。别看悟空只是一个小小的"弼马温",一旦"恶俗"的一面被激发出来,管你是"王母娘娘"还是"玉帝老儿",老子"吃仙桃""闹天宫",你能把我咋的?那个"天蓬元帅"猪八戒更加了得,连"嫦娥妹妹"他都敢调戏,还有什么恶事他做不出来的?可就是这两个"夯货",在唐三藏的调教下,转变成为"取经团队"中的核心力量。

掌握过硬的真本事,是对于每一个"团队领导"的基本素质要求。

目标与行动

一个团队,必须有明确的目标;接下来,就是要付诸实实在在的行动;这关乎定位、决策、管理和执行。

所谓"定位"与"决策",简单地说,就是首先要搞清楚自己所处的"位置",其次确定自己所要到达的目的地。对于企业集团来说,决策层首先要在坐标系中找到自己的位置,了解自身所处的象限,清楚自己的内部资源、能力和条件,从方方面面了解自己;同时也要清楚自己所处的外部环境,进而对自己有一个准确的定位。在此基础上,确定自己所要到达的目的地,即"总体目标"。

接下来,要制订路线图和时间表,进而全面贯彻实施,这是管理层、执行层的职责。需要注意的是,在制订路线图、时间表的过程中,各部门要对"总体目标"进行分解和细化,以确定各自的分解目标。当然,分解目标不能与总体目标相抵触。

董事会是决策层,负责企业的定位和总体目标的制订;总经理、各部门经理以及各部门员工,是管理层和执行层,负责制订路线图、时间表并贯彻实施。一个企业的成功,核心在于定位和决策,关键在于贯彻落实,在于实实在在的行动。

贯彻与保证

贯彻与保证,遵循两个不同的方向:自上而下"贯彻",由下到上"保证"。

如果说企业集团是一个大的团队,那么各部门就是一个小的团队。再进一步细分下去,还有更小的团队。不管是大团队还是小团队,都必须有自己明确的目标。当然,小团队的目标是大团队目标的分解和细化,不能与大的目标相抵触。

事实上,大目标分解为小目标的过程,就是"贯彻"的过程。贯彻的过程,除了若干指标的合理分解,也是对于企业方针、文化理念、核心价值观的传达、学习和消化过程。要让团队中的每一个人都能真正理解企业的目标、方针及其文化理念、价值观念,进而才能在行动中体现出主观能动性。

当企业的决策层、管理层将目标、方针、文化理念和价值观念贯彻下去以后,最终能否得到真正落实并取得成效,关键还在于执行层。只有下一层的事情做好了,上一层才可能有保障;如果下一层根本没有完成指标,上一层当然也就无法完成了。

从这个意义上说,决策层、管理层、执行层,谁也不比谁更加重要,这就是团队的秘密。

细节与成败

魔鬼就在细节中,这是西方人的谚语(Devil hides in the details.)。中国人说,"细节决定成败",道理都是一样的。

"细节"的概念,可以理解为"有形"与"无形"两种形态。有形的细节,如结构物的细部构造,结构制造、加工与安装的精准度,设计、施工的质量与准确性,规范标准、工艺文件的精细化程度等等,往往是可测量的、可考核的;无形的细节,主要体现在人的基本素质、文化理念和管理协调等方面,是精确性与混沌性的结合,往往在事后才能进行分析评判。

细节决定成败。举一个例子,如果我是客户,或许我会到你们办公室的厕所去看看,也可能会到你们的职工食堂去转转,看看卫生状况。假如我看到你们的厕所臭气熏天,你们的食堂苍蝇肆虐,你再说自己如何如何的好,打死我也不相信。

厕所、食堂与企业品质,看起来并不相干,但的确有着必然的联系。试想,如果你们连自身的健康都不关注的话,你能关心别人的死活吗?窥一斑见全豹,这就是细节的力量。

底线与标杆

打造一支精英团队的必要条件,是"坚守底线,履行职责"。那么,作为企业团队的成员,必须坚守哪些底线呢?

遵纪守法,诚实守信,仁孝廉耻,对自己的行为负责;是非观、责任心、正义感、公平心、知恩图报、知错必改;切实履行岗位职责。

"切实履行岗位职责",短短八个字,既简单,又深刻。尤其对于团队领导,强调"切实履行职责",做到"在其岗(位),谋其政",这其实是一个很低的要求。如果我们连基本的"岗位职责"都不能切实履行,那我们就不能成为一个称职的员工,更不能成为一个称职的领导。

打造一支精英团队的深入要求,是"树立标杆,完善自我",要求团队中的每一个成员,都能够成为精英。这体现在以下六个方面:勤于思考、敢于实践、善于总结;想干事、能干事、能共事、能干成事,没事别惹事,有事不怕事;讲政治、懂政策,按程序办事,以制度管人;要吃得起苦,吃得起亏;要沉得住气,受得了气;创造性的思维与劳动。

一支精英团队,不是一时一刻就能打造出来的,需要团队之中的每一个人都付出艰苦的努力和汗水。

规矩与方圆

俗话说:"没有规矩,不成方圆。"人管人,往往管不住人,企业需要一整套的规章制度,以确保每一个人在受控状态下工作,每一件事在受控状态下进行。在企业管理中,最核心的管理制度分别是薪酬制度、奖惩制度和考核制度。企业管理制度的好坏,主要取决于是否兼顾个人、集体和国家三者的利益。

大家都听说过"分粥效应"的典故。"分粥效应"告诉我们,制度不但要科学、有理有据,还要有针对性。好的制度清晰而精妙,既简洁又具有可操作性。有意思的是,最合理、最具监管力度的制度,恰恰是建立在对每一个人都不信任的基础之上。这与中国的传统文化似乎有些冲突。事实上,从人的本性来说,每一个人都是势利的。"分粥效应"告诉我们,管理需要"法治精神"。

　　打造一支精英团队,离不开严格的制度与纪律约束。企业团队不该有特殊成员,所有员工都应该成为遵纪守法的典范,这是团队精神的基础。

程志虎带领的港珠澳大桥 SB01 标监理人员在上岗前都会进行宣誓

打造一支精英监理团队

打造一支精英监理团队,要求每一个监理人员都必须成为精英。"坚守底线,履行职责",是打造精英团队的必要条件;"与时俱进,超越自我",是打造精英团队的深入要求。

坚守底线,履行职责

只有在守住底线的前提下,才能够切实履行监理的各项职责;只有切实履行监理的各项职责,监理项目部才有可能成为精英团队。

守住监理的底线

监理的底线,也称为"红线",是对每一个职业监理人员的强制性要求。那么,作为一个职业监理人员,必须坚守哪些底线呢?

遵纪守法

守法是红线,遵纪是警戒线。人们通常都具备这样的常识,就是不敢触碰高压电线。一旦触碰了高压线,轻则留下残疾,重则当场死亡。监理也是一样,如果你守不住底线,胆敢触碰了红线,轻则被清理出局进而名誉扫地,重则身败名裂甚至受到法律的严厉制裁。

诚实守信

诚实,是德与善的基础和根本,是一切事业得以成功的保证。守信,则是一个人形象和声誉的标志,也是人类最起码的道德品格。诚实守信,作为中华民族世代信奉的立身处世准则,是立人之本,是经营之魂,是我们必须坚守的道德底线。

仁孝廉耻

忠孝仁悌,礼义廉耻,是中国传统的道德观念。"仁义"二字,"仁"是底线,"义"是警戒线。对朋友,讲究一个"义"字;对兄弟,讲究一个"仁"字;如果对自己的亲兄弟都"不仁",怎么可能对所谓的朋友"有义"呢?不过是利益关系罢了。

"孝"更加重要,所谓"百善孝为先"。如果连自己的父母都不孝顺,这样的人,必将为人所不齿,更不可能得到人们的信任。

每一个人既要有荣誉感,更要有廉耻心。所谓"人要脸,树要皮",如果一个人连基本的廉耻心都没有,什么事情做不出来呢?如果这样的人做监理,后果是不堪设想的。

对自己的行为负责

一个成年人必须对自己的行为负完全责任,一个监理人员更应该对自己的职业行为负责。大事讲原则,小事讲灵活,有事不怕事,没事别惹事,这是对监理人员最起码的要求。

是非观与责任心、正义感与公平心

监理人员必须具备高尚的职业道德,要有是非观和责任心,有正义感与公平心,能够做到知恩图报、知错必改,进而客观公正、实事求是地履行监理职责。那种心理阴暗、行为猥琐、昧着良心说话、藏着私心做事以及唯利是图、见钱眼开的行为,是绝对不允许的。

切实履行职责

监理业务的基本属性是风险管理;监理业务的文化内涵在于"放心"。业主为什么要请监理?花几百万、上千万究竟要买什么?"放心"!

牢记职责,不辱使命;宁做恶人,不做罪人。让业主放心,让政府放心,让人民放心,是工程监理全心服务社会、承担社会责任的庄严承诺。

"切实履行岗位职责",这八个字既简单,又深刻,是对全体监理人员的基本要求。对于领导干部,强调"切实履行职责",做到"在其岗(位),谋其政",其实是一个很低的要求。如果我们连基本的"岗位职责"都不能切实履行,那我们就不能成为一个称职的监理人员,更不能成为一个称职的干部。

能否切实履行监理的职责,除了每一个人都能够履行各自的岗位职责外,与项目的人员、组织、管理有关,与总监办的目标、理念和要求有关,与培训、研讨与总结等技术措施也有密切关系。

比照"精英监理团队"的目标,很多监理项目部还存在一定的差距,主要表现在:

(1)对工程监理的定位与认识不准确,有的人不知道自己是干什么的,尤其个别年轻同志,对监理职责、权利与义务,以及监理人员的工作依据、工作方法、职业操守等缺乏理解和把握,甚至做出有违监理人员职业道德的不良行为。

团队是由每一个人组成的。俗话说,"一粒老鼠屎能坏了一锅粥"。打造精英监理团队,要求每个人都成为精英。退一万步说,至少我们应该守得住监理的底线。这是对一个监理人员的基本要求,底线守不住,就突破了红线,你就没有资格再留在监理团队中了。

(2)对自身工作岗位、岗位职责、工作要求、工作依据、工作程序、工作方法,如何妥善处理工程中出现的安全、质量及相关问题,以及如何妥善地处理好与"工程各方"的关系,缺乏理解与把握。这是关系到我们能否履行监理职责的根本问题。

(3)专业知识、专业素养、专业能力不足,不愿意花时间和精力去补课。外行看,身穿白工装,腰扎工作包,忙忙碌碌,英姿飒爽;内行来了,一问三不知。出现这些情况与能力有关,更与责任心有关。希望大家重视起来,把精力集中到工作中来,多花时间去看规范、看图纸、看监理细则,尤其对于那些改行、转行的人员,更应该如此。

(4)业内资料、文件审查方面,差错接连不断。监理周报、监理月报、HSE[Health(健康)、Safty(安全)和 Environment(环境)的缩写]月报、月度例会的会议纪要、专题工作会议纪要,以及日常大量的工程报审文件,缺乏严格的监督把关,这是非常危险的。监理是一种高技术的咨询服务,工作的成效都集中体现在这些文件和资料上。

与时俱进，超越自我

"与时俱进，超越自我"，是打造精英团队的深入要求。重点谈两个方面：一是"两道护栏"，二是"六个要点"。

两道护栏

现场项目部的全体监理人员必须紧紧围绕"党风廉政"和"安全质量"两个核心关注，切实履行职责，确保工程的安全质量。

打一个不太确切的比方，就好像在高速公路上快速向前行驶的汽车，绝不能越过高速公路的两道护栏。一旦越过两道护栏，轻则"伤痕累累"，重则"车毁人亡"。这"两道护栏"，一道是"党风廉政"，另一道是"安全质量"。

我们的监理人员必须坚守"党风廉政"防线，从制度上杜绝各类违规、违法行为的发生。在监理工作中，必须严于律己，恪守职业道德。

六个要点

勤于思考、敢于实践、善于总结

打造精英监理团队，要求每一个监理人员必须做到"勤于思考、敢于实践、善于总结"，用创造性的思维和劳动，创造属于监理的辉煌与荣耀。

想干事、能干事、能共事、能干成事

精英团队需要一大批"想干事、能干事、能共事、能干成事"的干部和骨干队伍，这些人才是精英监理团队的核心力量。

"想干事"，也可以说是愿干事。愿干平常事、愿干困难事、愿干苦差事。

所谓"能干事"，其最低要求是能够胜任自己的本职工作。以前干过的事要能够干，以前没干过的事情，也要努力去干。

"能共事"，就是要讲团结，讲合作，讲协调。团结就是力量，团结就是效益，团结就是保障。大家有缘成为监理团队的一员，要成为好同事、好朋友。

"能干成事"，就是注重实际效果的原则。所有工作必须基于目标，衡量"干成事"的标准就是目标的实现情况。目标有大有小，有长期的有短期的，有些目标之间会有交叉影响。

按程序办事，以制度管人

监理团队的管理层领导必须做到讲政治、讲正气，要懂政策、讲政策。这里所讲的政策，包括国家和地方政府的法律、法规和规范，包括港珠澳大桥管理局和监理公司的各项规章制度。要做到"以制度管人""按程序办事"，减少随意性。

要能吃得起苦，能吃得起亏

"天将降大任于斯人也，必先苦其心志，劳其筋骨，饿其体肤……"在工程建设的漫漫路

途中要提倡奉献精神,各级人员要吃得起苦,吃得起亏。

要沉得住气、受得了气

监理人员在工作中,一定要讲究工作方法,要沉得住气、受得了气。遇到问题不要急躁,要认真调查研究,耐心听取各方面的意见。受委屈、遭误解的事常有,一定要有"受气"的心理准备。只有这样,才能够沉着应对和处理各类复杂问题,才能够在困难条件下开拓新的局面,才能够增强凝聚力。

创造性的思维与行动

参与重大工程建设项目,需要监理有不知疲倦的工作热情,需要有永不服输的开拓精神,更需要有创造性的思维与行动。具体的表现形式是在观念上创新,在管理上创新,在技术上创新,以及在经营管理活动中创新。

一支精英监理团队,不是一时一刻就能打造出来的,需要我们每一个人付出艰苦的努力和汗水。

跨文化沟通与管理

港珠澳大桥建设这一发生在"家门口的国际竞争",作为一个典型案例告诉我们,国内的交通建设市场,早已经成为国际竞争的舞台。在当今国际化背景下,监理工程师既要学会与来自国内的工程人员打交道,更要学会与来自国外尤其是来自西方的工程人员进行有效的沟通与协调。工程共同体是责任共同体,是命运共同体,也是利益共同体。监理工程师除了必须具备过硬的技术能力外,还需要具备高超的管理能力和综合协调能力,善于进行跨文化的沟通与管理,进而处理好工程共同体各方的利益关系。

掌握一门外语,或许能够帮助我们部分地应对某些难题。在国际化背景下,监理工程师除了克服语言上的障碍外,还必须对中西方文化有深刻的认识和理解。本文立足于中西方文化之比较,试图说明如何营造良好的人际关系,进而实现跨文化的沟通与管理。

沟通与管理的人际关系基础

西方的人际关系以个人为主。西方人认为,社会由个人构成,个人自由独立,但是必须加以适当的规范,也就是实施法治,才能够维持整体的秩序。人人在法律许可的范围内自由、平等、独立,是西方的人际关系基础。

中国的人际关系以伦理为主。中国人认为,社会固然由个人所构成,但是个人却很难离开社会而生存。君臣、父子、夫妇、兄弟、朋友这五伦,是人生不可或缺的。在法律许可的范围内,衡情论理,以伦理来弥补法律的不足,才是我们的人际关系基础。

中西方人际关系的差异

西方的人际关系是神本位的,中国的人际关系是人本位的。西方人认为上帝高高在上,所有人都是上帝的子民,除了上帝高高在上外,所有的人都是平等的,人与人之间必须要有平等的地位,这就需要通过法治来维系。而在中国,伏羲氏一开始就让我们认识到,宇宙之间最了不起的,不是神,而是人。所以中国人最崇拜自己的祖宗,做任何事情首先要考虑是否对得起自己的祖宗。在中国,把别人的祖坟挖掉是最为恶毒的事情,然而在西方,他们却认为把别人的祖坟挖了只是一件吃力不讨好的事。所以,在中国人的文化当中,此观点体现出一种对祖宗的崇拜。

西方人以个人为单位,中国人以家庭为单位。列举一些简单的例子,在西方,人们碰到一个小孩,只会问小孩的名字,而在中国,人们碰见小孩便会问他的父母是谁。在公司里,中国人常常会根据某人的家长来判断此人的品性,在提拔晋升干部的时候,也会查明他的家庭背景,从而说明在中国人眼里家庭观念占据很重要的位置。

西方人重视平等,中国人强调合理的不平等。西方人认为上帝高高在上,所有的人都是上帝的子民,因此人人平等,回到家里见到父亲,可以拍拍他的肩膀,直呼其名,然而在中国,这就属于忤逆不道的行为。中国人认为人生下来就是不平等的,父亲与孩子,上司与下属,老师与学生,永远都有高低之分。但是,这些都属于合理的不平等现象,我们应该接受这个现实。

西方人讲权利与义务,中国人讲彼此对待。西方人认为父子之间应该是权利义务的关系,孩子在 18 岁以前靠父母养活,18 岁以后就得靠自己。在西方的企业里,上下级之间也只是权利义务关系,下级会按照规定向上级报告。而在中国,并不看重权利义务。如果中国的父母在孩子长到 18 岁时就让他/她自生自灭,则会被别人视为狠心的父母。在中国人的观念里,重视彼此对待。当下属不认同上司的时候,他便不会向其报告,若是被强迫,他就会敷衍了事。所以,中国人讲求将心比心,投桃报李,你敬我一尺,我敬你一丈。

西方人重视法律法规,中国人重视道德人品。在西方,相互合作都是依靠法律明文规定,他们的合同都是建立在相互不信任的基础上签订的。而在中国,要合伙开办公司,或者做买卖,基本都是与好友一起,他们主要注重道德品德。如果不讲道德良心的话,是很难生存的。所以,在中国,道德品德具有看不见的强大约束力。

西方人之间充满好奇,中国人之间充满关怀。西方人对人和对动物的态度是一样的,因为西方人认为人就是动物,彼此之间只有好奇。在西方社会,青年男女之间产生好奇就可以同居,一旦失去好奇,双方就会分开。西方人讲礼貌,一见面就会亲切地与人打招呼,但这只是好奇而并非出于关心。中国人则认为人与人之间不应该充满好奇,而应该相互关怀。中国人不注重礼貌的形式,但是却出自真心关怀。

西方人重视隐私权,中国人强调亲密无间、肝胆相照。西方人重视个人隐私,彼此之间保持着戒心,自然而然地会产生距离。中国人则有很强烈的认识对方的欲望,一回生,两回熟,三回见面是朋友,就这样慢慢地由不认识到相互了解,再到亲密无间。西方人之间建立信任靠的是法律的保障,双方在合作前会签订合同,只要稍有不轨,就会受到法律的制裁。而中国人之间建立信任靠的是心意的传递、相互的了解。

西方人之间是利害关系,中国人之间是势利关系。在西方,个人、组织、国家之间完全是利害关系,没有任何道义可言。西方人以"二分法"区分事物,对即对,错即错。而中国人则是很势利的。例如,公司里有一个员工,表现虽然不好,但是他有背景,辞退他会惹来麻烦,只能继续留着他,这就是势利。可以说,势利就是复杂的利害。"水至清则无鱼,人至察则无徒",其实也是一个势利的说法。做人在必要的时候需难得糊涂,这也是一种做人之道。

人际关系与人伦关系

孟子曰:"使契为司徒,教以人伦:父子有亲,君臣有义,夫妇有别,长幼有序,朋友有信。"也就是说,父子之间有骨肉之亲,君臣之间有礼义之道,夫妻之间挚爱而又内外有别,老少之间有尊卑之序,朋友之间有诚信之德,这是处理人际关系的行为准则。自古以来,我们制定了形形色色的准则,无非是为了加强对个人的约束,提醒我们除了自己以外,还有各种有关系的人,因而自己的一言一行都要格外谨慎。其中,君臣、父子、夫妇、兄弟、朋友这五伦,是人生不可或缺的,对中国人的言行产生着重要的影响。既然伦理是处理人际关系的准则,那么我们的人际关系,势必打上伦理的烙印。人伦关系和人际关系最主要的差异在于,前者重视"合理的不平等",而后者主张"平等"。

做人与做事。中国人十分重视做人、做事的道理。营造良好的人际关系,首先要学会做人的道理,也要学习做人的技巧。做人讲求技巧,免不了有一些权谋、圆滑、奸诈的味道,会引起很多人的反感。此时,注入伦理道德可以使权谋变成权宜应变、因时制宜,圆滑变成圆通,而奸诈也变成了一种机警。若是只学做人的技巧而忽视做人的原则,不但没有成效,而且会被人嘲笑。做人不可以玩弄权谋,但是许多人却误把圆通、应变也看成讲求谋略。做人做事可以有策略,但不可讲谋略。换句话说,一切要求应当正当合理,不应该有不正当的念头。这也是处理人际关系的行为准则。

公正而不平等。人伦关系的重点是要公正,但不要追求绝对的平等。对上要有礼貌,但不可以谄媚、讨好;对下不宜太严,但也不能过分宽松、纵容;对平行同事,不必太拘束,但也不可以过分熟不拘礼。这其中的轻重,必须因人、因时、因地、因事适当拿捏,才称得上公正。只有用心体验,不断改善,才能达成良好的人伦关系。

跨文化的沟通与管理

要实现跨文化的沟通与管理,核心在于营造良好的人际关系,关键要点是"外圆内方"。"外圆"即做一个圆通的人,做事懂变通,给自己台阶的同时也给别人台阶。"内方"即心里要有自己做事的原则,处理问题要有方法。以下是笔者自己的感悟,希望能与大家分享。

做一个真实的人。做人要实实在在,做事要规规矩矩。有些人说做人需要技巧,但是笔者认为做人不需要技巧。社会上,诚实的人不一定会吃亏。如果人们都知道你是诚实的,那么诚实就会是保护你的屏障。犯下错误,还能有改正的机会,但是不讲诚信,那么就无可救药了。与朋友之间不讲诚信,那么就不会拥有朋友;在生意上不讲诚信,那么就没有人愿意和你做生意,这个道理也是很势利的。承诺的事情必须做到,否则不要轻易承诺。

做一个胸怀大志、品德高尚、脱离低级趣味的人。我们应该懂得彼此支撑、相互支持,而不是通过损人而利己。遇到事情,发生了纠纷,我们应该多从自己角度出发。把所有错误都责怪到别人身上,必将无法处理好人际关系。

珍惜缘分,营造和谐的团队。百年修得同船渡,千年修得共枕眠。类似港珠澳大桥监理团队,大家在一起并肩 5～6 年,至少需要 600 年的缘分,值得珍惜。

诚心待人、友善待人、礼貌待人、差异化待人。在工作当中,我们要吃得了苦,吃得起亏,沉得住气,受得了气。有的人可以吃苦却吃不起亏,有的人沉得住气,却受不了气。如果能把四个方面都做到了,那么就能得到别人的欣赏。同时,在工作中,有些人锋芒毕露不可一世,有些人自负或者轻率,这都是我们需要注意的禁忌。

勤于思考,敢于实践,善于总结。在任何时候,做人都应该勤于思考,思考后不能光想不练,要敢于实践。不管日后成功与否,都要善于总结。如果失败了,我们就向失败学习,爬起来继续前进。

工地上的"赤脚医生"

炎炎夏日,酷暑难耐。入夏以来,随着气温的不断攀升,港珠澳大桥 SB01 标总监办及其常驻在山桥产业园、中山基地和桥位现场的三个监理组的现场监理人员的健康与安全面临着极其严峻的考验。如何采取切实有效的措施,化解和降低风险,确保现场监理人员的健康与安全,是此时总监办面临的一道难题。

那时,常驻山桥产业园的 SB01 标板单元加工制造监理组的工作强度和压力非常大。2014 年 6 月,山桥产业园钢箱梁的各类板单元(包括桥面板单元、底板单元、横隔板单元、纵隔板单元等)的生产,其产量达到了创纪录的 9000 吨/月;同时进行的钢锚箱、结形撑单元的制作,因为技术要求高、施工难度大,需要投入更多的关注和精力。因为人手紧张,现有人员承担了超负荷的工作量。按照"一人多岗、一专多能、黑白两班、轮流值班"的原则,所有人员都坚守在监理第一线,进行现场巡检、旁站和平行抽检等工作。进入夏季以来,常常发生人员晕倒、中暑的情况。

常驻中山基地的 SB01 标总监办及其钢箱梁拼装监理组,无论是工作还是生活的环境,更要艰苦得多。为确保每月 4 个至 5 个大节段的拼装进度,中山基地在原先四条装配生产线的基础上,又增加了一条露天拼装生产线;专业分包工作,包括 F01 与 F02 标的涂装生产线、检修车的生产、检修轨道的制作与安装、除湿机、伸缩缝、调谐质量阻尼器(TMD)、桥面附属结构、热浸锌工作,都在如火如荼地进行着。

2014 年 3 月以来,连续的暴雨给中山基地的工作生活带来了巨大的困难。6 月以后,雨水倒是少了许多,气温却陡然升高,常常发生人员晕倒、中暑的情况。最麻烦的是,中山基地所在的马鞍岛距离中山城区最近的医院至少 30 公里路程,加上当时进出孤岛的道路泥泞不堪,进出岛屿非常不方便。遇到感冒、拉肚子等毛病还算幸运,每每遇到突发性中暑、晕倒等情况,总是让人捏着一把汗。对此,总监办各级领导是看在眼里、急在心里,多次向我表达了他们的担忧。

桥位现场的 SB01 标桥位监理组,由于海上恶劣的自然环境,工作与生活都最为艰苦,在健康与安全方面所面临的问题也更加突出。

几个月来,随着气温不断攀升,其对监理人员健康与安全的威胁也不断升级,SB01 标总监办也积极采取了一些措施,如强制性安排人员轮流休假、定制了夏季工作服、配备便携式专用水壶,以及配备工地药箱等,但效果似乎并不明显。尤其是进入 7 月份以来,中暑、晕倒等情况依然频频发生,让我焦虑万分。

CB01 标的情况似乎更加糟糕。包括总承包商、专业分包商以及相关供应商在内,目前在马鞍岛上工作的管理、施工和技术服务人员超过 1300 人。尤其是从事拼装、焊接、涂装、打磨等特殊工种的工人,白天在最艰苦恶劣的环境中工作,晚上就住在临时搭建的简易工棚之中,入夏以来已经接连发生人员晕倒、中暑、疾病等情况,其健康与安全面临严重威胁。

人命关天,我坐立不安,心急如焚。就在我一筹莫展之际,接到了姐姐的一个问候电话。姐姐在电话中依旧唠唠叨叨:"广东的夏天很燥热,你在现场工作,一定要多喝水,饮食要清淡……"

"姐姐说话的口气,怎么像个医生呀?"我有些惊讶,与姐姐调侃起来。

"你忘记啦,姐姐曾经做过赤脚医生!"电话那头,姐姐的笑声中带着自豪。

赤脚医生?赤脚医生!突然之间,我的脑海中灵光一闪,情不自禁地唱起了童年时代那首最熟悉的儿歌:"一顶草帽两脚泥,赤脚医生好阿姨;风里来,雨里去,贫下中农欢迎你……"

"谢谢姐姐!谢谢赤脚医生!"在我意识到自己的语无伦次后,终于静下心来,向姐姐说出了几个月以来我的困扰,以及拟按照"赤脚医生"模式组建"工地卫生队"以及构建"重特大工程项目的应急健康保障体系"的设想,这些想法得到了姐姐的赞赏。

带着兴奋的心情与初步设想,我与中铁山桥集团 CB01 标项目经理赵达斌、党工委书记王树枝等领导进行了充分沟通,得到了大家的积极响应与支持。王树枝的表态充满着心酸,也充满着喜悦:"工程现场的高温酷暑、台风暴雨、蚊虫苍蝇、中暑晕倒以及突发疾病,正如瘟疫一般毫不吝惜地削弱着大桥人的士气和战斗力,按照'赤脚医生'模式,在 CB01 标中山基地组建'工地卫生队',在不增加资源投入的前提下,'就地取材'实现'群防群治'与'应急救助',是来得最快、也是最能有效解决问题的好办法啊!"

事不宜迟!经过反复研究讨论,"工地卫生队"的活动方案迅速形成。CB01 标/SB01 标联合组建了活动领导小组和工作小组,并起草了活动规划,明确了各级人员的工作职责。同时,工地卫生队员的选拔、培训工作,以及工地卫生队的筹建也一并开展。

2014 年 7 月 23 日下午 2 时,"钢梁 I 标工地卫生队成立动员大会"在中山基地隆重召开,工作在马鞍岛上的各单位近百名代表参加了会议。会上,CB01 标项目经理赵达斌宣布了领导小组和"工地卫生队"机构人员。"工地卫生队"分为 8 个小分队,每队由 9 名"工地卫生员"组成,他们分别由各劳务协作、涂装专业分包、暂估价分包和客运交通等参建单位选拔推荐产生。72 名"工地卫生员"都是一线的管理、施工和监理人员,他们的工作覆盖中山拼装、桥位连接等 1300 多名施工人员参建的施工场地。

"工地卫生队"自成立以来,做了大量卓有成效的工作,也取得了丰硕的成果。

第一,人员到位,培训工作到位。坚持"学以致用"的原则,"工地卫生队"请来地方红十字会和工业防疫专家进行授课,分期分批系统地对所有"工地卫生员"进行了医疗急救业务的知识培训。"工地卫生队"还与地方医疗机构建立了密切联系,确保遇到突发事件能够及时有效地得到应急处置,消除可能使问题延续和恶化的隐患。

第二,完善日常现场急救设施和设备,购置必备的药品、器具。每个卫生小分队都备置了急救箱、"三防"包、卫生包,以及其他医疗用具、药品,确保出现伤病事件时,能够在第一时间对伤员进行急救处理。8 月上旬,工地卫生队为施工一线的作业人员送去防暑降温物品,并发放了饮料。在拼装生产线、涂装车间,建立了防暑降温的饮用水供应点、定点吸烟室。

工地卫生员们还积极向施工人员宣传安全知识和夏季卫生常识,提高全员夏季防暑的自我保护意识。针对潮湿环境所造成的腰腿酸痛和湿疹频发等疾病,工地卫生队建立了"理疗保健室",由具有理疗师资质的项目部员工刘文东担任理疗师,开展按摩、拔罐、刮痧、药灸等多种治疗项目,仅8月就治疗近百人次。

第三,治理公共环境,消除卫生死角。针对中山基地垃圾滋生蚊蝇,传染疾病,影响员工工作与休息等问题,工地卫生队督促CB01标项目部与地方垃圾处理机构签订了回收合同,避免了垃圾污染。与此同时,工地卫生队还每周对办公室、宿舍楼、餐厅等公共场所进行一次环境综合治理和药物消毒。

第四,整章建制,以规范化和制度化建设为抓手,实现工地卫生队各项工作的常态化。8月中旬,工地卫生队组织了对钢梁Ⅰ标范围内各参建单位的文明生产大联查活动。以现场作业人员人身健康安全为重点,对车间、班组、岗位逐个排查安全方面存在的问题,组织整改;对办公区、生活区、食堂、卫生间等场所治理情况进行督查讲评,不放过任何死角;对卫生队在现场设置的医疗点、休息室、吸烟室等设施到位情况进行检查,及时完善;对应急预案和可操作性进行评估,确保可靠实用。

那年金秋十月,秋高气爽。CB01标建设工地终于安全度过了最酷热的炎炎夏季。那三个月,中山基地未发生一起人员伤亡、食物中毒事故,数起突发性的中暑、晕倒事件均得到了最有效的应急处置。"工地卫生队"以"心连心、心贴心、心换心"的实际行动,不仅激发了巨大的正能量,有力地推动港珠澳大桥工程钢梁Ⅰ标各项工作的顺利开展,也赢得了全体员工的尊敬与爱戴。

无疑,这是一个成功的案例。我坚信,"工地卫生队"的建立与成效,其深远的意义早已经超越了我们的初衷,对于整个港珠澳大桥工程项目都有着积极的借鉴意义。

说得更远一点,"工地卫生队"模式或将成为建立重特大工程项目的应急健康保障体系的基本模式。如火如荼的建设工地,与当年农村"缺医少药"的情况十分类似。尤其是对于那些特大型的公路、桥梁建设项目,庞大的建设队伍常年在远离中心城市的野外作业,由于资源、交通以及医疗设施等方面的限制,遇到突发伤亡事故、人员突发疾病等情况,伤员往往得不到及时的救治和处置,甚至造成重大损失。

作为一个成功的案例,"钢梁Ⅰ标工地卫生队"的实践与成效,为重特大工程项目建立应急健康保障体系提供了可借鉴的经验。在不增加医疗资源投入的前提下,根据重特大工程项目的具体情况,因地制宜,就地取材,实现"群防群治"与"应急救助",既切合实际,又行之有效。

当前,我国的重大基础设施建设任务依旧十分繁重,施工人员的生命健康与安全保障问题日益突出。推行"工地卫生队"模式,建立健全重特大工程项目的应急健康与安全保障体系有极其重大而深远的现实意义。

总监往事(三则)

一条鱼的逻辑

2003 年至 2007 年期间,笔者担任重庆菜园坝大桥工程总监,有幸与来自美国的知名桥梁专家邓文中院士结识,并成为"忘年之交"。邓院士博学睿智、儒雅诙谐,脸上始终洋溢着孩童般灿烂的笑容。接下来我要讲述的有趣故事,是在菜园坝大桥钢拱箱安装过程中发现"疑似钢板分层"后,我与邓院士之间的一场"口水之争"。

2005 年 10 月,监理人员用超声波检测方法对钢拱箱对接焊缝进行平行检测时,发现焊缝两侧钢板母材存在密集层状缺陷,疑似"钢板分层"。由于钢拱箱进入全面安装阶段,一旦确认厚钢板存在"分层",大量已经制作完成的钢拱箱将全部报废,重新制作至少需要半年时间,工期将严重延误。对此,"一桥各方"都十分紧张。

凭借 20 余年从事 NDT(无损检测)工作的专业经验,我对"钢板分层"的说法十分怀疑。为此,我主持制订了"画格法纵、横波复合超声检测"方案,分别用直探头和斜探头对钢拱箱母材进行了全面检测。结果虽然排除了"钢板分层"的嫌疑,但也确认了母材存在"密集气孔、夹杂"的事实。按照 GB/TY 11345－1989 等技术标准,在评定区域内,这些缺陷的尺寸尚未"超标"。问题是,这些缺陷并不仅仅存在于某些局部评定区域,而是大面积均匀分布在整个母材之中。那么,存在这些密集缺陷的母材,是否能够满足设计要求呢? 换句话说,是接受,还是拒收,需要给出一个明确的说法。

那么,这个说法究竟应该由谁来给出呢?"一桥各方"的意见并不一致。大桥总设计师邓文中院士以"一条鱼的逻辑",提出应该由监理单位给出结论。他诙谐地说:"我只是要吃一条鱼,厨房里的事情,当然是您程博士的责任,因为您是总监。"众人在笑声中报以赞赏。

"Of course! 厨房里的事情,当然由我负责。按照要求,您要吃的是一条白鱼,而我在厨房里却发现这条白鱼身上有很多斑点,于是立即向您作了汇报。如果我发现不了这些斑点,是我没本事;发现了不向您汇报,是我没尽到责任。至于这条鱼还能不能吃,味道如何,我只是厨房里的一个监工,总不能亲口尝一尝吧? 我虽然不知道这条鱼的味道,但我懂得一条鱼的逻辑。"

听了我的申辩,邓文中院士哈哈大笑:"看来,这条白鱼只能由我来吃了。白鱼的味道不错,只是刺多了点。"一场"口水之争",在"一条鱼的逻辑"面前就此化解。留下来的,是一段难以忘记的美好回忆。

只有更专业,才能更卓越。如果没有专业技术作为坚强后盾,监理将寸步难行。

那个告状的"狗东西",就是我

在我来到港珠澳大桥工程之前,我曾担任重庆某大桥工程的总监理工程师。该工程包括两座钢结构桥梁,分别由两家知名企业承担钢结构制造任务。

其中有一家企业在行业内也并非无名之辈,但在这个项目中的表现却与另一家相差甚远。在首制件钢桁架梁验评之前,针对一系列的质量和管理问题,现场监理不仅提出了数十条具体的整改要求,并且还积极地给予指导和帮助。然而,该企业不但不予接受和整改,还对现场监理表现出强烈的抵触情绪,甚至达到了"势不两立"的程度。

结果可以想到。参加首制件验评会议的专家一致认为,提交验评的首制件钢桁架梁质量达不到设计要求;并且,该企业在施工组织和质量管理方面也存在严重不足。鉴于此,重庆市建设工程质量监督总站发文对该企业进行了通报批评。尽管如此,该企业还是无动于衷。

恰在此时,我有幸偶遇该企业上级单位某集团的总裁及工程管理部领导,向他们如实反映了有关情况,希望他们能够提供必要的督导。该集团总裁表态,一定妥善处理。

几天以后,我再次来到该企业帮助整改。当晚,该企业董事长、总经理、党委书记以及副总经理近十人,与我共聚。该企业总经理 L 某对我说:"不知哪个'狗东西'告了我们的状,集团公司领导亲自来电训话,如果重庆的大桥项目再不过关,要撤了我们的职。"

听了这话后,我平静地告诉在座所有领导:"那个告状的'狗东西',就是我!"接下来,我把"告状"的时间、地点、人物以及"告状"的内容,认真地向大家作了说明,希望各位领导从思想上引起足够重视,加大人力、物力和财力投入,从根本上扭转被动不利的状况,确保大桥钢桁架梁的制造质量。

在第二天举行的中层干部会议上,我作了主题演讲,就如何建立健全质量管理体系、严格过程质量控制、切实履行停止点报验制度,以及桥梁钢结构企业的创新发展等进行了阐述。最后,送给该企业 16 个字:"以桥为业,以钢为纲,创新发展,国内领先",以资鼓励。

不久后的某一天,我再次来到了该企业。除了看到悬挂在墙上的 16 字醒目标语,干部职工的精神状态似乎也发生了巨大的改变。大桥钢桁架梁首制件经过总监办再次组织的验评,得到了专家们的一致好评。

这是一个关于"罪人"与"恶人"的故事。对于一个总监来说,"牢记职责,不辱使命;宁做恶人,不做罪人",绝不仅仅是一句口号!

见鬼、捉鬼与引鬼

这是发生在港珠澳大桥工程中的一个真实故事。在总监办组织召开的月度监理例会上,某专业分包单位董事长 S 突然发飙,针对总包单位大发雷霆,态度之蛮横,言语之尖刻,让在座近 20 个单位的 60 余名参会人员惊叹不已。

面对"突发事件",正在主持会议的我当然不能袖手旁观。风趣幽默的巧妙调侃,加上善解人意的说服劝阻,一场突如其来的风波暂时得到了平息。听到 S "中午喝高了"的致歉,会场内爆发出一阵哄堂大笑。

时隔半月,类似"突发事件"再次发生。该专业分包单位在产品连续数次报验不合格的情况下,现场人员居然气势汹汹冲进办公大楼,一脚踹开了总包单位责任工程师的大门,指责对方"故意刁难"……

联想到该专业分包单位进场以来,董事长 S 及其个别员工的一贯表现,我感慨万分。这一切,或许正应验了那句俗话,所谓"上梁不正下梁歪"。

几日前,与好朋友赵总监喝茶小聚,谈到了 S。赵总监回忆说,上次应您邀请参加对该专业分包单位的设备验收会议,S 在会议上"理直气壮"的一席话,"让我大开眼界,终生难忘"。

"清单上这些设备,都是我们在投标时填报的! 现在是什么时候了,你们监理居然还拿着这张清单来核查我们的设备……"在复述这段话时,赵总监似乎还心有余悸。

S 居然能够说出如此雷人话语,的确让人震惊! 看来,S 早已把投标时的承诺,连同合同中的约束条款抛到九霄云外去了!

"说得客气一点,S 的行为,是企业经营者缺乏履约意识、不讲诚信、拘泥于眼前蝇头小利的典型表现;说得严重一些,这是对国家重点工程的极端藐视,是对诚实守信准则的公然违背,是对人类道德底线的残酷践踏!"说这段话时,赵总监脸色铁青,眼中充满愤怒。

"振聋发聩,说得好!"我不由得大声赞叹。平时一贯沉默寡言的赵总监,当真是"不鸣则已,一鸣惊人"! 赵总监的凛然正气,给我以强烈的震撼。此刻,在这位文质彬彬、身材瘦小的总监面前,天天高喊"宁做恶人,不做罪人"的我,感觉到自己是如此的渺小。"路漫漫其修远兮,吾将上下而求索!"我想起了屈原的诗句,内心充满了对赵总监由衷的敬佩之情。

"我真的服了!"赵总监接着说,"当了十几年总监,什么样的人也见过,像 S 这等气焰嚣张、专横跋扈的人物,实在是太少见了。"

"不过,一物降一物。遇到您程总监,他算见到鬼啦!"看得出,赵总监的话并非出于恭维,带有明显的"声援"味道。毕竟,该专业分包单位所承担的工作在我的监理范围之内。

"算我见到了鬼!"顺口说出这句话时,我觉得很解气。

"对! 他才是鬼,您就是捉鬼的钟馗!"或许因为"引经据典",赵总监说出这句话时,一下子兴奋起来了,脸上洋溢着灿烂的笑容……

几日来,赵总监"钟馗捉鬼"的调侃,一直在我的脑海之中挥之不去。虽然只是一个调侃,但越想越觉得不对味。将 S 比作一个"鬼",的确有点夸张。或许,S 根本就达不到"鬼"的级别,顶多也就是做了一些"似鬼非鬼"的丑事。我呢,也不愿意去做那个"捉鬼的钟馗",因为"捉鬼"并非总监的职责。

在法律法规尚不够健全、市场经济体制尚不够完善、社会腐败现象尚未根除的今天,相信 S 这等"似鬼非鬼"的人还有很多很多;他们所掌控的企业,或许还有生存发展的空间,甚至还能演绎出更加让人"大开眼界"的故事。如此说来,就算你是钟馗,就算你有十只八只手恐怕也无能为力。

并且,"捉鬼"并非总监的职责。果真遇见了"鬼",我看也不必去"捉"。如果因为你的浩然正气、苦口婆心与聪明才智,能够让"鬼"明白了"做人"的道理,进而把"鬼"引上正道,这样的总监比起捉鬼的"钟馗"更有价值。

当然,你想要把鬼"引"上正道,首先要有"捉鬼"的勇气,还要有"引鬼"的能力。所谓"引鬼",就是用你的浩然正气"给鬼以震慑",用你的苦口婆心"给鬼以劝告",用你的聪明才智"给鬼以帮助"。对于 S 那些"似鬼非鬼"的荒唐行为,如果我们连站出来面对的勇气都没有,何谈给以引导与帮助?

话又说回来,人也好,鬼也罢,只要你最终能够切实履行合同职责、确保安全质量,就算过程中曾经做出过一些"似鬼非鬼"的丑事,也不必太过计较,更不必上纲上线。不过,我还是要奉劝那些"似鬼非鬼"的企业掌门人,如果在思想意识形态上、在实际行动中,再没有革命性的彻底转变,你们所掌控的企业,注定不能走得太远。

如若不然,那一定是"活见鬼"了。

2013 年 6 月,程志虎总监主持 SB01 标工地例会

我小子，真该踹

老 K 是我攻读博士学位时的同学。虽然我俩并非一个导师，但他比我早半年入学，按照"先入山门为大"的"江湖"规矩，我一直尊称他为"师兄"。

与其他大多数应届博士生同学相比，我俩都是工作很多年以后才重新踏进校门的老同志，都十分珍惜这来之不易的学习机会，也比较有共同语言。按年级，老 K 是 1978 年上的大学，我是 1979 年，老 K 比我高一级；论年纪，老 K 是 1960 年出生，我呢，1962 年才来到这个世界，老 K 又比我大两岁。因此，对于这位"师兄"，我十分尊敬。

记得有一天，一位顽皮的小师弟神秘地对我说："老 K 是你的师侄，你是老 K 的师叔！"此话从何谈起？这位同学义正词严地指出，"老 K 的导师是 G 教授，您的导师是 C 先生，G 老师本来就是 C 先生的学生，从辈分上说，难道老 K 不是您的师侄吗？""有点意思！"我哈哈大笑。

尽管如此，见到老 K，我还是一如既往，称呼他为"师兄"。老 K 呢，当然一口一个"师弟"，叫得十分亲切。但世上没有不透风的墙，"师叔师侄"的八卦故事最终还是传到了老 K 的耳朵里，据说老 K 十分恼火，硬是把那个顽皮的小师弟狠狠地臭骂了一顿。几天后师兄碰见了我，气居然还没有消，愤愤地说："那小子，真该踹！"

我始终没有搞清楚，老 K 与师兄弟们的关系一直都比较疏远，是否与此事有关。但有一点是肯定的，师兄是一个非常有个性的人。

博士生支部讨论博士生 W 入党的事，我至今记忆犹新。支部会上，老 K 提出了强烈的反对意见，理由是 W 在系里的某台公用计算机里设置了密码，影响了其他人的使用。结果是当然的，W 入党的提案没有通过。说实话，尽管我认为博士生 W 具备了入党的基本条件，但对于老 K 的做法我也非常敬佩。无疑，师兄是一个非常讲原则的人。

博士生终究还是学生，没有多少城府。从那以后，W 与老 K 两个人的关系始终非常紧张，据说为了一件鸡毛蒜皮的事，两人还干了一仗。多年后我曾就此事向师兄求证，师兄只是对我说："那小子，真该踹！"

时光荏苒，一晃十余年过去了。一个偶然的机会，让师兄与我成了同事。师兄办理了从海军某研究机构提前退役的手续，加入了当时由我担任总经理的国有大型咨询集团公司，"愿意为师弟的事业助一臂之力！"我听了当然十分感动。

师兄不愧是好样的！进入公司后，凭借其深厚的技术功底和勤奋工作，师兄从最基层的岗位业务员开始，逐步升任业务主管、高级业务主管，直到担任集团公司业务管理部副经理、技术委员会秘书长，工作表现非常出色。目前，师兄在集团公司机关党支部以及工会都担任了重要职务。

师兄的"一路升迁"，都是师兄自身努力的结果，与我这个师弟没有多少关系。俗话说，

"打仗亲兄弟，上阵父子兵"，师兄的工作如此出色，我感到十分自豪！我庆幸，有这么好的师兄辅佐在我身边，我还有什么奢求呢？

就在我十分得意之际，关于老K的种种议论却源源不断传到我的耳边。我心里感到十分不安：看来，师兄一定是招人嫉妒了！如果师兄听到这些议论，必定会感到非常委屈。"老K是我师兄，工作一直很出色。你们是不是对他有什么误解啊？"听得出，我的语气有点不快。从此，很少再有人在我面前说到老K。我呢，心中隐隐有些担心。

我不愿看到的事情终于还是发生了。那年秋天的下午，我的耳边突然传来一阵阵激烈的争吵声，好像还有拍桌子的声音，走廊里也热闹起来了。咋回事？我循声走出办公室，声音果然是从老K的技术处传出来的。眼前的一切让我十分震惊：师兄涨红着脸，右手不断拍打着桌面，正与同处室的博士后J吵得难分难解。老K的左手差一点就指到了J的鼻子上了。J呢，当然也不甘示弱。

看到我铁青着脸站在门口，众人纷纷离去，两人也停止了争吵。究竟是什么原因呢？在我的办公室，两个人啰啰嗦嗦说了一大堆，无非是为了一些技术资料，还有打印机、加湿器的使用等。"堂堂的公司总部，堂堂的两个博士，为了这些鸡毛蒜皮的事，简直是斯文扫地！"我真的非常生气。各打五十大板后，我耐心地给两位讲了"给木板钉钉子"的故事，讲了"三孝廉让财立高名"的故事。最后，两人各自作了检讨，握手言和。

事后，我单独找师兄严肃地谈过一次话。老K非常诚恳，承认自己脾气不好，吵架的事影响太坏，非常惭愧。谈到博士后J，老K的气居然还没有消："那小子，真该踹！"

看来，师兄的个性一点也没有改变。不过，人哪能没有一点脾气呢！更何况，毕竟师兄已经认识到自己的错误，也不容易。想到这些，我心里也颇感安慰。

事与愿违，好景不长。接下来几个月，老K又接连与兄弟部门发生了几次激烈的冲突，一次比一次吵得厉害。追究下来，无非是为了诸如办公设施、沙发、传真机一类的事情，只要他看到其他人有什么好东西，他都要有。比如，趁某位领导出差，他居然把这位领导办公室的沙发搬走了，结果可想而知，师兄几乎把所有人都得罪了，同事们见面躲着他，背后议论他。对此，我心里十分酸楚，说不出味道。

那年初，我去海南出差，在三亚遇到了师兄。那天晚上，推掉所有应酬，我借机与师兄进行了一次长谈。两个人面对面，我们从攻读博士聊开去，谈学习，谈工作，谈子女，谈人生。整整一个晚上，我们聊了很多，也很愉快。只是，在谈到公司的工作与矛盾冲突时，师兄的脸色变得十分难看，态度也非常强硬，一件一件事讲得振振有词。那天晚上都说了什么，我已经记不清了，但师兄有一句话重复了多次，我印象太深了——"那帮小子，真该踹！"。

我无言以对，只有在心中默默祈祷：我的师兄，收敛一点吧！哪曾想到，此后师兄却更加肆无忌惮起来了。

后来，又发生了冲突。与以往不同的是，这次与师兄冲突的对象，正是"师弟"我本人。整整一个上午，师兄到我办公室来了三趟，前两趟责问为什么让行政办公室拆了他的传真机，第三趟对我说，他们现在"两个人干了原先八个人的活"。这些不实之词，居然从师兄嘴里理直气壮地说了出来。

下午,我与党委 L 书记一起,与师兄进行了一次严肃谈话。我终于没有压住火气,对师兄吼道:"还有哪个部门你没有吵过架?难道所有的人对你都有成见吗?如果你不愿意好好干,就早点滚蛋吧!"L 书记当然比我有耐心,苦口婆心地对师兄说了不少话。

或许因为没有任何防备,看到我真的发火了,师兄一开始有些发蒙。但师兄毕竟是师兄,稍稍镇定后,又开始进行百般辩解。尽管他说的事情都被 L 书记一件一件澄清,但师兄还是那么滔滔不绝。"行了,再说下去,我和书记都要给你写检讨了!"我打断了他的说话。师兄悻悻地离开了我的办公室,嘴里好像还在嘀咕着什么。

那天晚上,我接到了师兄的短信。短信的内容大体是:"师弟,想想今天的确是我多嘴了,抱歉!我所做的一切,都是为了工作,你得多理解师兄。不过,你小子的态度,我真想踹你两脚!"

终于,师兄要踹我了。读完师兄的短信,我心里有说不出的滋味。

这就是我的师兄!个性鲜明甚至偏执、过激,讲究原则甚至斤斤计较,喜欢拿人家的东西,讲自己的道理。不过,师兄毕竟是师兄,对我还是宽宏大量的。那天我的态度的确不好,伤害了师兄的自尊,也伤害了我自己。太混账了,哪有叫师兄"滚蛋"的师弟啊?

想到这里,我万分自责:我小子,真该踹!

踹完以后呢?师兄,您能否也多一些反省、做一些改变呢?对此,我期待着。

程志虎在港珠澳大桥建设工地上

百年老树一新枝

——读王树枝的诗有感

很久很久了，似乎从来也没有专心地、认真地、完整地读过一本书。这些年来，看过的、读过的书其实也不能算少，尤其是林林总总的企业管理书籍，书架上堆了不少。

这些包装精美、价格不菲的书籍，大都是在机场候机大厅的小书店里购买的。候机的时间有限，匆匆地看了书里面的某一段文字，觉得不错，就买了下来。回家以后，再拿出这本书来研读，往往是遗憾的。除了那一段曾经吸引我购买的文字外，似乎再也找不出更多吸引人的内容。于是乎，粗粗地翻一遍，便随手放进了书架。

尽管如此，我还是积习难改。与谁计较呢，如果自己还算是一个读书人的话，能够读到一段吸引人的内容，也算是一种收获。只是，这些一个个被包装成"管理大师"的著作者们，书中的思想和情感与书的包装质量似乎并不般配。我有时甚至在想，把我平时的积累写出来，说不定也能闹一个"大师"头衔。

惊艳，常常在不经意间发生。这本题名《雁鸣集》的诗集，内容是如此的精彩，情感是如此的细腻，以至于这一个月来，我着魔似的阅读了一遍又一遍。我的心，似乎早已随着那一首首小诗飞回了重庆，飞回了菜园坝长江大桥建设工程那如火如荼的难忘岁月。

说起来惭愧。一个月前，当王树枝拿出这本彩色打印的诗集手稿请我"斧正"时，我的微笑多少有点暧昧：好家伙，一年多时间不见，转眼就变成"大诗人"了？接过诗稿粗粗地翻了几页，我的表情开始变得严肃，转而目不转睛地看了一页又一页，全然不知我的失态。好在树枝是多年的好朋友，当然不会计较。记不清看了多少页，我情不自禁地对王树枝提出："请允许我毛遂自荐，我要为您的诗集写序。"态度十分坚决，语气却非常谦恭。

树枝对我说，《雁鸣集》中收录的诗歌和摄影作品，大都是他在重庆菜园坝长江大桥工程担任项目经理期间完成的。这些诗歌和摄影作品忠实地记录了那段最难忘的岁月，以及在那段艰苦岁月中我们的拼搏与汗水、勇气与热情、苦闷与快乐、光荣与梦想。在那段紧张艰苦的工地生活中，我真切地感受并懂得了许多道理——什么是热血豪情，什么是儿女情长，什么叫思乡心切，什么叫酸甜苦辣。

"您是菜园坝大桥的总监理工程师，与我们一道共同经历了那段最难忘的岁月，由您为《雁鸣集》写序是最合适的，这也正是我的期望。"树枝对我说。

时光，似乎又回到了从前那如歌的岁月。菜园坝大桥是当时世界上跨度最大的公轨两用提篮式钢桁梁、钢箱拱桥，近 1500 个如火如荼的日子，给我们留下了太多的回忆。作为总监理工程师，我从 2003 年底大桥桩基工程开始，直到 2007 年 10 月大桥通车，像对待自己的孩子一样呵护着她一天一天长大。2005 年，顶住了势不可挡的特大洪峰；2006 年，经历了天吊断索的突发事件,遭遇了百年不遇的高温酷暑;2007 年,战胜了钢箱拱、钢桁架梁吊装合龙等一系列世界级难题。近四年时间,大桥工程经受了种种考验;近四年时间,我与王树枝等一大批建设者并肩战斗,结下了不解之缘。从这个意义上说,我当然是一个有资格为《雁鸣集》写序的人。

我与树枝私交甚笃,《雁鸣集》中的几首诗在重庆时我就读过。印象最深刻的那句话:"孤灯独影单杯饮,夜半倾心听天籁",激发了我的共鸣。在那些最艰苦、最苦闷的日子里,我与树枝常常在月黑风高的夜色下,抱一壶地道的"竹叶青",谈诗说词。透过《雁鸣集》,我真切看到的,分明是树枝那颗孤独倔强、宽阔博大的心灵。

我想,要读懂王树枝的诗,首先要读懂王树枝。当然,要真正读懂《雁鸣集》中的诗,还要读懂在菜园坝大桥工程建设的峥嵘岁月中,树枝的责任,树枝的拼搏,树枝的苦闷,树枝的思念,树枝的梦想,树枝的光荣和树枝那些鲜为人知的动人故事。

"王树枝是何许人也?"记得在菜园坝大桥首榀钢桁架梁验收后的庆功会上,《重庆晚报》的女记者曾向王树枝提出过这个问题。"柴禾!"王树枝的回答非常干脆,只有短短两个字。是啊,"树枝"可不就是"柴禾"么!众人哈哈大笑,接下来却是一片静默。再接下来,热烈的掌声响起。现场的气氛达到了高潮。

或许,王树枝就是一根"柴禾",一根能够点燃大伙心中热情与希望的"柴禾"。"开弓后悔箭难求,泰山压顶不言愁。团队改写滑铁卢,彩虹升起映春秋。""烟波浩渺架长虹,一钉一铆盼合龙。不临其境道辛苦,不问归期桥为重。""征战菜桥边跨艰,击鼓破关坦途现。不虑功名花谁手,热血豪情最值钱。"透过这些饱含热情的诗句,可以真切地感受到树枝胸中火一样的热情。在明月沱制造工地的炎炎烈日下,在菜园坝大桥安装现场的似火骄阳中,那些身穿橙色工作服的"橙色铁军",用热情、智慧和汗水创造了一个又一个新的奇迹。这支"橙色铁军"的主帅,就是自称为"柴禾"的王树枝。

或许,王树枝就是一根"柴禾",一根肩负着传承"百年山桥"神圣火种的薪禾。"明月沱畔谱诗章,菜园坝上架钢梁。抛妻别子何所求?打造百年新辉煌。"这是王树枝的责任,也是王树枝的光荣。2003 年 12 月,王树枝接到命令,风尘仆仆从润扬大桥赶到重庆。在菜园坝大桥项目现场,一位知名桥梁专家告诫他,菜园坝大桥将遭遇"滑铁卢惨败"。然而,王树枝却写下了这样慷慨的诗句:"赴渝方知菜桥令,义不容辞率铁军。滚滚长江何所惧,百年山桥正年轻。"这就是王树枝,热血豪情,赤胆忠心。

或许,王树枝就是一根"柴禾",只是,这根"柴禾"早已成为桥梁工程领域的"栋梁之材"。事实上,要真正读懂王树枝和他的诗歌,还应该读懂"百年山桥",这个承载着中国钢铁桥梁一百余年光荣与梦想的"桥梁工厂"。树枝是山桥的树枝,扎根在山桥肥沃的土壤中。无疑,正是"百年山桥"这棵"老根",让"树枝"变成了"栋梁"。岁月悠悠,"百年山桥"让多少"树枝"变成了"栋梁",估计已很难统计。但我坚信,王树枝一定是"百年山桥"最杰出、最忠诚的儿女。透过王树枝的诗,我们真切看到的,是山桥百余年来得以弘扬和传承的那创造的精神和无畏的魂灵。

《雁鸣集》中的诗歌，是工地上的诗歌。在远离家乡的工地上，这些身穿橙色工作服的铁血男儿也有"思乡"的时候。在"端午节"的晚上，想念远方的妈妈；"春梦"中，见到了家乡的妻子；那"无眠"的"夏夜"里，也会想起往日的"同窗"。在月明星稀的夜晚，在寂寞、孤独的时候，"醉酒"也是常有的事。当然，工地生活也有高兴的时候，偶尔去江边"观游轮"，自得其乐；赶上春潮，拿着盆罐到江边"捉蟹"；苦闷的时候，独自去"觅石"。在重庆生活的时间长了，这些没有"见识洪峰"和"见识火炉"的北方汉子，居然也学会了"打望"。呵，难忘的岁月，永久的记忆。

《雁鸣集》中的诗歌，是工地上的诗歌。只是，《雁鸣集》中的诗歌，全部采用五言和七言古体诗格式，颇有古诗、古风的味道。我对于古体诗词并不精通，但对于树枝的选择，的确非常欣赏。你想，繁忙的工地，紧张的生活，如果用近体诗形式，洋洋洒洒，自由发挥，哪里有时间呀！

《雁鸣集》中的诗歌，我读了一遍又一遍。她是王树枝的诗歌，是"百年山桥"的诗歌，是菜园坝大桥的诗歌，也是我们桥梁建设者心中共同的诗歌。诚然，树枝是山桥的树枝，是"百年山桥"这棵"老根"，让"树枝"变成了"栋梁"。然而，他又何尝不是扎根在"中国桥梁"肥沃的土壤之上？改革开放三十年来我国经济的高速发展，使中国由"桥梁大国"走向了"桥梁强国"，"百年山桥"由此也焕发了青春，长出了"新枝"。

从这个意义上说，王树枝及其诗歌属于"百年山桥"，更属于"中国桥梁"。

梦里依旧那座桥

能够与王树枝先生这等"顽主"成为莫逆之交，虽然幸运，却也无奈。

他的兴趣是那么的广泛，玩诗歌、玩摄影、玩奇石、玩沉香、玩佛珠，他玩的东西很多很杂，却样样都玩得那么投入，那么有滋有味。他的痴迷，他的专注，他的执着，让我无比感慨。最让我招架不住的是，每次他有了新的发现和感悟，总会在第一时间与我"分享"，脸上洋溢着孩童般天真的笑容。

这不，又把一本题名《雁南飞集》的彩色打印稿诗集拿到了我的眼前。树枝谦恭地对我说："期待仁兄不吝斧正，并以惯例为拙著写序。"好家伙，"为拙著写序"已成为"惯例"，徒呼奈何？树枝比我年长 6 岁，他是"仁兄"，我是"贤弟"。此刻，他居然"谦恭"地称呼我为"仁兄"，个中缘由不言自明。顿时，我感到头皮发麻，果真是"压力山大"了。

十年前，因为菜园坝大桥那段难忘的共同经历，更因为王树枝先生《雁鸣诗集》中的诗歌在我的内心激起了强烈共鸣，于是我毛遂自荐为他的诗集写了序，题名"百年老树一新枝"。现在看来，树枝对于《雁鸣诗集》的序还是满意的，但对于《雁南飞集》的序，他似乎寄予了更高的期待。

实话说，对于他的执着与痴迷，我一直十分迷惑。我想不明白，究竟是什么信念和力量，支撑着他几十年如一日顽强地坚持着这些兴趣和爱好，痴心不改，无怨无悔。我甚至觉得，作为港珠澳大桥超级工程的项目经理，他这样做似乎有些"不务正业"。

树枝是何等的睿智，我内心的这些想法，当然逃不过他锐利的眼睛。或许是因为愤怒，他的神情一下子变得凝重起来。"梦里依旧那座桥，孤岛不孤自逍遥，"树枝先是不停地吟诵着这两句诗，继而还是生气地对我说，"知道什么叫'味道'吗？看来，你果真是一个'有知识、没文化'的人！"

我有些发蒙。二十年前，我妈妈说我"有知识，没文化"，让我郁闷了好多年。如今，我又听到了同样的话语，心里真有一种说不出的滋味。这"味道"究竟是什么呀？或许，答案就在《雁南飞集》之中。

这一个月来，我一遍又一遍细细品读了《雁南飞集》中的每一首诗，包括树枝为每首诗写下的注解，生怕漏掉每一个细节。与当初《雁鸣诗集》给我的惊喜相比，《雁南飞集》收录的 129 首诗，内容更加丰富，情感也更加细腻，给我以强烈的震撼。不知道读了多少遍，不觉之际我仿佛有所顿悟了，真切地嗅闻到了一阵又一阵扑面而来的"味道"，让我惊喜万分。

透过《雁南飞集》中的诗歌，我嗅闻到了伶仃洋上硝烟弥漫的味道，听到了超级工程隆隆的机器轰鸣，这也是我最熟悉的"工地味道"。作为 SB01 标总监理工程师，几年来与王树枝等一大批 CB01 标将士们并肩战斗在港珠澳大桥超级工程，我们有着一样的梦想、一样的目标、一样的难忘岁月。

集桥、岛、隧于一体,港珠澳大桥超级工程跨越伶仃洋,东接香港特别行政区,西接广东珠海和澳门特别行政区,是当今世界规模最大、技术最复杂、标准最高的桥梁工程项目,代表了现代桥梁工程的最高水平。其中,海中桥梁全长约 22.9 公里,全部采用钢箱梁结构,用钢量达 40 余万吨,相当于 60 座埃菲尔铁塔或是 10 座鸟巢钢结构的总重量。

举世瞩目的港珠澳大桥超级工程,当然少不了"中铁山桥"。2012 年 4 月 12 日,中铁山桥集团与港珠澳大桥管理局在珠海德翰酒店举行了 CB01 标钢箱梁制造合同签约仪式。王树枝难以抑制心中的激动,写下了慷慨的诗句:"德翰穹顶字千金,伶仃洋畔言九鼎。百年山桥重亮剑,巨龙腾飞天地惊。"看来,树枝还是那个树枝,热血豪情,赤胆忠心。

临危受命再次担任项目经理的王树枝,率领着他的橙色铁军,踏上了南下的征程。"鸿雁南飞过潇湘,忘年转战伶仃洋。橘子洲头多少事,挥斥方遒又何妨。""南下伶仃洋,情系港珠澳。追梦别故里,汗洒马鞍岛。""金戈铁马越五岭,神州驰骋跨三江。又到沧海缚苍龙,伶仃洋上架彩虹。"没错,树枝还是那个树枝,胸中依然燃烧着火一样的热情。

量变的结果,往往能够引起质的跃升。港珠澳大桥工程的钢结构体量巨大,迫使中铁山桥在生产基地、技术装备、设施和成套技术等方面都进行了一次脱胎换骨的改变。山桥产业园、中山拼装基地(马鞍岛)的建成,智能化焊接机器人以及一系列新方法、新技术、新工艺、新装备、新手段的投入使用,让"百年山桥"焕发出无限的创新活力,走到了全世界钢桥加工制造行业的最前列。

这过程却是如此的艰难,以至中铁山桥几乎耗尽了它的"百年功力"。常年奔波于山海关、中山和珠海之间的王树枝,对橙色铁军将士们的艰辛付出,也会发自内心地心疼起来。"晚霞迎圆月,明镜渐生辉。把饼水当酒,夜深人未归。""晴日酷暑汗湿衫,雨天泥泞步履难。铁军也是父母生,男儿有泪不轻弹。""朝乘扁舟赴工地,烈日炎炎汗湿衣。午间云蒸倾盆雨,望洋叹无擎天力。"树枝还是那个树枝,爱兵如子,铁血柔情。

《雁南飞集》中的诗歌,是港珠澳大桥工地上的诗歌。最能够激起我共鸣的,当然还是描写马鞍岛上苦乐生活的那些片段,让我再次深切地体验了热血豪情、儿女情长、思乡心切以及酸甜苦辣的味道。

"马鞍孤岛秋风凉,渡船两岸蕉叶黄。圆月白鹭相辉映,游子此刻最思乡。"每当我读到这首《思乡》的时候,心底总会涌出一腔酸酸的痛楚。南国秋风凉了,北方早已经进入冬季,我是多么地思念家乡啊,九十高龄的妈妈,相濡以沫的妻子,你们在家乡可好吗?"鸟语人无言,人郁鸟不知。大雁北归去,捎去红豆枝。"不知道我的亲人,是否收到了我的相思?

透过《雁南飞集》中的诗歌,我嗅闻到了"工程文化"的味道。无论是看似随意的《工程随笔》与《人在旅途》,还是浓墨重彩的《岭南情怀》和《思乡情怀》,即便是信手拈来的《即景生情》与《品味生活》,《雁南飞集》中的每一首小诗,都来源于火热的工程生活,抒发了工程建设者的真情实感,也深深地打动了我的心。

什么是文化?是学历、经历还是阅历?似乎都相关,似乎又都不是。作家梁晓声的回答是,"文化是根植于内心的修养,无需提醒的自觉,以约束为前提的自由,为别人着想的善良"。王树枝的回答,却只有一句话:"做人做事做工程。"这是何等深刻的领悟!这又是何等简洁的表述!让我为之折服。

做工程先做文化。王树枝先生能够带出一支所向披靡、无坚不摧的橙色铁军,与他积极倡导、身体力行的工程文化是分不开的。在他的诗歌中,我没有读到柏拉图、黑格尔,也没有读到亚里士多德,我读到最多的词汇是"工程、梦想、辉煌""彩虹、巨龙、钢梁",是"中秋、明月、思乡""孤岛、白鹭、荷塘"。这就是工程文化,是工程建设者"听得懂、想得通"的文化,也是工程建设者"学得会、用得上"的工程文化。

我必须承认,此前对于王树枝"不务正业"的疑虑,实在是大错特错了。我感到非常惭愧,何止是"有知识,没文化",或许我只是一个"有学历,没文化"的人!王树枝是"橙色铁军"的主帅,他以独特的工程文化,把这些抛妻别子、常年坚守在工地上的铁血男儿,紧紧地凝聚在了一起。

透过《雁南飞集》中的诗歌,我闻到了王树枝的味道,读懂了他的痴迷,他的专注,他的执着,他的真实。"你站在桥上看风景,看风景的人在桥下看你。明月装饰了你的窗子,你装饰了别人的梦。"卞之琳《断章》中的画面,真切地浮现在我的眼前。顿悟过后,对于王树枝先生的"痴与真",我格外地羡慕起来。

"心宽舞台大,坦然智生花。容事世容人,处处感觉佳。"王树枝先生的"痴与真",磨炼了他的意志和气质,造就了他高风亮节的品格和修养。工作中,他精力充沛、雷厉风行;生活中,他兴趣广泛、广交朋友。树枝为官,不作秀,不作假;树枝为人,不图利,不张扬。我坚信,这一切都源自他的"痴与真"。

"架桥修路走天涯,不负岁月好年华。江湖往事随风去,花甲顽童又出发。"好一个"花甲顽童"!树枝的"痴与真",当真玩出了新的境界。不过,"又出发"容易,"随风去"却是很难,那些"江湖往事",绝不是轻易就能抛到风中的。因为在每一个人的心底,都埋藏着深深的"江湖情结"。这种深埋于心的"江湖情结",在武侠大师金庸的笔下,不知演绎了多少爱恨情仇的动人故事。

"无尽芦草满泥沼,任凭夜夜起风暴。苇蒲相伴秋意浓,风吹芦花遍地飘。岁月匆匆催人老,梦里依旧那座桥。马鞍岛上有好酒,孤岛不孤自逍遥。"这是我的诗作。王树枝告诉我,他之所以将这首诗收录到《雁南飞集》中,是因为他特别喜欢其中的两句话"梦里依旧那座桥"与"孤岛不孤自逍遥",最能够体现他的心态。既然树枝"特别"喜欢,我就以这句"梦里依旧那座桥"作为本文的题目吧。

不过,我最喜欢的却是树枝在《龙门吊》中的那句话:"独守伶仃听浪涛。"或许,这句话所抒发的情怀,早已将他的"痴与真"提升到了"道"的境界。"春来雁飞绝,秋去水流空。孤独花甲童,独守百年梦。"年逾花甲的他,虽然已经轮回成童,虽然早已将江湖往事抛到了风中,却依然独守着他的百年梦想。我真切看到的,分明是树枝那颗超凡脱俗、返老还童、宽阔博大的纯净心灵。

透过《雁南飞集》中的诗歌,我似乎也嗅闻到了一丝淡淡的惆怅与忧伤。"大雁南飞追彩虹，一不留神已成翁。但求孤岛波常绿，何妨试做花甲童。"毕竟是多年相濡以沫的好朋友，树枝内心的一些担忧，当然也逃不过我的眼睛。

"千呼忠臣战辽西，万唤良将征岭南。铁马声咧震八堡，战船破浪取马鞍。鏖战不虑分封事，回朝无力擎乾坤。勒马江湖问天道，奈何桥头埋忠魂。"看到这首《感慨》的时候，我着实大吃了一惊。早已将江湖往事抛到了风中的"花甲童"，怎么还会惦记"分封事"呢?! 味道不对呀! 细细想想，树枝不像是在发牢骚，似乎另有隐忧。

南飞的大雁，终究有归巢的日子。如今，王树枝已经到了退休的年龄，即将离开他的马鞍岛，离开他的龙门吊，离开他的港珠澳。他的惆怅，他的忧伤，他的担忧，让他心里隐隐作痛的，正是他难以割舍的"江湖"，是他梦里依旧的那座"桥梁"。

十年前，我为王树枝的《雁鸣诗集》写了序;十年后的今天，我又在为王树枝的《雁南飞集》写序。我不知道，王树枝先生还能写出几本诗集，让我再为他写序;我也不知道，我还能不能再次听到王树枝的声音，读到王树枝的诗歌，闻到王树枝的味道。

工程文化需要传承。我不知道，王树枝先生曾经率领过的橙色铁军，身上是否还洋溢着"百年山桥"的味道。我不知道，王树枝先生毕生倡导的工程文化，是否也会随着他的离去，消失在遥远的地平线。

世上本无事，庸人自扰之。但愿我的担忧，只是我的庸人自扰。尽管如此，我心里还是捏着一把汗，只能默默地祈祷。

为王树枝先生祈祷，为"百年山桥"祈祷，更为"中国桥梁"祈祷。

看到桥梁，程志虎总是按捺不住内心的兴奋，与之合影留念

顺天应人 守正成匠

——关于"监理之道"的思考与感悟

在我 20 年的监理生涯中,有一些问题始终在我的脑际盘旋。监理,监的究竟是一个什么"理"?监理到底算不算一门技术?如何认知工程监理?如何履行监理职责?一个监理工程师,应该恪守哪些"监理之道"?包括监理的基本职能、业务属性、角色定位、工作内容、工作依据、方法手段、工作程序、工作控制,以及工程理念、工程观、价值观、工程文化等等,这一系列问题,时刻在我的脑际盘旋,让我寝食难安。

康德说:"头上璀璨星空,心中道德法庭。"天理、物理、事理、真理、公理、原理、常理、人理、情理、法理、伦理、条理……在康德看来,无外乎"天道人心"。是非自有曲直,公道自在人心。良知,对监理工程师来说,至关重要。

没有工程,就没有监理。笔者认为,监理之"道",必须建立在"责任、良知、风险、职责"等核心理念之上。值此中国交通建设监理 30 年庆典之际,与大家分享我在 20 年监理实践中关于监理之"道"的思考与感悟。

工程是干出来的,是管出来的,也是监出来的

在工程界,有两句堪称经典的口号值得玩味。一句是"工程是干出来的",另一句是"工程是管出来的"。这两句话颇具代表性,反映了某些施工单位和项目业主对工程的认识,也反映了监理在工程中常常被"边缘化"的尴尬处境。

"工程是干出来的。"数年前的一次工程例会上,因为工程各方在项目管理责任、权限与程序等方面的争议,某施工单位的一位项目经理,出于对自身利益诉求的捍卫,歇斯底里地吼出了这句响亮的口号。或许是多年来压抑在施工单位胸中的怨气被突然引爆,会场上顿时响起了热烈的掌声。此后数年,我常常能够听到这句口号。

"工程是管出来的。"又一句堪称经典的响亮台词。这是在某次工程哲学研讨会上,某项目业主单位一位领导颇具代表性和权威性的发言。他强调,工程项目管理是工程建设中最核心的环节,管理的好坏对于工程的成败起到决定性作用。

很显然,这两句话虽有一定道理,但都非常片面。"工程是干出来的,是管出来的,也是监出来的。"当我在"2017 珠海桥梁大讲堂"上说出这句话的时候,会场上同样响起了热烈的掌声。监理机构是"工程共同体"的重要成员之一,在工程项目中扮演着"质量卫士"的重要角色。在港口,在码头,在乡村,在山野,在如火如荼的交通建设工地,无处不在的监理工程师们,为我国交通建设事业的发展立下了汗马功劳。

工程监理的业务属性、核心内容与文化内涵

工程监理的业务属性是风险管理。风险贯穿于工程项目整个生命周期每一个过程和环

节之中。以桥梁为例,桥梁在制造安装和建设阶段的风险,不仅来源于项目可行性分析、规范、勘测、设计等前期因素,更取决于施工的技术准备、工艺方法、器械手段、材料的试验检测、过程监督控制,以及施工的组织管理等。建设阶段遗留的安全质量问题,又将成为营运阶段的主要风险来源。

工程监理的使命与责任,与风险管理的基本内涵是一脉相承的。换句话说,监理的业务属性是风险管理。有鉴于此,笔者曾经提出"基于风险管理的监理检测技术",其核心在于将风险管理的理念与方法,以及风险分析、风险控制技术运用到监理检测项目之中,以确保工程项目的安全质量,得到了业界的广泛认可。

工程监理的核心内容是安全质量。安全质量,是工程项目的生命线,永远是监理检测的核心工作内容。因为如果监理不到位、失职或过失,或错误的检测结果,导致安全与质量事故、工程延期或业主经济损失,那么监理单位、项目总监和责任人将承担主要法律责任。

对监理而言,最大的风险莫过于工程项目的安全质量。事实上,监理对进度和投资的控制,力度是很小的,不过是履行程序而已;但监理对于安全质量的控制,却是实实在在的。

工程监理的文化内涵在于"放心",即"放心文化"。举例说,由笔者担任总监的港珠澳大桥 SB01 标,监理费 6000 多万元。花 6000 多万把监理团队请进来,业主究竟要买什么呢?朱永灵局长说,业主花重金想要买的,就在于"放心"二字。

如何切实履行监理职责

工程监理的业务属性是风险管理,核心内容是安全质量,文化内涵在于"放心"。如何才能够让业主放心? 笔者认为,监理工程师必须始终坚持并做到"围绕一个核心""抓住六个重点"以及"处理好十大关系"。

"一个核心",就是"安全质量"。"六个重点",分别是"针对性策划""程序化管理""精细化操作"以及"人性化协调""职业化作风"和"社会化合作"。

工程监理是一门交叉学科

有人质疑,工程监理到底算不算是一门技术? 或者说它算不算是一门学科? 探究监理的本质属性,回答是肯定的。笔者曾在多场学术报告中作过详细论述,工程监理集专业技术、管理技术与协调沟通艺术于一身,是一门复杂的综合性技术,是交叉学科。

工程共同体是责任共同体,命运共同体,也是利益共同体。然而,工程共同体成员之间,常常因为各自的利益诉求而产生争议和矛盾。为此,监理工程师必须充分听取各方的意见和诉求,积极、妥善地进行协调,直到问题得到圆满解决。这对监理人员的综合素质是一个很大的挑战,要熟练掌握并运用心理学、管理学、行为科学等方面的知识、技能和方法,既要有原则性,更需要有灵活性。

从方法论的角度来看,工程监理既要恪守科学方法,又要掌握工程方法。科学方法的核心是实事求是;工程方法的精髓在于统筹兼顾,要在工程的功能性、安全性、适用性、经济性、工程美学等方面找到平衡,没有最好,只有更好。对于工程问题的发现和描述,必须恪守科学方法,一就是一,二就是二。对于工程问题的处理,则需要善于运用工程方法,统筹兼顾,善于听取工程共同体各方的意见,确保问题得到妥善解决。

牢记职责,不辱使命;宁做恶人,不做罪人

往往就在"一念之间",你可能成为"恶人",也可能成为"罪人"。工程监理所扮演的角色、所肩负的使命,决定了工程总监在遇到诸如重大安全质量问题、重大的工程变更、计量支付和索赔事务时,必须有明确的态度和立场。"牢记职责,不辱使命;宁做恶人,不做罪人"是一个总监全心服务社会、承担社会责任的庄严承诺。

感悟工程哲学

在特定的时间和空间维度下,工程体系由"道、法、术、器"四大要素组成,它们互相支撑、互相渗透、互相影响。

"道、法、术、器",是构成工程体系的四大要素,其中,"道"是"灵魂","器"是"工具","术"是"方法","法"是"规矩"。在"道"的统领下,四大要素彼此独立又互相支撑、互相渗透、互相影响,确保了工程体系的有效运转。

事实上,任何一个工程体系都不是孤立的。工程哲学的研究对象,除了工程体系外,还应包括工程环境和时间。随着时间的流逝,工程体系与工程环境都会不断地发生变化,这种变化对于"道、法、术、器"将产生巨大影响,进而影响工程体系的运行。

感悟"监理之道"

"道可道,非常道",是老子《道德经》中的一句经典名言。要准确地说清楚什么是"工程之道",什么是"监理之道",都是十分困难的,只有通过不断的工程实践思考与感悟,即所谓的"悟道"。"悟道"虽难,但也未必那么神秘。在"2017珠海桥梁大讲堂"上,笔者结合自己对于"监理之道"的理解,提出了"顺天道,应人道,守正道,成匠道"的基本观点。

所谓"天道",主要是指自然界及其物质运动的机理和规律以及社会的发展规律和趋势,它不以人的意志为转移。监理工程师必须"顺天道",倡导科学精神,恪守科学方法,尊重科学,尊重规律,尊重知识,顺应社会发展的规律和潮流。孙中山先生说的"天下大势,浩浩荡荡,顺之者昌,逆之者亡",非常深刻。

"人道"是关于人的本质、使命、地位、价值、情感和个性发展的哲学范畴。按照儒家的学说,"人道"一词被赋予了更高的人文含义,成为一种对做人基本价值的追求,甚至成为一种是否称得起为人的底线。监理工程师必须"应人道",倡导人文情怀,提升文化教养,坚持以人为本,善于沟通协调,关注并保障工程共同体各方的利益诉求。

监理工程师必须"守正道",具备高度的社会责任感、职业操守和良知,严格要求自己,牢记职责,不辱使命。尤其在应对工程变更、计量支付与索赔以及处理重大安全质量问题和隐患的时候,要恪守底线,要经得起各种诱惑与考验。

"成匠道",是监理工程师追求的目标。天下大事,必做于细;天下难事,必成于精。只有更专业,才能更卓越。要积极倡导工匠精神,努力提升工程品质,弘扬先进工程理念,引领行

业发展进步。关注细节,追求完美,精益求精。既要保持如履薄冰的心态,又要具备明察秋毫的目光;既要保持居安思危的警惕,又要具备甄别隐患的能力。

"顺天道,应人道,守正道,成匠道。"这里的"道",就是"监理之道",建立在"科学精神、人文情怀、责任良知、职业操守、客观公正、廉洁自律、恪守底线、精细完美"等核心理念之上。

程志虎:监理之"道",必须建立在"责任、良知、风险、职责"等核心理念之上

企业经营管理的"道法术器"

笔者曾经在国有大型咨询企业担任过总经理、董事长职务,对咨询企业的经营管理,从理论上做过一些研究,也积累了一些实战经验。笔者认为,企业的经营管理,体现在"道、法、术、器"四个层面。如果企业总是沉湎于在"法、术、器"里找出路的话,就会像爬山一样,总在山脚、山腰打转转,很难直达山巅。如果我们从"道"的高度,从上往下看时,就会豁然发现,通往山巅的捷径随处可见。

"器"

何为"器"? 顾名思义,"武器"也。对企业而言,"器"是一个"资源性"要素,主要指"生产设备""装备水平"和"检测手段"等核心资源,当然也包含"技术"与"人才"资源,是一个企业核心竞争力的象征。

一家企业的竞争力高低,与装备水平、生产设备、设施的先进程度以及工艺方法、检测手段等密切相关;其中,人才资源、技术能力更是核心竞争力的象征。一个成功的企业,必须实现资源性综合、互补、多元和专业化。

以中铁山桥集团为例,山桥产业园、中山拼装基地(马鞍岛)的建成,智能化焊接机器人以及一系列新方法、新技术、新工艺、新装备、新手段的投入使用,让"百年山桥"焕发出无限的创新活力,走到了全世界钢桥加工制造行业的最前列。

"术"

这里谈到的"术",主要指企业经营管理的"战略"与"战术"。在中国,一向看重"术"的运用,不论是古时的沙场厮杀,还是现今的商场鏖战,无时无刻不体现着"术"的重要作用。以下几个案例,是"术"在企业经营管理实战中的运用和实践。

同心多元,两端延伸

中国船级社实业公司(CCSI)"依水登陆、以钢为纲"的总体战略,是一个典型案例。依托在钢结构领域的技术与管理优势,船级社确立了以"桥梁、检测、评估、咨询、钢结构"为中心,同心多元,向周边领域延伸拓展,取得了巨大成功。

"拔萝卜"与"割韭菜"

所谓"拔萝卜",形象的说法是,拔出一个萝卜,地上留一个坑,萝卜吃掉一个就少一个;想要再吃,只能到别的地头上去寻找了,直到吃没了为止。"韭菜"就不一样了,一刀割下去,根还在地上,下一场雨就又长出新的韭菜了;你不断地割,它就不断地长,永远也割不完。

目前,大多数咨询企业的核心业务如监理、检测检修等,都属于产业链低端业务品种,附加值不高,通常还属于"一次性服务",缺乏重复可持续性,迫切需要对业务结构进行调整和转型,大力开发长线的、高端的服务品种,如状态评估、安全评价、风险分析等业务。举例说,对一座桥梁的监理项目就类似"拔萝卜",而一座桥梁的安全评价就像是"割韭菜","萝卜"拔出吃掉后就没了,"韭菜"割完后还能再长,一茬又一茬。

爬楼梯、上电梯

企业之间的竞争,体现在三个层面:第一个是技术层面的竞争,赢者获得的是时间上的优势;第二个是市场层面的竞争,赢者获得的是空间上的优势;最高层面的竞争是资本层面的竞争,赢者获得的是战略上的主动,可以将别人获得的时间和空间优势尽收囊中。有人说,产品运营是"爬楼梯",资本运营是"上电梯",前者一代致富,后者一夜致富。为此,资本营运是企业家需要修炼的最高武功。

"爬楼梯"与"上电梯"的说法是否确切,我们不去深究,但作为"术"的运用,资本运作已经越来越多地引起了企业家的重视。

木桶理论、拼装理论

按照经典"木桶理论",许多监理企业的综合实力不强,在市场竞争中常常处于被动不利的地位。怎么办呢?笔者推荐的"小鱼吃大鱼""快鱼吃慢鱼"方法,或许能够为我们带来转机。

自然界中,大鱼吃小鱼是物竞天择的绝大部分规律,而在商场上,一家综合实力细化到每个方面都强悍的公司击败技术、资源都比它弱小的公司是完全可以预估的胜利。而深海中还存在着大小和鳗鱼差不多却可以吃掉如大白鲨这样凶猛肉食鱼类的盲鳗,那么我们身边是否也有可以以小博大的机会呢?回答是肯定的。只要创造出自己的优势,迎击对方的劣势,以自己的长处去比量对方的短板,以体量小而独有的高精尖专业技术和综合实力高而同项技术相对薄弱的一争高下,在同样的环境中照样能取得胜利。同样,以更快、更先进的新型企业去竞争,那么老式、守旧的企业也同样会遭到淘汰。

这里,笔者提出的"木桶拼装"理论,相信可以为广大中小监理企业带来"由小变大"的彻底变化。"木桶拼装"之术,走的并不是综合实力全面称霸的路子,而是在细分市场、若干特定专业领域,利用自己的优势和长项逐步建立起在行业内的领先优势。取得一个又一个优势以后,手里就有了一根又一根的"长板",把它们拼装起来,就形成了综合实力强大的"大木桶"。

"法"

这里的法是指规则、制度、模式。一个企业的初创阶段,是个人英雄主义的阶段,企业的运作制度、模式依凭的是创始人个人的文化、理念、胆略以及能力。这是一个"英雄创造历史"的阶段。在初创阶段,也就是"人治"阶段,有开创性、开放性,但也有片面性、随意性。因此,在企业进入有序稳定发展以后,必然进入用制度、章程、法规、程序来约束、管理的"法治"阶段。在这个长期的阶段里,"群众是真正的英雄"。管理层将理念、理想从上而下地准确传达给企业员工,通过员工高效正确地执行保障这一理念的落地,传达和执行是交互的,没有充满先见的战略规划部署就不可能达成企业的未来发展,没有详尽踏实的落地执行就不可

能实现公司的正常运转。那么,要将管理层的战略和企业基层的细节执行用成熟的规则一一对应起来,应特别注意以下四个要点:

(1)坐标点。坐标点就是企业定位。所谓知己知彼百战不殆,首先管理层要清晰了解企业自身能力(人、材、财、管、物等)以及企业所处的外在环境和面对的外部条件(政策、市场、对手等),充分认识自我及环境,对"我是谁,我处于什么样的环境"有个客观翔实的定位。

(2)目的地。明确企业的发展目标是什么。从长远愿景、中期目标和近期目标逐一量化,将其落实到具体,成为可考核的依据。

(3)路线图。这是到达目的地——实现目标的路径,具象为措施、方法。通过前期规划、当下计划,有措施、有手段地量体打造出最适合企业自己的管理模式。

(4)时间表。也就是时间节点。把目标按照时间节点分解成不同的可考评的具体事件、数据等,在不同时间段达成细化出来的目标,这就是时间表的重要性。

"道"

"道可道,非常道。""道"是个非常深奥的概念,笔者曾多次与国内各行各业的翘楚把酒论道,最后得出的结论是,真正的"道"是论不出来的,也是学不出来的,它建立在实践和积累的基础之上,但最终能够参透"道"字的,往往在于自己的"悟"。这个"悟",在于多年的智慧沉淀、广阔无疆的思想和醍醐灌顶的灵光乍现,而后得成"悟道"这天人合一的境界。

而企业的经营管理之道,可以用四个字、两个词来概括——"天道"和"地道"。邓文中先生说,"天上的事是科学,地上的事是艺术"。天上的事,又指客观存在的自然规律、蕴藏在表象中的科学和真理,这是人力无法改变的客观存在。所谓的"顺天道",就是要顺应自然、顺天而为。在企业经营中,所谓的"天"是不能改变的市场环境和政治形势,在不能依赖人力改变的客观存在面前,企业需要做到的是"走出去,动起来,活下去"。在特定的环境中,根据自身特点,通过这些外部环境借力,趋势而行,顺势而为,实现利益最大化。

"地道",换一个说法,又可以叫做"人道",这是与人有关的各类事项。企业要"顺天道",更要"尽人道"。首先,人道是社会责任,企业除了盈利,必须具备社会责任感,才能够最终获得社会的普遍认同。而获得社会的认同,也才能反过来进一步得到社会的助力,这是"尽人道"的第一步和最重要一步。其次,作为企业,还需要将客户需求、员工需求、股东需求尽可能地实现、达成,只有目标一致,才能实现真正的共同发展。满足客户需求,才能取得长期信赖,占有更广阔的市场份额;满足员工需求,能够激励员工成长,将其个人目标集合成企业目标,公司才能更加灵活地健康运转;满足股东需求,则从本质上为公司构建了更加广阔的发展平台。当共同的需求得到满足时,企业也就获得了全面的发展。

"道、法、术、器"是笔者在研究工程体系时提出的四个基本要素。其中,"道"是"灵魂","器"是"工具","术"是"方法","法"是"规矩"。在"道"的统领下,四大要素彼此独立又互相支撑、互相渗透、互相影响、互相制约,确保了工程体系的有效运转。事实上,"道、法、术、器"在企业的经营管理体系中,也同样是最基本的要素。

工程体系的四大要素

进入 21 世纪以来,随着新兴学科工程哲学的应运而生,在工程界掀起了学哲学、用哲学的高潮。2007 年出版的学术著作《工程哲学》(殷瑞钰、汪应洛、李伯聪等著),在我国的工程界、哲学界、教育界引起巨大反响,产生了广泛的社会影响和重要的学术影响。2013 年 7 月,《工程哲学》第二版问世,所补充的工程本体论、工程思维以及关于"物理、事理和人理"的分析等内容,集中反映了我国工程哲学研究的最新进展和在此领域达到的最新的认识和理论水平。

我与大多数工程师一样,除了如饥似渴地阅读工程哲学的著作和相关文献,同时还多次参加有关工程哲学的研讨会,在工程实践中也对工程哲学问题积极进行思考并尝试着作一些理论研究。然而,随着学习研究工作的不断深入,我发现自己犹如走进了一座神秘莫测的"迷宫",怎么也找不到出口。对此,我感到无比困惑。

或许,是因为我没有把《工程哲学》等著作读透;或许,还应该带着疑问再去向哲学家、工程大家虚心请教?事实上,我的确是这样做的,但依然没有领悟工程哲学的真谛。再读《工程哲学》,类似"本根""本体""变异""解构"等层出不穷的哲学术语,让我的阅读和理解依然十分困难。那些让人似懂非懂的东西,就好像是一块一块的硬骨头,嚼不烂,咽不下,卡在喉咙口非常难受。偶尔,冥思苦想以后似乎有所顿悟,拿起工程哲学著作进行对照分析,用不了多长时间,原先脑子里灵光一闪的"顿悟",早已经被著作中不断出现的亚里士多德、柏拉图、黑格尔、尼采等大哲学家带到了九霄云外,眼前一片漆黑。

很多工程师也有同样的感慨,这的确是一种十分尴尬的状况。想起了曾经读过一本书,书的名字是《每个人都会死,但我总以为自己不会》。这本由两位 70 岁的美国哲学家 Thomas Cathcart 和 Daniel Klein 合著的书,以极其诙谐幽默的语言,从哲学、神学和心理学的角度探讨了死亡和永生的问题。书的最后引用了一个令人深思的笑话:

海德格尔和一只河马一起散步到天国的门口。天国的看门人圣彼得先生对他们说:"听着,今天只剩一个房间了。谁能更好地回答'生命的意义是什么',就可以进入天堂。"

海德格尔回答说:"明确的思考存在,需要忽视存在(being),到只把存在当作存在物(being)并把存在物作为存在物的程度,所有的形而上学都是一样。"

河马未发一言。圣彼得告诉他:"河马,今日天堂的房间归你了。"

Thomas Cathcart 和 Daniel Klein 的故事告诉我们,哲学并非远在天边,而是就在我们的生活之中。同理,工程哲学也不会远在天边,一定深深地扎根在人类的工程实践之中。工程哲学是关于工程的哲学,是工程师的哲学。工程哲学必须走下"圣坛",成为工程师们"读得懂""想得通""学得会""用得上"的哲学,才能真正地指导我们的工程实践。

有鉴于此,笔者近年来在工程实践中进行了一些理论研究工作,并取得了一些进展。本文提出并阐述了工程体系的四大要素、工程哲学研究的三个维度及其"四面体模型",试图以全新的维度和要素、更加简洁的模型,解读工程的概念和运行规律。在此基础上,进一步分析了工程要素与工程环境、时间的相互作用关系。

需要特别指出的是,笔者不是理论工作者,只是一个监理工程师。学哲学的目的,在于指导工程实践。笔者在工程实践中所积累的思考与感悟,或许能够为理论工作者提供若干新的素材和启发。果如所愿,也算是一线工程师对工程哲学研究的一点贡献。

工程的概念

工程哲学的研究对象是"工程"。那么,什么是"工程"呢?按照《工程哲学》的定义,"工程"是人类为了改善自身的生存、生活条件并根据当时对自然的认识水平而进行的各类造物活动。

劳动创造人,也创造了人类社会。在人类社会的发展过程中,因为生活的需要、生产的发展、宗教的传播以及战争的需要,出现了各类工程活动。从工程本体论观点看,工程活动是一项最基础、最重要的人类活动。工程活动的本质,始终体现着现实的生产力,是社会发展的基本推动方式和力量。

《工程哲学》认为,工程的本质可以被理解为各种资源与工程要素(包含技术性要素和非技术性要素)的集成过程、集成方式和集成模式的统一。工程活动不仅是技术的系统集成,而且也是非技术因素的集成。工程涉及人与自然的关系问题,而且也涉及人与社会的关系问题。

工程体系的四大要素

工程体系由"道、法、术、器"四大要素组成,它们互相支撑、互相渗透、互相影响。

工程之"器",是指一个"工程体系"得以顺利实施涉及的基本资源,包括人力资源、技术资源、工程材料、工程装备、施工器械、检测设备、通信交通、后勤保障等等。工欲善其事,必先利其器。对一个工程体系来说,工程之"器"的重要性是不言而喻的,其对工程项目的顺利实施往往能够起到决定性作用。

以港珠澳大桥为例,如果没有在跨海集群工程建设关键技术领域取得重大突破,如果没有研发出多项先进的大型关键设备(如8锤联动大型钢圆筒同步振沉系统、自动液压管节全断面预制模板系统、深水无人自动管节沉放及调位系统等),如果没有海上大型的运输与吊装设备,如果没有数百家来自全世界最优秀的规划、设计、咨询、监理、施工以及科研等单位数万建设者的投入,要想在环境如此恶劣的伶仃洋海域建设成功世界上规模最大、技术最高、集岛桥隧于一体的港珠澳大桥超级工程,是难以想象的。

工程之"术",是指一个工程项目组织实施所采用的方法,包括工程体系的机构设置、职责分解、工程界面的划分、工程战略、工程决策、工程规划、工程设计、工程运行、工程管理、工程评价等。需要注意的是,工程之"术",并非"工程技术",用"工程方法""工程管理"和"过程控制"来理解,或许更为贴切。

事实上,现代工程项目的组织与管理,既是一门复杂的综合技术,也是一门高深的行为艺术。如何针对工程项目的特点确立工程的目标,如何建立高效的组织管理体系,如何清晰地划分标段,如何明确地落实工程职责,如何有效地组织施工,如何对工程的实施进行控制和管理,如何协调处理工程中出现的各类问题和纠纷……对一个工程体系来讲至关重要。

港珠澳大桥工程是一个典型案例。施工标段就划分有上百个,涉及咨询单位、设计单位、承包商、分包商、监理单位等几百家。仅笔者担任总监的 SB01 标段,钢箱梁的制造加工与安装也涉及 50 余家单位。如何尽快融入港珠澳大桥工程统一的管理模式和规范之中,能否实现与设计单位、制造企业、建设单位、施工企业、政府监督等部门进行充分有效沟通,进而协调一致地推进各项工作,对监理单位来说,也是一个考验。

工程之"法",是指支撑"工程体系"有效运转所依据的法律法规、规范标准和制度规章,主要包括工程项目的管理制度及其相关的程序、流程、指导性文件等等。对一个工程来说,招投标文件、合同文件、协议书等文件,也属于"法"的范畴;工程过程中形成的会议纪要等,也是工程管理的依据。需要指出的是,来自外部环境的国家法律法规、国际国内技术标准、行业规范等,一旦被合同、设计文件、投标文件所采用,也是工程体系必须恪守的"法"。"法"是确保工程体系正常运转的"规矩",是工程管理的依据。

在工程实施过程中,工程共同体各方因为各自的利益诉求,在处理和协调有关问题和纠纷时,常常会表现出巨大的矛盾和意见分歧,只有祭出"法"的利器,这些矛盾和分歧才能迎刃而解。对一个监理工程师来说,必须对相关法律法规、工程规范、招投标文件、设计文件、合同文件以及各类管理制度十分熟悉,才能得心应手地处理各类问题。

"人管人,往往管不住人。"要确保每个人都在受控状态中工作,每件事都在受控状态下进行,必须依靠完善的管理制度和管理程序。工程项目管理是如此,公司的管理是如此,一个社会的运转也是如此,都离不开"法"。

"法、术、器"是工程体系赖以有效运行的基本要素。然而,如果我们一味沉湎于运用"法、术、器"进行研究的话,就会像爬山一样,始终只能在山脚、山腰打转转。只有站到了山的巅峰,找到工程之"道",才能拨云见日,豁然开朗。

工程之"道",是关于工程的哲学,是工程观(价值观、系统观、社会观、生态观、历史观、发展观等)、工程理念、工程伦理、工程文化的综合体现。

简言之,工程之道就是工程哲学,是工程体系的核心要素,贯彻工程活动的始终,是工程的灵魂。以港珠澳大桥工程为例,置身于伶仃洋特定自然环境条件和国际化、全球化、信息化时代背景下,"需求引导设计""大型化、工厂化、标准化、装配化""在全球范围内整合资源""以合同履约为基础的一桥各方伙伴与合作关系"以及"港珠澳大桥精神"等一系列先进工程理念与工程文化的提出并付诸实施,确保了超级工程的成功。

工程哲学研究的三个维度

"道、法、术、器"是构成工程体系的四大要素,其中,"道"是"灵魂","器"是"工具","术"是"方法","法"是"规矩"。在"道"的统领下,四大要素彼此独立又互相支撑、互相渗透、互相影响、互相制约,确保了工程体系的有效运转。

事实上，任何一个工程体系都不是孤立的。工程哲学的研究对象，除了工程体系外，还应包括工程环境和时间。时间、工程环境和工程体系，构成了工程哲学研究的三个维度。

随着时间的流逝，工程体系与工程环境也会不断地发生变化。在不同的时代背景下，工程环境（尤指社会环境、科技与人文发展水平）往往有巨大的差异，这种差异对工程的"道、法、术、器"都会产生很大的影响，进而对工程体系的运行产生巨大的影响。无疑，工程项目能否实现预期的目标，取决于"道、法、术、器"四个核心要素，也与工程体系所置身的特定时空密切相关。

工地书记、工地党支部在港珠澳大桥工程中史诗般的矗立并发挥作用，给现代工程管理提供了一个全新的案例。从学习小组、党课、沙龙等传统党组织活动形式，到"书记茶经""大桥讲堂"，再到"绿岛夜话"等创新党组织活动形式，给其党建工作提供了崭新的素材和标本

总监往事：俏皮的颁奖词

港珠澳大桥 SB01 标总监办是一支具备较高职业素质和综合实力的精英监理团队。在六年多如火如荼的艰苦岁月中,他们重情守义,不忘初心,忍辱负重,有始有终,用热情、智慧和汗水,以勇气、精神与情怀,演绎了一个又一个具有传奇色彩的动人故事。

今日与大家分享的,是 2014 年底 SB01 标总监办在马鞍岛钢箱梁拼装工地组织召开的一场别开生面的年度总结表彰会议。这既是一次认真严肃、求真务实的年终总结会议,又是一次轻松活泼、苦中作乐的团队集体活动。

这次活动,无论形式还是内容,都堪称经典。会议的高潮发生在对八名优秀一线监理工程师的颁奖环节,那一段段朴实又俏皮的颁奖词,以及获奖者发自肺腑的感言,让 SB01 标全体监理人员在最艰苦的环境中感受到无穷的快乐和荣耀,思想境界更是得到了升华。

一晃,三年多时间已经过去。2014 年底的那场年度总结表彰会议,总监办团队中那一张张热情洋溢的笑脸,获奖者那一句句发自肺腑的感言,以及整个会场团结活泼的气氛,依然时常浮现在我的眼前。当然,最让人难以忘怀的,还是那一段段俏皮的颁奖词。

分享颁奖词的同时,也带领大家认识一下 SB01 标监理团队这些优秀的监理工程师代表。当然,他们的感人事迹,远不是简短的颁奖词能说得完的。

张国平

他有着广东男人的典型相貌,身材不高也不大,却能胜任桥位现场钢结构安装工程所有的艰苦工作。伴随着"白色旋风"跨海跃江,经历过多个特大型监理项目的洗礼,他早已成为"海军陆战队"的核心骨干。他,就是桥位监理组组长,张国平。

盛夏,钢箱梁桥面温度超过 80℃;严冬,海面上阵阵潮湿的冷风让人不寒而栗。

在最恶劣的环境中,他始终坚守桥位,带领桥位监理组现场监理人员有条不紊,一丝不苟地工作着。

高空、临边、海上作业,风险多多,他精心编织风险防范网,他组织监理人员跟踪每道工序的施工过程,及时发现问题,督促整改,总结防范,确保了桥位安装工程的安全和质量。

张国平,"白色旋风"有你,将刮得更高、更远!

张远海

不知道有何奥妙,他总喜欢用手敲击自己的脑袋。厚厚的镜片后面,那时而半睁半闭、时而炯炯有神的双眼,给人留下深刻的印象。这不,眼睛又闭上了,一定是遇到了难题,正在思考着解决问题的妙招。其实,他的眼睛很大,也很有神,尤其在巡视的时候,眼睛会睁得更大,他害怕遗漏掉任何一个隐患。他就是张远海,大节段监理组组长。

环口连接的两"焊前"两"焊后",高强度螺栓的"两拧",扳手的"两标",还有那试板的焊接、试验,螺栓的复验,一前一后,也是"两道关"。这里的"二",是双倍的努力,是双重的把关,是热情与严格的完美结合。

责任心强、原则性强、服务意识强,是他最显著的特点。别以为他只是一个工作狂,事实上,生活中他还是一个十分豁达开朗的人,只是,听他讲的笑话,当天笑不出来,第二天见到他,却忍不住笑个不停。他还喜欢打篮球、下象棋,曾杀进由港珠澳大桥管理局组织的象棋比赛前六强,为SB01标总监办赢得了荣誉。

张远海,你可不是"二货",你是SB01标总监办的骄傲!

李秀良

白白净净的脸上,挂着一副金丝眼镜,连走路也是慢悠悠的。面对生人尤其是女人,还常常会脸红。除了发奖金的时候眼睛笑成了一条缝,平时两只眼睛总是睁得大大的,像剑一样锋利。什么粗糙度、清洁度、橘皮、流挂、针孔、干喷、漆雾等,在他明察秋毫的眼神中,都会原形毕露。他,就是李秀良,名如其人,秀气,善良。

作为工程管理部副部长、涂装组组长,他是一个优秀的监理工程师,也是一个优秀的基层领导。他以身作则、冲锋在前;他毫无保留、言传身教;他在短期内让涂装监理组成为最能战斗的优秀团队。不管是白天还是深夜,涂装车间总能看到他白色工作服的身影。

他在第一时间发现了专业分包单位不信守合同的重大事件,详细采集证据并在第一时间向总监作了详细汇报。通过一系列监管、跟踪手段,终使两家公司心悦诚服地深刻认识到自身的错误,并认真整改,最终满足质量要求。

成绩属于过去。秀良,继续努力!

王恩建

西北汉子的健壮体魄,西北汉子的古道热肠,他的喜怒哀乐,全都写在脸上,从不掩饰。他说话铿锵,声音洪亮,光明磊落。他就是王恩建,总拼胎架的"胎长"。

一人多岗,在他身上表现得淋漓尽致;一专多能,在他身上得到了完美体现。

虚心学习,不懂就问,从事焊接专业的他,以最快的速度完成"胎长"的华丽蜕变。

"严格监理、热情服务"是他的行为准则;容不得半点沙子的双眼,在现场总是"放光放彩"。

什么"底板配切尺寸有误""U肋除湿孔内隔绝湿气挡板封闭焊缝漏焊""嵌补段焊丝使用错误"等等,全然逃不过他的眼睛。

王恩建,一个曾经的"敢死队员",始终冲在SB01标的最前面!

季冬龙

面容憨厚,笑容常在。虽然年纪不大,但额头上早已写满了岁月的沧桑。"风风火火下九州,来时一阵风,去时一阵雨"是他一贯的工作作风。默默无闻、勤勤恳恳、诙谐幽默是他最大的特点。在他的脸上,永远找不到什么是愁、什么是哀。他就是季冬龙,一个不知疲倦、不畏艰苦的老实人。

"我是一块砖,哪里需要就往哪里搬。"在高温酷暑和严酷寒冬两个最恶劣的季节,在总监办面临人员短缺的最困难时刻,他挺身而出,两次进入桥位现场监理组,经历了大海桥位夏与冬严酷的考验。

憨厚、勤劳、吃苦、认真,是同事们对他的评价。大节段制作,每天要面对那么多的现场报验,以及看起来永远也做不完的资料,但大家相信,有他在,误不了事。

季冬龙,你辛苦了! 愿好人一生平安!

王超

水平仪、经纬仪是他的工具,拼装胎架、大小梁段是他监测的对象。五个总拼装胎架,两个大节段拼装现场,全是他的工作防区。他,就是王超,一个专业测量工程师。

不管是白天或者夜晚,总能见到他忙碌、灵巧的身影。

他喜欢反复研读施工图、施工工艺,将自己的满腔热情全部投入工作中。

夏天,汗水将他的白色工作服变成了透视装;冬天,寒风吹红了他宽宽的脸庞。

忙碌的时候,多个工作面需要测量验收,他不知疲倦、马不停蹄地"赶场子"。

千里之外,不满周岁的儿子让他挂心,他却因工作一次次推迟了返家探亲的行程。

王超,你是好样的!

刘端兴

他是一位老人,又是一位监理新兵。外表憨厚、不善言辞的他,给人的第一印象是严谨与踏实。其实,在他的内心,充满着火一样的热情。进入板单元制造监理组以来,他始终如一,以热情、勤奋和汗水创造了骄人的成绩。他就是刘端兴,一直坚守在山海关板单元制造监理组的专业工程师。

板单元发运、钢锚箱制造及预拼、结形撑构件,每当困难的任务出现,总监办领导总会第一个想到他。把任务交给他,准没错,让人放心。他能熟练运用制造规则,钻研图纸,把握偏差尺度;他工作严格认真,总能在第一时间发现问题,哪怕是构件的微小失误。

刘端兴,SB01标总监办有你,总监很放心!

朱哲懿

高高的身材,英俊的外表,外加研究生学历,迷死姑娘的公子哥哟。可谁能想得到,他却常年坚守孤岛,虽已过了而立之年,至今依然光棍一条。白天,他在工地上巡视穿梭,汗水湿透衣背;晚上,他编写日志,整理报告,常常忙碌到深更半夜。他,就是朱哲懿,一个年轻潇洒的监理人。

最热的七月,他曾主动要求奔赴桥位现场工作。在伶仃洋的狂风恶浪中,在那令人窒息、高温闷热的钢箱梁内,在那每天长达十二个小时漫长的工作时间里,他战胜了自我,超越了自我,完成了人生最华丽的蜕变。

如今,他已经从一个脱离现场实际、对规范要求和程序一知半解的办公室人员,迅速成长为一个合格的涂装监理人员。涂装监理是一个非常辛苦的工作,不分白天黑夜,时而钻进箱内,时而爬上箱顶。他高大的身影不失灵巧,白净的脸庞常被汗水及沙尘粉饰得面目全非。

　　海上的风浪他经历过,艰难的折磨他承受过。在最艰苦的环境中,潇洒的公子哥早已经成长为真正的男子汉。

　　朱哲懿,帅小伙。工作不是全部,抓紧找对象吧!

　　罗马不是一天建成的。打造一支精英监理团队,也需要创造性的思维和实践。SB01 标总监办 2014 年底的那场年度总结表彰会议留给我们的,绝不仅仅是这些俏皮的颁奖词,其中也饱含着值得借鉴的经验。

2013 年 5 月,中国船级社领导到中山基地视察及看望 SB01 标总监办监理,并与之合影

写给两位年轻监理的信

港珠澳大桥 SB01 标总监办是一支具备较高职业素质和综合实力的精英监理团队,最引人注目的,还是团队之中那些坚守在第一线的年轻监理人员。他们在最艰苦的环境中,锤炼了意志,提升了能力,业已成长为监理行业的核心骨干。梁晨和哲西,就是其中的佼佼者。

梁晨、哲西与我还有一层特殊关系,梁晨的父亲与我是大学同学,哲西的妈妈是我的高中同学。他们的父母愿意把他们送到最艰苦的项目现场,我当然懂得他们的良苦用心。因此,我要求两位年轻人每周必须给我写一封信,或者写一篇文章交给我。我呢,总会在第一时间给他们回信。

今日与大家分享的,是 2014 年夏日我写给两位年轻人的几封信件。至于两位年轻人给我写的信件,已经收录到《对话港珠澳》之中,即将交付出版。

Uncle、领导与朋友

梁晨、哲西:

你们好!

今日晚上回到中山马鞍岛基地,打开邮箱,先后看到了你们两人的来信。梁晨的来信一如既往,中规中矩。信的抬头是"敬爱的程叔叔",内容是"汇报"本周的工作、学习与思考,"此致,敬礼",最后是"侄儿梁晨"的署名。哲西呢,抬头是"舅舅大人均鉴",落款是"外甥朱哲西顿首"。看得出,你们不仅有礼貌,国学功底也十分了得。

闭上眼睛,我似乎看到了哲西"顿首"的样子,毕恭毕敬的,非常非常的虔诚。梁晨的"敬礼"更有特色,双脚并拢站在那里,腰板挺得直直的,眼睛一眨也不眨,脸上透出一股英武之气。画面中,我这个"舅舅大人""敬爱的叔叔"呢,在一张太师椅上正襟危坐,脸上露出一丝得意的微笑……

我相信,如果把这样的场景画出来,一定会非常滑稽。换句话说,在我们日常的电子邮件往来中,过多地拘泥于这些传统的书信格式与称呼,不仅迂腐,也不够亲切自然,甚至反而会让人感到很不自在。

话又说回来,传统书信是中国五千年灿烂文化孕育出来的一朵奇葩,无论是格式还是称呼、落款,都十分讲究,学一学,用一用,其实也没有什么不好。如果我们谁也不去用的话,中国文化的传承又该出毛病了。我今日之所以感到不自在,或许并不是因为书信的格式,而是因为"叔叔"与"舅舅"的称呼。我觉得这里面有些问题,建议及时进行调整。

照道理,梁晨的父亲江波与我是大学的同班同学,梁晨称呼我"叔叔",非常恰当。哲西呢，因为妈妈木兰是我高中的同班同学，因此称呼我为"舅舅"，也不无道理。"叔叔"与"舅舅"，英文单词都是 Uncle；为了便于阐述，下面就以 Uncle 统称。

从辈分上来说，我是 Uncle，但我是你们的领导，更是你们的朋友，这两点非常重要。

目前，我们三个人工作在同一个项目团队——港珠澳大桥 SB01 标总监办。想当初，你们的父母把你们送到我的身边来，就是希望你们能够跟随着我，在最艰苦的环境中接受锻炼，当然也希望我对你们进行最严格的约束与培养。SB01 标总监办有很多监理人员，作为总监，我对每一个人都是一视同仁的。如果你们整天把 Uncle 挂在嘴上，就很容易让人产生误解，对你们自己未必是好事，对其他年轻人来说，或许更是一种伤害。目前，你们两人的工作都非常努力，也非常出色，与我这个 Uncle 其实并没有多少关系。但如果遇到别有用心的人，拿 Uncle 来说事，岂不是非常冤枉？

我是 Uncle，但我更是你们的好朋友。你看，我们三个人曾经共同约定，每人每周必须写一封信（或一篇文章），就我们共同关心的话题进行讨论与交流。这样做的目的，不仅能够提高我们的业务能力、写作能力，也能够记录我们成长过程中的思考与感悟，更能够增进我们之间的交流与感情。如果不能开诚布公，整天把客套话挂在嘴边，如何能做朋友？

Uncle 的称呼记在心里就可以了，不必挂在嘴上。因此，我建议在以后的邮件中，或在公众场合，你们一律称呼我为"程总"或"程总监"。

程志虎于 2014 年 8 月 19 日

我与梁晨有个约定

哲西：

你好！

读了你写的《海上随笔》，感到非常惊喜。这篇文章写得不错，文学性、纪实性都很强，更关键的是把自己的真切感悟也写出来了，非常感人。透过你的文章，我看到了你的进步与成长，深感欣慰。

在经受了晕船与孤独双重考验的前两周，你已经在桥位上工作了整整一个月时间，基本适应了桥位现场艰苦的工作生活。从你的文章中可以看得出，虽然在上桥前，你已经做好了接受各种挑战的心理准备，也鼓足了战胜一切困难的勇气，上桥后的表现也非常出色，然而在你的内心深处，或许并不情愿，甚至还有一丝怨气。我非常理解，如果换成我，或许也会出现类似情绪。不过，你挺住了，战胜了自我。

感慨于你的迷惑，今日与你探讨的是关乎人生的重要命题，就是如何看待和应对我们所经历的艰难与困苦。在我看来，目前你所面临的工作压力和孤独寂寞，是上苍对你的特别磨炼，应格外珍惜。这样的机缘，尤其是在年轻的时候，往往是可遇而不可求的。

经历过懵懂迷茫的轻狂岁月，长大后的我终于懂得，阴差阳错，福缘际会，危急时刻侠客相救,困难之中遭遇真情,迷惑之中仙人指路,不过是文人骚客的妙笔生花,可遇而不可求。人总会慢慢长大,每个人的成长方式虽然不同,但路总得一步一步地走。只要方向正确,脚踏实地,就一定能够到达任何想去的地方。

成长的过程,往往充满着烦恼,充满着迷惑,也充满着艰辛。艰难与困苦,是一个人成长过程中的必修课,必须实实在在地经历,任何人都不可能逾越。只有经历过这种磨炼,我们的心智才能够更加成熟,意志才能够更加坚强,才能够坦然地面对一切挑战。

年轻时候所经历的苦难与艰辛,将成为一生的重要财富。有些人看起来顺风顺水,其实这只是眼前现象。或许在某一天,当困难和挫折突然降临的时候,由于缺乏足够的心理承受能力,他们往往很难正确应对所发生的一切,要么自怨自艾、一蹶不振,要么消极颓废、怨天尤人,甚至做出过激的蠢事。这当然是我们不愿意看到的。

从这个意义上来说,你是幸运的。凭借你的坚持和努力,相信在不远的将来,你一定能够接受更大的挑战,担当更加艰巨的责任。

我与梁晨有个约定,就是每周写一篇文章。他每周写一篇,我每周也写一篇。体裁不限,可以采用书信形式,也可以采用诗歌、散文和杂文等形式,小说就算了。内容也不限,可以是工作、生活和学习过程中的点滴感悟,也可以是针对社会现象、突发事件的评论;当然,针对某个人、某件事的看法,以及针对某些感兴趣的问题,也可以与我进行讨论。

只要能够坚持一年,将来把所有文章汇总在一起,就共同出一本书,题目就叫《对话港珠澳》,很有意义。今日看了你的《海上随笔》,包括你以前写的几篇文章都不错,所以我希望你也加入我与梁晨的约定,共同完成《对话港珠澳》的创作。如果你没有意见,就算加入了约定,以后每周必须写出一篇文章来,以便三个人共同探讨与交流。

另外,你写的《海上随笔》,我作了一点修改。当然,只是稍稍润色了一下,不知你以为如何?今日先写到这里。

注意身体!

程志虎于 2014 年 8 月 15 日凌晨

重在行动,贵在坚持

梁晨:

你好!

读了你的《我的困惑与期待》,感到非常高兴。这封信写得不错,好就好在有自己的独立思考。问题的提出,包括问题的表现形式与后果,都阐述得非常清楚。

遇到困难缺少毅力,遭遇挫折不够坚强,以及消极情绪难以化解等,你的所谓"困惑",相信每个人都曾经遇到过,这是人性的弱点,不必大惊小怪,更不必上纲上线。问题的症结,你在信中已经作了分析。至于如何解决这些问题,相信在你的心里,也早已经找到了答案。

有鉴于此，我就不需要再说什么了。如果一定要我说一些什么的话，我只想说一句话：重在行动，贵在坚持。每个人都在与自己的内心与弱点作斗争，关键在于行动，在于锲而不舍地坚持。

"天下事有难易乎？为之，则难者亦易矣；不为，则易者亦难矣。人之为学有难易乎？学之，则难者亦易矣；不学，则易者亦难矣。"这是清代文学家彭端淑在著名散文《为学》中的名言。意思是说，天下的事情并没有"困难"和"容易"的区别，只要你努力去做，即便是困难的事情也很容易，反之亦然。人们做学问的道理也是一样，只要学习，那么困难的也变得容易了；如果不学习，那么容易的也变得困难了。

你希望听听我1983年大学毕业后在扬州齿轮厂报考研究生的经历，其实也没有什么好说的。那时候，工厂各方面的条件都很差。或许是因为坚强信念的支撑，21岁的我并没有感到生活十分艰苦，相反，内心却非常充实。

1984年元旦，我没有回家，依然留在厂里复习功课，尽管扬州离我的家乡丹阳仅一江之隔。我在给妈妈的信中写了一首诗："任窗外响着噼噼的鞭炮，任他人把酒杯举得高高；小屋里苦攻关苦才是乐，寒窗下度佳节志比天高。"这表达了我报考研究生的坚强决心。

1985年4月，春夏之交那个梅雨季节中一个难得的晴朗上午，我接到了研究生录取通知书，热泪盈眶……一晃，近三十年已经过去，这一切早已成为往事。

听说你目前也是边工作边复习，准备再次报考硕士研究生。目标明确，任务艰巨，需要合理安排好时间，更需要注意劳逸结合。痛苦灰暗的情绪，改变不了你坚强的信念，更挡不住你前进的步伐。我坚信，你的研究生之梦一定会变成活生生的现实。

程志虎于2014年8月19日凌晨3点

港珠澳大桥 **SB01** 标临时党支部成立

大佬与老大

——写给大学同学的信

阿纯仁兄惠鉴：

中山一别，已有月余，思兄之情切切。近日从 79—721 微信平台获悉："王老大设宴奉天府，八大佬畅叙同学情。"微信平台不断滚动播出的现场照片和豪言壮语，展示了宴会精彩纷呈的盛大场面和"大佬"们挥洒自如的实力风采。看到了班主任杨先生的贺电，愚弟我再不敢怠慢，当日也在微信群里发出了我的祝贺。

或许是看花了眼，在微信平台上，我似乎一直没有看到阿坚等人露面。这几个兄弟，平时在微信群里一直非常活跃，不知道什么原因，值此"大佬"盛会，微信群热闹得都快要爆炸了，他们居然选择"潜水"。个中缘由，愚弟不敢妄加推测。

八位"大佬"之中，仁兄是我最好的朋友。因为有您，愚弟也感到很有面子。不管"潜水者"出于什么原因，八位"大佬"奉天聚会，绝对是一件大事，必将载入 79—721 的史册。

几年前在哈尔滨，由母校组织的 79 级毕业三十年同学聚会，依然历历在目。大学毕业整整三十年，每个人都有所改变。形体上的改变自不必说，当年的英俊少年、窈窕淑女，如今早已大腹便便，个别人甚至已经满头白发。最大的改变，或许还在于每个人的心态。当年志趣相投的好朋友，见面后依然有说不完的悄悄话；在校时关系一般或者曾经闹过别扭的人，纵然见面后表现得十分热情，终究没有多少知心话要说。

追忆往日时光，畅叙同学情谊，本是一件非常愉快的事情。然而，聚会过程中某些"大佬"的种种表现，当真是让人遗憾。他们自以为这些年来混得不错，口若悬河，目空一切，摆出了一副居高临下的姿势。更遗憾的是，班级里那几个趋炎附势的"家伙"，居然对每一个同学的生存状况都进行了深入调查与挖掘，进而反复进行分析比较，试图给大家排定一个座次，谁是"老大"，谁是"大佬"，谁的钱最多，谁的官最大，谁又娶了美丽的新娘，谁的孩子进了哈佛的殿堂。

于是乎，围绕"大佬"与"老大"的命题，一场同学之间的相互攀比，就此拉开了序幕。虽然感觉无聊，愚弟却也不能免俗，曾经对某王姓"大佬"提出过严厉的批评。

在我看来，对于"大佬"与"老大"的讨论，不仅不能增进同学情感，反而会对更多同学造成伤害。那几个巴不得天天聚会的"大佬"，无非是为了显摆，以炫耀自己的"权势""财势"和"成就"。那些状况不好甚至比较落魄的同学呢，参会之前或许心里还有个小小奢望，期待别人能够帮帮自己，到头来幻想破灭自不必说，反而成为别人比照的道具，精神上必将受到重创。

事实上，我们班 35 个同学，谁也不比谁强到哪里去。最大的差别在于，有些人来自城市,有些人则来自农村。即便是来自城市的同学,也只是来自工人和普通知识分子家庭,并没有太深的背景。可以说,所有同学的起点,基本上都是一致的。三十年以后,有些同学在为官从政、学术研究、工程技术、创业经商等方面取得了骄人成绩,都是自身努力的结果。他们当中,每个人的成长经历都是一个感人至深的励志故事。昵称他们为"大佬",是因为他们值得尊敬。

"大佬"是一种昵称,也是一种尊称,是别人给的一种称呼。如果自己称自己是"大佬",境界就大不一样了。即便你现在很有钱,如果你为富不仁、吝啬小气,你也不是"大佬"。上次聚会,79-721班拟定给学校捐款10万元,组织者提出"大佬"们每人出一万元,其他人自愿。捐款当日,那位平时最牛的"大佬",却再也找不到人了;第二天晚上,为了弥补"错过捐款"之缺憾,他宴请了全体同学,恰在即将买单之时,因为急事他又匆忙离开了,再也没有回来。很多同学纳闷:这位牛哄哄的"大佬",怎么这样忙呀?

显然,他不是真正的"大佬"。不过,另外那几位自称为"大佬"的兄弟,也好不到哪里去。有一位朋友,在校时不求上进,毕业后更是浑浑噩噩,据说多年来一直依靠同学接济勉强度日。直到某一日,电闪雷鸣过后他天眼大开,掌握了一门被称为"吸金大法"的绝门功夫,从此"笑傲江湖"。如今,"孤独求败"的他,开口"茶道花道",闭口"白道黑道",举手投足之间,俨然一个十足的"大佬"。仁兄曾经与这位朋友交过手,见识过"吸金大法"的厉害。有关这位"大佬"的故事,你当然比我更加清楚。

79-721班真正的"大佬",虽然不算太多,但还是有几位。我的二师兄杨杰,为人憨厚,淡泊名利,满腔热血;老班长胜利,两袖清风,一身正气,情深义重;小兄弟家明,智慧超群,学业有成,出类拔萃;再就是阿福、阿尧、阿林等,也都非常让人尊敬。或许,这些"大佬"身上也有这样那样的小毛病,但他们共同的特点是都在各自领域取得了骄人的成绩,而且特别注重同学感情。

王教授,当然是一个真正的"大佬"。他的聪明才智,在学术研究领域所取得的成就,别说是79-721,就算是在母校,能与他比肩的人也屈指可数。但我依然要对他多说几句。首先,他爱憎分明的个性与我很有点儿相似,拿我妈妈对我说的话讲,就是"有知识,没文化",每个人都生活在现实社会之中,一个大学问家当然要懂一点儿人情世故,要善于处理好各种关系。其次,他尽管有一颗爱心,但不能因为爱,就失去公平公正心。再次,作为一个公众人物,他是最有机会再上一个台阶的人,却始终"桀骜不驯"。尽管如此,我对王教授依然非常敬佩。也正因为如此,出于我的兄弟之情,我才愿意说出我的看法。

千万别以为我在与他攀比。事实上,我与他并没有可比性。同学之间,又何必非要比一个我高你低呢?就算牵强比出了一个高低,又能怎么样呢?俗话说,人抬人万丈高,狗咬狗一嘴毛,这也是与人和谐相处的道理。

79-721班最低调的人,莫过于仁兄的好朋友阿林。在校时,我与他交往不多,毕业后虽然见过几次面,但并不十分熟悉。经常听仁兄讲起他,我的好朋友江波、阿胖也经常说起他的故事。阿林是我们班唯一有点儿背景的人,自己也在省直机关重要领导岗位上任职多年,但他总是那么诚恳谦卑、有涵养,那么有亲和力。与他交往,让人感到十分舒服。我想,涵养这东西,内化于心,外化于行,是那些装腔作势者永远无法模仿的。

再谈谈"老大"。在我看来,"大佬"与"老大",或许并不是一回事。所谓"老大",就是人们常说的"带头大哥",是指那些有足够热情、智慧、勇气和毅力,有感召力、正义感和公平心,能够为了大家共同的理想和利益,带领大家攻城拔寨、攻坚克难,最终取得胜利的人。年龄上最大的人,是"大哥",但不一定是"带头大哥"。

"大佬"与"老大"的区别,关键在于能否"带头",以及能否"带好头"。"大佬"可以是一个书呆子,也可以是一个十分张狂的人,但这样的人往往难以成为"老大";"大佬"可以是一个官员,但官员也未必都具有足够的领导才能和综合素质;"大佬"也可以是一个理论家,但未必能够做到理论联系实际。与"大佬"相比,对于"老大"的素质要求,要苛刻得多。

一个真正的"老大",首先是一个有智慧、有能力、有担当的人。他既要有运筹帷幄的智谋,又要有卓然超群的能力,更要有勇于担当的品格。

一个真正的"老大",还应该是一个有热情、有感召力的人,一个敢于攻坚克难、创造奇迹的人。

一个真正的"老大",必须是一个有爱心、讲义气、有正义感和公平心的人,对得起给以他信任和支持的每一个兄弟。所谓"大爱无疆,义薄云天",这里的"义",不仅仅是江湖义气,更是道义、仁义、信义。要以实际行动,给兄弟们以信心、希望和利益。

在江湖上,"老大"就是一个门派的"掌门人"。这个门派能否兴旺发达,除了要看掌门人的武功修为高低,更在于掌门人对于本派文化的弘扬与传承。这就是"道",是超越武功的最高境界。如果一位掌门人是自创门派的开山鼻祖,那他所创造的,首先是一种文化,武功只是其外在表现形式而已。

回到我们的班级,谁是"大佬",谁是"老大"? 这个命题真的很无聊,继续讨论下去,一点儿实际意义也没有。就算果真选出一个"老大"来,他又能把我带到哪里去?

说到这里,我似乎突然明白了阿坚等同学选择"潜水"的道理。我们曾经是 79-721 班的同班同学,如今早已娶妻生子,天各一方。每个人都有自己的家庭,自己的事业,自己的生活。低下头,看着脚下的地,把自己的路走好,这才是本分。

愚弟志虎顿首

2015 年 7 月 8 日于北京

不过是一个伪球迷

四年一度的足球世界杯比赛在我们的邻国俄罗斯如火如荼地进行着,吸引了全世界的目光。作为一个"资深"的"伪球迷",我当然给予了足够关注。

今日与大家分享的,是2014年夏日巴西世界杯闭幕之际我写的一篇文章《不过是一个伪球迷》。俄罗斯世界杯再次证明,我的确是一个伪球迷。

炎炎夏日,注定是一个最热烈、最躁动的时节。在大洋彼岸的巴西,四年一度的足球世界杯比赛,吸引了全世界关注的目光。32支顶级球队为胜利而来,共同演绎一出规模宏大的"豪门盛宴"。作为一个"资深球迷",我对该届世界杯比赛给予了高度关注,甚至熬夜观看了其中的几场比赛,仿佛又回到了三十年前的学生时代。

巴西世界杯已于7月14日胜利闭幕。这几天来,朋友们见面后都在谈论足球,如火如荼的巴西世界杯似乎还没有结束。那一幕幕激动人心的场景,一个个荡气回肠的故事,给人们带来了激情和欢乐。

对我来说,关注此届世界杯,还有一个重要原因。2011年11月,我曾协助时任中国交通建设监理协会常务副理事长谭占海率领"交通监理考察访问团",对巴西、智利的交通建设进行了为期10天的考察访问。在巴西,我有机会零距离参观了2014年巴西足球世界杯的主场馆——圣保罗竞技场。这个球场也称为伊塔盖拉球场,6月12日巴西世界杯的开幕式,以及东道主巴西队对阵克罗地亚队的揭幕战,都曾在这里进行。

伊塔盖拉球场最初作为科林蒂安队主场,设计容纳观众4.5万人,更改计划扩大规模后可容纳观众超过7万人。当时,改造施工刚刚开始,伊塔盖拉体育场还经常举办各种比赛。这座球场真的很漂亮,尤其是碧绿的草坪,给我留下了很深的印象。

一晃就是两年多的光阴。如今,第24届世界杯终于在圣保罗竞技场拉开序幕,我能不兴奋吗?这一个月来,我熬夜观看了好几场比赛,尤其是德国对巴西的那场半决赛,让我狠狠地过了一把"足球瘾"。为什么?7:1的比分,像打篮球一样,能不兴奋?阿根廷与德国队的决赛,让我非常失望,夜半三更爬起来看球,强打着精神坚持了100多分钟,一个球也没进;刚刚打了一个小盹睁开眼睛,比赛居然结束了,电视上正在从头回放着比赛。我的妈呀,要想知道谁赢谁输,还要再看一遍吗?这叫什么比赛?不如睡觉!

听了我的遭遇,儿子哈哈大笑,对我说:"您不过是一个伪球迷!"

"哼,我从1982年西班牙世界杯就开始看球了!尤其是1986年、1990年、1994年三届世界杯,我几乎从头到尾观看了每一场比赛。'球王'马拉多纳的'上帝之手','忧郁王子'罗伯特·巴乔那'神奇的马尾辫',你见过吗?'战神'巴蒂斯图塔、'金毛狮王'巴尔德拉马、'霹雳火'斯托伊奇科夫、'宝刀不老'的米拉大叔,你听说过吗?我再问问你,'荷兰三剑客'范巴斯滕、古力特和里杰卡尔德,与'德国三驾马车'马特乌斯、布雷默和克林斯曼,究竟哪一个更厉害?"

儿子笑得更厉害了,一连串"请教"向我扔了过来:"1—0—10战术曾经是19世纪的主流打法,20世纪以来经历了2—3—5、4—3—3以及3—5—2阵式的演变,阿根廷队在1990年甚至开创了9—0—1战术,足球的战术改革仍然在继续,请教资深球迷先生,下一步的发展趋势又将如何? 在全攻全守战术体系下,面对'二过一''三过二'和反切配合等进攻战术,以及边路进攻、中路进攻和快速反击,请教资深球迷先生,您将如何构建球队的防守体系? 另外,对于意大利传奇教练卡佩罗先生提出的'1∶0实用主义哲学',请教资深球迷先生,你又将如何应对?"

"这……这关我什么事,我又不是教练!"我一时语塞,颇有些尴尬。"当然啦,足球是进攻与防守的艺术,强调攻守平衡,但不能丢失根本,就是足球的娱乐性和艺术性。我最讨厌的就是0∶0,对得起球迷吗?"我的腰板似乎又挺了起来。

"得,得,得! 资深球迷先生,一边凉快去吧!"儿子把我赶出了他的房间。

在"一边凉快"的我,心里真的很不服气。小赤佬,一点面子也不讲,何必这么较真嘛! 就算我对足球的战术一知半解,总也不至于一窍不通吧。想当年我看世界杯足球的时候,还没你呢!

事实上,为足球较真的人,何止孩子一个。这段时间,总能听到球迷狂欢、闹事甚至球迷自杀的报道。前几天,武汉有个小伙子因为自己喜欢的巴西队输了球,抑郁在胸,最后爬上军山大桥跳下了滚滚长江。一个年轻的生命,就此献给了大洋彼岸的巴西,献给了足球。你说,巴西远在地球的那一边,巴西足球队更是与他非亲非故,这又是何必呢?

或许,这就是球迷! 为了足球可以牺牲自己的生命。据媒体报道,为了此届世界杯,不少球迷辞去了工作,守着家里的电视机专心看球;更有一批人花费重金、不远万里专程去了巴西,加入了巴西的流浪球迷队伍。如果照这个标准来衡量,我当然算不上真正的"球迷"。

细细想想,儿子的话似乎也有一定道理。尽管,我看了三十多年足球比赛,充其量不过就是一个"伪球迷"而已。与铁杆球迷相比,"伪球迷"通常有以下明显特征。

"伪球迷"的第一个特征,是对足球理论、足球规则和足球的技战术一知半解。曾经,我也不懂得什么是"越位",什么是"点球"。好不容易踢进一个球,怎么就"越位"了呢? 明明在禁区摔倒了,裁判为什么不判"点球"呢? 至于教练的排兵布阵、战略战术,我更说不出一个所以然。俗话说,内行看门道,外行看热闹。看不懂"门道"的球迷,就品不出足球的"味道",更无法领悟足球的真谛和精髓,当然是一个伪球迷。

"伪球迷"的第二个特征,是喜欢"进攻",喜欢"进球"。最好一场比赛进十个八个球,一方将另一方打得落花流水,那才叫看得过瘾。就像NBA篮球比赛,你来我往,比分不断攀升,扣人心弦,让人振奋。足球虽然"热闹",但进球太少,始终是一个缺憾。就像此届世界杯,好几场比赛,踢了120分钟,还是0∶0的结果。点球虽然扣人心弦,但要等120分钟,太折磨人了。这就是我,一个期待足球变成篮球的球迷,只能是一个伪球迷。

"伪球迷"的第三个特征,是"吝啬"与"小气"。20世纪90年代,我在上海工作,恰逢"甲

A联赛"进行得如火如荼。我们单位有几个"铁杆球迷",追随着自己喜欢的"上海申花"队,从上海到北京,到成都,到天津……什么时间与金钱,在所不惜。与他们相比,我无疑是"吝啬"的,"小气"的,我甚至没有去过一次虹口体育馆,也总能找到不去现场看球的理由。在我看来,坐在家里,一边喝茶,一边看电视转播,还能听听那些"名嘴"们的点评,总比现场看球要惬意得多。毋庸争辩,一个不愿意为足球花费更多时间和金钱的球迷,肯定是一个伪球迷。

"伪球迷"还有一个特征,就是喜欢谈论足球,尤其喜欢谈论那些足球巨星的趣闻轶事。在世界杯比赛期间,朋友聚会、同事聊天,足球是永恒的话题。或许,许多人半夜爬起来观看世界杯,多半是为了积累第一手素材,以便于第二天能够在同事们面前神侃一番。试想,如果你说不出迭戈·马拉多纳,不知道罗伯特·巴乔,别人将如何看你呀!在中国,像我这样有过熬夜看球经历的人至少有上亿人,基本上都是伪球迷。想想也是,"看球"的动机只为"侃球",这样的球迷,是货真价实的伪球迷。

其实,做一个"伪球迷"也没什么不好。对大多数人来说,足球,毕竟不是生活的全部。倾注太多的热情,付出太多的时间、精力和金钱,换来的或许只能是痛苦和伤害。就像我们曾经深爱过的中国足球,是我们心中永远的痛。

说起来确实让人无法理解,中国拥有亿万热情的球迷,也曾经高薪聘请了世界上最著名的教练,为什么就是打造不出一支像样的国家足球队呢?再看看拉丁美洲弹丸小国的哥斯达黎加,全国人口不足500万,在巴西世界杯上,他们的球队昂首挺进了16强。

中国足球到底怎么啦?中国足球队与世界足球强队的差距,究竟在哪里呢?这一系列的问题,一直萦绕在亿万球迷的心中。数十年后的今天,中国足球不进则退,似乎连当初那点原始血性也早已迷失得无影无踪。再看看那些所谓的"球星""大腕",球踢得不怎么样,"赌球""泡妞""耍大牌",让人非常恶心。就连曾经执法过世界杯的"中国金哨"陆俊,也不懂得"洁身自爱",因为在"中超联赛"上吹"假哨"而银铛入狱。

中国足球是我心中永远的痛,不提也罢。好在我不过是一个"伪球迷",对中国足球早已失去了关注的兴趣。

2014 年 7 月 15 日于北京

妈妈的"经典语录"

画面中这位慈祥的老人就是我的妈妈,今年已经91岁高龄。妈妈是一个十分有智慧的人,虽历经生活磨砺,但她始终保持着一种积极乐观的人生态度,宽和豁达、见解独到、风趣幽默。尤其值得解读的,是妈妈那些寓意深刻、充满哲理的"经典语录",总能够让我从中得到许多对人生有益的启示。

(一)

那几日,三哥志玉和嫂子白梅来北京、石家庄出差,顺道看望我们。正巧我从中山工地返回北京,领他们一起来到盘山别墅,算是休闲度假。

时值深秋,这里的气温比市区低多了。前后院里山楂树、冬枣树和柿子树的叶子已经发黄变红;爬满藤架的葡萄与南瓜藤蔓上大多数叶子已经枯焦,依旧悬挂在头顶上的那几个老南瓜,金黄色的躯体上似乎又多了一层厚厚的白霜。只有窗前的那垄秋白菜,依然绿意盎然;几枝傲然独放的月季花朵在萧瑟秋风中,分外妖娆。

拉藤、除草、剪枝、浇水,白天在园子里忙乎了一天,晚上边看电视边嗑瓜子。志玉说:"乖乖隆地咚,扁瓜子论斤称嘚!"一句话,引得大家一晚上都在痴笑。

这是妈妈常说起的一句话,想起来非常让人发笑。所谓"扁瓜子",其实就是西瓜子。在妈妈年轻的时代,都是刚刚从旧社会走出来的贫苦人家,有一碗"清汤寡水"能够吃饱肚皮就已经很不错了,谁敢奢望吃什么"扁瓜子"。偶尔吃到几粒,就已经是口福不浅,十分难得了。如果"扁瓜子"能够"论斤去称",那是何等的奢侈、何等的气派!

在妈妈年轻的时代,"扁瓜子论斤称嘚"是一句带有明显讽刺、挖苦含义的话语,通常形容那些"好吃懒做"的人,明明知道自家的生活条件达不到,不去辛勤劳动创造财富,却偏要打肿脸充胖子,摆摆阔气,掼掼派头,超前享受一下奢侈的生活。你想想,饭都吃不上的时候,"扁瓜子都论斤称"的人,不是"败家子",是什么?

随着时代的变化,妈妈这句"经典名言"的含义也不知不觉发生了深刻而彻底的变化。如今从妈妈的嘴里,依然能听到"扁瓜子都论斤称嘚"的话,其含义早已不再是讽刺与挖苦,而是一种感慨,一种调侃,一种发自内心的对如今幸福生活的自豪与满足。

"笑煞人嘚,扁瓜子都论斤称嘚!——想弗到日脚(注:丹阳话把"日子"说成"日脚")能过到格一天,做梦都要笑出来嘚!"妈妈自言自语说这些话时,总会情不自禁地笑出声来。

同样这句话,只要是从妈妈的嘴里说出,就特别引人发笑。事实上,这句话之所以"经典",一方面在于它的内涵极其丰富,再就是妈妈对这句话的精彩演绎。无论是早年的讽刺挖苦,还是如今的感慨与满足,"扁瓜子都论斤称嘚!"这句话在妈妈的嘴里,总是拿捏得那么精准,那么恰如其分,那么逗人开心。

妈妈的人生阅历丰富,历经生活磨砺。无论是旧社会大户人家的二小姐,有着一双巧手的小媳妇,还是新中国上海大中华橡胶厂的车间主任与生产标兵,再就是回乡务农后的妇女主任,即便在最艰难的"三两七钱"时期,拉扯着一大帮孩子的妈妈,始终保持着一种积极乐观的人生态度,勤劳节俭,善解人意,风趣幽默。

最让人敬佩的是妈妈的与时俱进。如今,妈妈依然思维敏捷、见解独到、乐观开朗,这与妈妈宽和豁达的性格是分不开的。有时候,妈妈会故意说一个笑话,逗得我们笑一个晚上。

三哥志玉用最夸张的"乖乖隆地咚"加强语气,说出了一句妈妈的"经典名言",能不引人发笑吗?如果妈妈当时也和我们在一起,或许她老人家的笑声是最为响亮的。

(二)

"扁瓜子都论斤称嘚!"只是妈妈常常说起的一句话。因为这句话在不同时代其含义上的彻底颠覆,折射出了我们的生活早已发生了天翻地覆的变化,本身就很逗人开心;再加上妈妈在特定场合不失时机的精彩演绎,因此就成了"经典"。

或许,这句话还算不上妈妈的"经典名言",类似令人发笑又饱含哲理的话语,还有很多很多。这些话用"丹阳方言"说出来,非常押韵,生动有趣,总会让你笑出眼泪。笑完以后,心里酸酸的,苦苦的,有时又是甜甜的。你会若有所思,进而感慨万分。

昨晚一阵痴笑过后,志玉希望我对妈妈的"经典名言"进行系统性归纳整理,"趁妈妈还健在,有些不明白的内容,可以当面向妈妈请教"。

着魔似的,我和志玉开始回忆和罗列妈妈的"经典名言",一不留神已经到了深夜一点多钟。其间,居然还给天津60多岁的大哥打了几次电话,请他帮助回忆。没想到的是,大哥也来精神了,一会儿打来一个电话。两点钟了,又听到大哥的电话:"我又想起了一句。"

妈妈说,"嘴是没底的篓,上床还吃只鹅"。可不是,今日晚饭都快要吃完了,大家感觉胃口不错,又烧了一大盘"红烧排骨",照样吃得精光。

妈妈说,"吃弗穷,用弗穷,算盘不到一世空"。妈妈口中的"算盘",用词非常精准,寓意十分深刻。这些年,也常常听到诸如"吃不光,用不光,计划不到输光光"一类的名言警句,句子中的"计划"二字,比起妈妈口中的"算盘",寓意差得实在太远了。我曾经在上海工作生活过十几年,上海人将某些愚蠢糊涂的人称为"洋盘",与妈妈口中的"算盘"或许有些渊源。你想,不会打"算盘"的人,不是"洋盘"是什么呢?

计划重要,谋划更加重要,聪明的人一定要精于算计。尤其在那万恶的旧社会,苛政猛于虎,人情薄如纸,社会竞争那么惨烈,大家的生活都很艰难,又有谁能够帮得了谁呢?如果你的"算盘不到",那就只有受穷挨饿的命了,怨谁呢?

有几种人是妈妈最看不起的，一种是"到东吃猪头，到西吃羊头"，四处混吃混喝的人，再就是"懒得出蛆，连虱子都弗肯掐煞一格（懒得连虱子都不愿意掐死一个）"的人。

妈妈说，"天上有得漏，还得起一个早喏"！可不是嘛。还有一种人妈妈也不喜欢，那就是"棺材里都伸手嗫"的人。千万别理解错了，妈妈的这句话，讲的并不是那些向棺材里伸手的"盗墓贼"，而是指那些"已经进了棺材"的人，居然还在"算计"，还在"向外伸手"，可悲呼？可叹呼？可恨呼？

妈妈最经典的一句名言，就是"靠山吃山，靠水吃水，靠着阎王吃小鬼"。这句话着实有些深奥，关键是"小鬼"的涵义难于理解。志玉说，"阎王"嘛，身边有的是"小鬼"，那就抓几个"小鬼"来吃吃吧。问题是，在"阎王"身边，你也只不过是一个"小鬼"而已，假如一不小心把你抓去了，那你怎么办？很显然，志玉并没有真正理解妈妈这句话的涵义。

"那就打一个电话问问姆妈吧！"志玉果真给妈妈打去了电话。电话那头，妈妈的笑声依然那样爽朗。

放下电话，志玉说："我晓得了，这里的小鬼，并不是小鬼，是小鬼鬼的意思。"什么"小鬼""小鬼鬼"，越说越糊涂。说实话，对于这句话，我还是领会其意的，只是一开始没有对志玉说出来而已，主要是想让他出出洋相。

妈妈口中的"鬼"，其实是一个动词，与"谋划""策划""算计"的意思有些接近，似乎还有"扇小扇子""煽风点火""搬弄是非"的涵义，用上海话"捣浆糊"三个字来解读，或许最为贴切。

平时说某人是"老鬼"，喊小孩为"小鬼"，骂别人是"死鬼"，这里的"鬼"，是一个名词。如果换一个说法，说某某人"很鬼"，则"鬼"就成了一个形容词了，意思是说这个人门槛精，很滑头，甚至于还会在背后搞些见不得人的小动作。妈妈口中的"鬼"，与形容词"鬼"的涵义接近，但更加强调动作特征，更加活灵活现。

每次当我听到妈妈说起这句话，我的眼前似乎总会浮现出一个黑影，鬼鬼祟祟跟在阎王背后扇着小扇子……如此解剖开来，这句话似乎不够高尚。

这实在是大错特错了。这种解读，并没有真正领会这句话的深层涵义，可谓"差之毫厘，谬以千里"。请注意，妈妈可是从那万恶的旧社会走过来的人，这句充满心酸的俏皮话道尽了人间的苦难和艰辛。你想想，在那特定的社会背景下，你只能在"阎王"手下"攮前落后"地讨生活。阎王是谁呀，你惹得起吗？靠着阎王，你不吃小鬼，那就只能去吃西北风啦！别忘了，你家里可是上有老下有小，还"挣扎在死亡线上"呢。如此说来，即便你并不喜欢做那些"小鬼"勾当，你也没有其他法道，说到底还是被"阎王"逼出来的。

妈妈还有一句名言，所谓"见人说人话，见鬼说鬼话"，与"靠山吃山，靠水吃水，靠着阎王吃小鬼"的道理极其类似。"东山老虎吃人，西山老虎也吃人"，人在屋檐下，不得不低头啊！

妈妈的这些"经典名言"就算放到当今社会，也有一定道理。你敢站出来理直气壮地说，你从来就没有做过"鬼"吗？

（三）

　　妈妈的经典名言寓意深刻,充满哲理,解读妈妈的"经典名言",能够从中得到许多对人生有益的启示。

　　妈妈常常教导我们,要有远大的抱负并为之拼搏,要经得起风浪,尤其在遇到困难、遭受挫折的时候,要沉得住气、受得了气,要吃得起苦、吃得了亏,"龙门要跳,狗洞也要钻";做人要有自知之明,不能有非分之想,"麻雀雀弗要跟雁飞";做事要持之以恒,不能三天打鱼两天晒网,"温汤里的灯笼,要天天挂";遇事要乐观开朗,不能畏首缩尾,"船到桥,直苗苗";凡事要有预见性,要有风险防范意识,"六月里出门带寒衣""天兴(注:晴)防水落""穷在家里,富在路上"……

　　妈妈常说,待人要有平常心,就算某个人"十八个画字匠都画不出来(一句经典笑话)",也不能把人看扁了,因为"砖头瓦排都有翻身的时候"!

　　妈妈一生光明磊落。她常常教导我们,为人要谦虚、诚恳,既不要攀炎附势,也不能盛气凌人。对于那些"屁股奈文车桁(屁股上横木)"的人,妈妈总是敬而远之。

　　对于子女们的婚姻家庭,妈妈的话也非常经典,"对象对象,一定要对得像嘚""千年的姻缘来相会,八百年之前就结成婚了",着急什么?

　　在妈妈众多的"经典名言"中,被公认最有代表性的一句话,就是"自家吃到嚜下罄缸(茅坑),把人家吃到嚜传四方"!这句话集中体现了妈妈的人生智慧和处世哲学,使我们终身受益。

　　妈妈勤劳一生,年轻时"打狼捉虎","跌跟头都要抓一把烂泥",但她从不吝啬小气,尤其是对待朋友非常慷慨大方。妈妈这句经典名言的意思是,再好的东西如果自己吃了,终究是拉进茅坑;如果拿出来给人家吃了呢,人家会记住你的好处,你的大方、乐善好施的品格一定会传遍四方。

　　妈妈的远见卓识,远非一般人能与之相比拟。她常说,做人不能太势利,不能凡事都要追求回报。事实上,"一铜(铜钱)不落虚空地",你的付出一定不会落空,所谓"善有善报,恶有恶报,不是不报,时候未到"!

　　对妈妈这句话最佩服的,或许就是三哥志玉。"妈妈的话,可以捆药嘚!"志玉向我说起了他亲身经历的一件小事。

　　八年前,志玉的工厂规模并不大,每年也就是几十万元利润,又赶上了全球金融危机,工厂面临生存与发展的严重威胁;加之闺女程艳在英国读书,经济压力非常大。年关将至,当志玉带着礼物风尘仆仆从丹阳赶到河北催讨他那上百万元的货款时,那家早已濒临倒闭、正在苦苦支撑的几个企业老总们更是一筹莫展。他们告诉志玉,常州的一家企业同样因为十几万元债款,将他们告上法庭,目前企业的财务账号已经被冻结……

"我们也知道,您闺女在英国读书,经济很困难。但您一定要相信我们,我们正在与清华大学以及国外的几家通信大公司洽谈合作,准备引进新技术、新产品,将来还要在境外上市……"老总们信誓旦旦。称兄道弟、一醉方休,回家时的收获当然是杯水车薪。

接连三年,同样的时间地点,同样的人物场景,同样的称兄道弟,同样的一醉方休,回家时的收获同样是杯水车薪。不同的是,几乎所有人都认为这些货款已经不可能讨回了。只有妈妈,嘴里依然重复嘀咕着那句老话,"一铜不落虚空地",告诫志玉"眼皮头不好太浅"。志玉呢,几年来依然一如既往,从没有停止给该企业供货……

奇迹,就这样发生了。三年前,当这家企业与国外几家大公司成功合作后,不到两年时间居然在香港证券交易所成功上市。无巧不成书,这家改组后的新公司,居然起名"四方"。挂牌仪式上,"四方"所邀请的第一个贵宾,便是那个在患难中与几位老总们"称兄道弟、一醉方休"的三哥志玉。三哥志玉的患难真情感动了"四方",传遍了"四方"。

这几年,三哥志玉得到了四方公司的鼎力支持,生意越做越大。如今,该上市公司将要在丹阳投资十多亿元组建新的生产基地,董事会上三哥被聘为总经理。

类似三哥志玉的故事,在我们身边其实也有不少。妈妈对我们做人处世的影响之大,可见一斑。妈妈常常对我们说,"不识字,要识世",太深刻了!妈妈的人生智慧、处世哲学、文化修养,其境界之高远,我辈实在是望尘莫及。

（四）

妈妈是一个乐观豁达的人,也是一个风趣幽默的"语言大师"。

妈妈常说,"一句话把人讲得笑起来,一句话把人讲得跳起来"。或许,这在妈妈众多的"经典名言"中,也是代表作之一。

志玉小的时候,有一次听到妈妈"志玉最爱吃辣椒嘞"的夸奖后,居然"巴咕巴咕"连吃了几大口,终于顶不住了,哭了出来!大家能不笑吗?志玉哭得更伤心了。

妈妈逗乐说:"哭得好看!十八个画字匠都画不出来!"志玉呢,终于破涕为笑。

无论是做家长,还是做领导,妈妈都特别注意方式方法,强调以表扬为主。妈妈说,"打煞人要抵命,哄煞人不要抵命",讲的就是要善于表扬和激励,这句话也是妈妈的代表作之一。

"志玉,分金桥(自留地名)的山芋苗只有你去浇,你晓得把水从根头浇下去嘚!中玉,二分头(自留地名)的水只有你去咣,你晓得把四周的漏洞筑筑嘚……"听到妈妈的吩咐,志玉、中玉二人高高兴兴领命而去。工作的质量嘛,当然不必担心,因为妈妈早已巧妙地叮嘱过注意要点了。

一件小事,往往能够折射出人的品格和能力。类似这样的故事,实在是太多太多了。连大哥都说,妈妈为人处世的技巧,或许我们永远也学不完。

对我来说,影响最深刻的,是妈妈对我说过的一句话。就在我取得上海交大博士学位,回家向妈妈表功的时候,妈妈在一番夸赞以后,却说出了一句振聋发聩的话:"你有知识,但没有文化!"

"妈妈是不是老糊涂啦? 居然说我没文化!"听了妈妈的这句话,我当真也"跳了起来"! 一贯"以表扬为主"的妈妈,今天怎么对我"泼起冷水"来啦?

"与你的几个哥哥相比,你在为人处世方面,要学的东西还很多! 你很聪明,再加把力,还可以取得更大成就。"妈妈的语气非常平缓,眼里透射着睿智而威严的光芒,让我不敢再与她争辩。

十几年来,妈妈的这句话,似乎一直萦绕在我的脑际,影响着我的人生。当我真正明白妈妈这句话的深刻涵义和良苦用心后,我不得不服气,与妈妈相比,我何止是没有文化,甚至也没有智慧。妈妈虽然只读过几年私塾,但她却能够将六个子女全部培养成才(其中四个考上了大学)。尤其值得一提的是,妈妈总能够针对每一个孩子的天赋和条件,给以最恰当的引导和教育,其深厚的文化功底让人无比钦佩。

世事洞明皆学问,人情练达即文章。妈妈的"经典名言"中所饱含的人生智慧和处世哲学,其寓意之深刻,境界之高远,趣味之悠长,绝非我辈所能轻易解读。今日斗胆造次,或许根本就没有说到点子上,甚至歪曲了妈妈的意思。

果如其然,我的罪过就大了。好在妈妈还健在,有些不明白的内容,还可以当面向妈妈请教。

2013 年 10 月 27 日于盘山草堂

我的重庆情结

很小的时候,就听到过重庆渣滓洞、白公馆、江姐、许云峰还有"小萝卜头",《红岩》的革命故事一直陪伴着我的童年和少年。重庆在我心中,天是黑的,墙是高的,非常恐怖。

1990年初春,我第一次来到重庆渣滓洞、白公馆、红岩村、曾家岩,还有解放碑、朝天门、观音桥。到底去了哪些地方已经记不太准确,印象最深的,是重庆弯弯曲曲的道路、熙熙攘攘的人群、光着膀子的"棒棒",再就是时髦漂亮的妹妹。

一转眼,十年过去。2000年,也是初春,我有幸再次来到重庆。我的重庆情结由此开始编织。之后的八年,我频繁地往返于北京与重庆之间,见证了成为直辖市后重庆的日新月异以及所取得的辉煌成就。2004年至2007年,我连续四个春节都在重庆度过。我与重庆,难舍难分。

我的重庆情结,离不开重庆的"桥"。当时,我作为中国船级社实业公司(CCSI)总经理、总监理工程师,先后主持和参与了菜园坝大桥、朝天门大桥、石板坡大桥、观音岩大桥等重大工程项目的监理和检测工作,还参加了大佛寺大桥、马桑溪大桥、沙溪庙大桥等三座大桥检修系统改造工程监理。桥梁,将我与重庆融为一体。

菜园坝大桥建设工程,近1500个如火如荼的日子,给我留下了太多的回忆。作为总监理工程师,从2003年底大桥桩基工程开始,直到2007年10月大桥通车,我像对待自己的孩子一样,呵护着她一天一天长大。2005年,顶住了势不可挡的特大洪峰;2006年,经历了天吊断索的突发事件,遭遇了百年不遇的高温酷暑。近四年时间,我与大桥经受了种种考验。我与重庆,也结下了不解之缘。

2007年10月29日,菜园坝大桥通车典礼的盛大场面至今让人感动。10万市民涌上大桥,每一个人的脸上都洋溢着欢笑,老老少少像过年一样激动、兴奋。我有幸作为剪彩嘉宾,与时任重庆市委书记汪洋、市长王鸿举、邓文中院士、华渝生董事长等领导、专家,共同为大桥通车剪彩。如潮的欢呼中,我想到了著名桥梁专家、交通部原总工程师凤懋润先生说过的那句话:一座桥梁不仅是一个城市的地标,更是一部庄严的史书、一座创造的丰碑、一种不屈的精神。是啊,重庆是中国的"桥都","桥"在重庆人的心中是何等的神圣。当汪洋书记、鸿举市长走过来握着我的手表示"感谢"时,我真的无比自豪,为"桥"自豪,为重庆自豪。

说到重庆的"桥",我担心话匣子打开后"刹不住车"。记得在菜园坝大桥通车典礼结束后,我与汪洋书记、鸿举市长等领导坐上了第一辆通过大桥的125路公共汽车,汪洋书记问我:都说重庆是中国的"桥都",您以为如何?"名副其实",未等我开口,邓文中院士抢先作了回答。据有关统计资料,当时重庆市桥梁总数5000余座,悬索桥、斜拉桥、拱桥、板桥各类桥型应有尽有,堪称中国的"桥梁博物馆"。一个城市拥有如此众多数量和种类的桥梁,被称为"桥都",当然无可争议。

2008 年 12 月，我陪同国际著名桥梁专家美国 URS(优斯)公司周毅博士和美国威斯康星大学 Al Ghorbanpoor 教授参观重庆的桥梁。我们先看了嘉陵江上的大桥，之后驾车出发沿北滨路逆江而上，黄花园大桥、嘉陵江大桥、渝澳大桥、嘉华大桥、石门大桥，短短几公里路程中，5 座大桥以不同的姿态展现在我们的面前。穿过沙坪坝，车行 15 分钟后，我们从袁家岗登上了鹅公岩长江大桥。沿着宽敞的南滨路顺流而下，鹅公岩大桥、菜园坝大桥、石板坡大桥、朝天门大桥、大佛寺大桥，又是 5 座世界级特大桥。其中，菜园坝大桥、石板坡大桥、朝天门大桥都是当时世界同类桥型中的"第一"。转了一个"小圈"，看到十座大桥，见多识广的美国桥梁专家非常惊讶，一路惊呼："Great! Great!"

晚上，我带两位教授在南滨路吃饭。看着璀璨的山城夜景，Ghorbanpoor 教授兴奋得像一个孩子，手里的相机不停地变换着角度，嘴里却不停地喃喃自语："Village! Village! Village!"看到我疑惑的神情，Ghorbanpoor 教授哈哈大笑。他告诉我，离开美国前，同校一名中国籍教授曾对他讲，"重庆只是一个 Village"。没想到，这个 Village 原来是一个繁华的大都市！Ghorbanpoor 教授还说，重庆是他见过最美丽的城市，他非常喜欢。

重庆桥梁建设的辉煌，为重庆经济的腾飞提供了保障，为重庆人民的生活带来了便利，也为重庆人民带来了荣誉。2007 年 6 月，在美国"桥都"匹兹堡举办的国际桥梁大会主会场，重庆市城市建设投资公司董事长华渝生先生以大量图片资料向大会介绍了石板坡大桥、菜园坝大桥和朝天门大桥，向世界展示了"中国桥都"重庆桥梁建设的优秀成果和桥梁文化的深厚底蕴，引起轰动。从那些高鼻子、蓝眼睛的外国人惊讶、羡慕与憧憬的表情中，身临其境的我百感交集，禁不住热泪盈眶。这是属于重庆的辉煌，属于重庆人民的自豪与光荣！

重庆桥梁建设的辉煌，也为我带来了一系列崇高荣誉。无疑，是重庆的桥梁成就了我。对此，我充满感激。事实上，我对重庆桥梁的贡献，远不及她带给我的荣誉，除了感到愧疚，我无言以对。好在我还算年轻，我相信将来我还能为重庆服务，为重庆的桥梁事业贡献我的微薄之力。

让人欣慰的是，重庆交通大学校长唐伯明教授给我创造了一个兑现美好愿望的机会。为培养富有创新意识、创造能力和国际竞争能力的高素质桥梁工程人才，重庆交通大学设立"茅以升班"。作为重庆交通大学的客座教授，唐伯明校长邀请我陪同茅以升先生的女儿、全国政协委员茅玉麟女士，出席首届"茅以升班"开班典礼，并希望我为"茅以升班"的全体新生讲授开学第一课。2009 年 9 月 21 日，当我在开班典礼的讲话中宣布 CCSI 为"茅以升班"设立高额奖学金时，在场的校领导和全体师生报以热烈的掌声。当天下午，我以"中国桥梁：从桥梁大国走向桥梁强国"为题，为"茅以升班"的全体新生讲授了开学第一课。围绕 2007 年中国桥梁的十大事件，我介绍了改革开放 30 年尤其是近十年来中国桥梁所取得的辉煌成就，介绍了重庆的桥梁，并以茅老的学问、人品和理想，勉励同学们珍惜时光、发奋学习，将茅老的事业和精神传承下去。这批"茅以升班"学生是入学后经过考试选拔出来的，对未来充满憧憬，课堂上气氛也非常活跃，讲座数次被热烈的掌声打断。至今想起来，还很感动。

我的重庆情结，剪不断，理还乱。我喜欢重庆男人的"耿直"，喜欢听重庆姑娘说"麻辣普通话"。我去解放碑"打望"过,去法国水师兵营喝过酒,去较场口得意广场真爱俱乐部泡过吧,去白市驿洗过温泉,去铁山坪度过假。或许,我已经成为一个地道的重庆人了。

我喜欢重庆,特别是重庆的"麻辣"。小天鹅的火锅、陶然居的田螺、十八梯的"锅盔",还有长寿湖的翘口鱼、小滨楼的担担面,我都特别喜欢。"麻辣"的感觉真好,任其汗如泉涌,多么畅快淋漓!遗憾的是,自己的胃肠功能尚不够"重庆",常常是痛快了嘴,得罪了胃,辛苦了腿,浪费了水。

我喜欢重庆,有许多重庆朋友。2000年初来重庆,最吸引我的是重庆的茶馆。泡上一碗盖碗茶,三朋四友,或躺在竹椅上谈天说地摆龙门阵,或围坐一桌打牌下棋,浓郁的巴渝风情,韵味十足。我去过会仙桥的"升平茶馆"、大梁子青年会的"江山一览轩茶社"、大溪沟的"千禧茶楼"、人民支路的"正清和茶楼"、七星岗的"中心茶社"等。最喜欢去的地方,是临江门斜坡上有处名叫"水云涧"的茶楼。

我喜欢重庆,尤其喜欢研究重庆的地名。歌乐山、鹅公岩、袁家岗、上清寺、杨家坪、菜园坝、石板坡、小龙坎、明月沱、朝天门、较场口、佛图关、洪崖洞、伏牛溪、弹子石、观音桥、解放碑等等,这些地名浓重的"重庆味道",体现了山城独特的地形地貌特征,蕴涵着深厚的历史与文化底蕴,值得细细品味。

重庆地名中,还有一种特别独特的"百家争鸣"现象。王家沱、唐家沱、郭家沱、李家沱,杨家坪、陈家坪、潘家坪,还有谢家湾、肖家湾,一家一沱、一坪、一湾。如果你开车从两路口去杨家坪,短短的几公里路程,要从6"家"门前过呢!不信你看,车开出去一会儿就到了王家坡,接下来是肖家湾;刚走出肖家湾不久,已经到马家堡了;还没有来得及喘口气,袁家岗又到了;最后还要经过谢家湾,才最终到达杨家坪。

在重庆久了,自然对重庆的道路地名熟悉了。一号桥,二郎庙,三角碑,四公里,五里店,六店子,七星岗,八一路,九坑子,十八梯,从"一"到"十",都是响当当的地方。单说"十八梯"吧,一条重庆老城里真正的老街。十八梯最具山城爬坡上坎的特点,一色的"懒洋坡",一色的青石板阶梯,爬累了倒不妨就靠着它歇一歇。在十八梯,可以看到各个年代的老房子:最古老的吊脚楼、捆绑房,上世纪五六十年代的竹篾抹灰墙房子和六七十年代的苏联风格的砖瓦房,仿佛重庆的历史建筑展览。在十八梯,还有其他地方已经很少能够看见的烤"锅盔"和"糖关刀"这两种古老手艺。有这样的好地方,你能不喜欢吗?

我的重庆情结,说不清,道不明。喜欢重庆,还需要更多理由吗?

随感录（四则）

爱情与亲情

每一个人都有年轻的时候,都曾经有过刻骨铭心的初恋。初恋的爱情故事往往都是最动人的,也是最难忘的,但初恋的结局通常是相似的,爱情与婚姻往往擦肩而过,失之交臂。

抱怨世事难料,叹息阴差阳错,感慨有缘无分,心中留下了永远的痛。从此一蹶不振,难以自拔,甚至为爱殉情自杀,毕竟是极个别的案例。更多的人,只能无奈地将初恋的情感默默地深藏在心底。

生活总要继续,要么随遇而安,要么奋发图强。随着时间的流逝,你会渐渐地、渐渐地将初恋淡忘。当然,某一天你偶尔看了一场电影,听到一个消息,或者碰巧遇到了一个故人,触景生情,你会突然想起自己的初恋,心中隐隐地作痛。

初恋,是永远无法忘记的。尽管,初恋时我们并不懂爱情。至少,初恋的时候,我们不懂得珍惜爱情。当我们经历了岁月的沧桑、人生的坎坷以后,回首初恋时的天真、浪漫与纯洁,以及初恋时的任性、幼稚与无知,可谓是别有一番滋味在心头。

不管你是否愿意,总会在某一天,你遇到了自己的另一半,进入婚姻生活。与你共同组建家庭的另一半,或许并不是你初恋的"情人"。然而,在其后数年共同的夫妻生活中,赡养老人、教育子女、相濡以沫,他/她无疑是你身边最亲近的"爱人"。夫妻之间的这种感情,平平淡淡,实实在在,即便不是初恋时所谓的"爱情",但至少是无法割舍的"亲情"。

"爱情"是什么?"亲情"又是什么?或许,爱情是一种追求,只能存在于早已发黄的"诗本"里面,随着时间的流逝被埋进了心底;亲情,是一种习惯,融入了日常生活,也融入了血液之中,历久弥新。每当我看到自己的儿子一如当初年轻的我,"亲情"会情不自禁地流露出来。

人之为人,在于人是有情感的动物。大丈夫立于天地之间,要懂得"情义"二字的分量,有"情"也要有"义"。以一颗感恩的心,珍惜夫妻之间朴实无华的"亲情",珍惜身边相濡以沫的爱人,是一个男人最起码的道德准则。

"爱情"是一种追求,"亲情"是一种责任。"初恋的情人"是不会忘记的,"身边的爱人"是不能抛弃的。事实上,一对夫妻如果能够白头偕老,相互之间那种早已融入血液、成为习惯的"亲情",其实就是实实在在的爱情。

我依然记得小芳,心中留下永远的初恋情结。我更加珍惜与夫人冬梅的感情,这种感情早已融入了我的生活,融入了我的血液,融入了我的灵魂。

写作与创新

读大学的时候,我曾经担任过校学生会写作组组长,曾经在校报《船工周报》上发表过不少诗歌、散文和议论文章。由毛主席亲笔题名的《哈军工》,后来改名为《船工周报》,是一份非常注重培养学生文学素养的报纸。其中,四版(副刊)的编辑王国志老师,对我写作能力的提高帮助很大。

当年每发表一篇小文章,总能赚到一些稿费,多则十元,少则五六元。在20世纪80年代初期,这每月几元钱的稿费,可是一笔不小的收入。或许,这也是我当年喜欢"舞文弄墨"的原动力之一吧!

读研究生后,虽说已经有了稳定的工资收入,但依然喜欢给《船工周报》投稿。不过,很多自认为写得不错的文章并未被发表,按照王老师的说法,"观点过于偏激、言辞过于犀利"。记得写过一篇关于"圆"的感慨,有几句话至今还记得,"月亮是圆的,月饼是圆的,铜钱也是圆的;酒杯是圆的,酒桌是圆的,公章也是圆的;人的嘴是扁的,但说出来的话却是圆的……"拿现在的话说,这属于牢骚过甚,缺乏正能量,当然不能见报。尽管如此,我还是乐此不疲,留下了不少"作品"。

毕业离开学校以后,虽然失去了《船工周报》这块园地,但写作的习惯依然如故。只是,随着工作、生活的压力不断加大,写作的数量却越来越少了,偶尔写首小诗,有时也会写一两篇小文章,聊以为乐。不过,得益于在校时的文字训练,工作中需要写一个文稿、编写一份报告什么的,对于我来讲倒是得心应手。

不久前与朋友们喝茶聊天,话题是港珠澳大桥工程的"工程创新"。或许是学生时代"因为生活所迫写文章、赚稿费"的特定经历,我提出的新论断"创新是逼出来的",得到了大家的一致认同。道理其实很简单,港珠澳大桥工程集岛桥隧于一身,是当今世界规模最大、技术要求最高的集群工程,遇到了一系列世界级的复杂技术与管理难题,这些无法回避的难题,逼迫着你必须运用"工程创新"手段,切实有效地加以解决。当一个又一个难题被解决以后,便产生了一个又一个"创新"成果。

创作与创新,道理是相通的。所谓的"创作灵感",是知识或思考积累到一定程度以后的突然爆发,通常也是被"逼"出来的。

死沉死沉装着破本的箱子

从大学毕业算起,我从哈尔滨到扬州,从扬州再回到哈尔滨,毕业后分配到上海,再从上海调到北京,已经记不清搬过多少次家了。其中在上海,结婚前、结婚后,就至少搬过四次家。每搬一次家,总会有很多东西被扔掉或丢失。

对我来说,丢失一些家具、生活用品,甚至丢失一些贵重物品,我并不心痛。但如果将我看过的书,尤其是一些重要的文字材料丢失了,我就会感到特别心痛,搬家对我来说,损失实在是太大了。

损失最严重的一次,可能就是从上海到北京的那次搬家。因为我没有亲自在上海,许多当年的作业本、读书笔记、随感、手写书稿等材料,都被当时请来帮忙的一位亲戚当做废纸卖掉了。幸亏夫人在场,帮我"抢"下了几箱私人材料。

即便如此,很多东西还是丢失了,成了我心中永远的痛。夫人说:"这些死沉死沉装着破本的箱子,搬过来搬过去,从来也没有看到你再去翻动过它们,留着它们有意义吗?"

"亏你也是读书人!"我真的非常生气。仔细想想,夫人的话也不是一点道理都没有,这些箱子里究竟装着什么宝贝,我早已记不清楚了,平时的确也很少再去翻动它们。

不过我坚信,里面的东西都是宝贝,装着我的过去,装着我的记忆。果真把它们都扔了,我的过去不也就扔了吗? 再也找不到一点线索。所以,只要这些东西还在,我心里就特别踏实。将来年纪大了,打开它们慢慢寻觅,一定能够唤醒我早已忘却的记忆。

从这个意义上说,这些死沉死沉装着破本的箱子,才是真正无价的珍宝。对于一个读书人来说,还有比这些东西更珍贵的宝贝吗?

为了忘却的回忆

在朋友们的鼓励、怂恿下,我终于下决心准备出版一本诗文集,题名为"为了忘却的回忆"。说实话,这也是我多年来的心愿。

总得花些时间来准备素材。于是,打开了尘封已久、"死沉死沉装着破本"的箱子。说实话,箱子里还真没有挖掘出多少有价值的材料。本科时的一个剪贴本(我在《船工周报》上发表过的文章,大都剪贴在这个本子里),没有找到;研究生阶段的一个大日记本,也没有找到,真是特别的遗憾。

并非完全出于偶然,我再次看到了两本早已发黄的诗集,一本题名为"童心集",一本被称为"新梦集"。这两本诗集,抄录了我在本科和研究生阶段写过的几十首诗歌,字写得十分工整。一首首念着当年写给小芳的诗,想起了我的初恋,心中隐隐作痛。

抛开感情,单从文学性角度来看,这些诗歌写得还真不错。也正因为如此,我才舍不得放弃这些诗歌。然而,这些诗歌毕竟又是写给小芳的,感情色彩浓厚,以前也不曾给夫人冬梅看过。将这些诗歌编进即将出版的诗文集之中,将来冬梅看到以后,会做何感想呢? 能Hold住吗? 对此,我内心充满纠结。

转念一想,好像也没有问题。毕竟这是二十多年前的诗歌了,并且只是诗歌而已。与冬梅相濡以沫,共同生活了二十余年,夫妻之间的感情又何止是几十首诗歌能够表达的? 更何况,表达感情的方式有很多,为什么非要用诗歌形式呢? 平平淡淡才是真嘛!

话又说回来,既然谈到个人的感情生活,当然离不开自己的夫人。在即将出版的诗文集之中,必须增加一些与夫人冬梅有关的内容,这绝不是寻找平衡。这些内容从情感性角度,一定要比诗歌更真实,更有张力,更能突出夫妻之间"平平淡淡才是真"的真情实感。

初步想法是,精选几十张夫妻共同生活的照片,来突出夫妻感情主题。试想,照片不比诗歌更有说服力吗? 更何况,夫人冬梅是一个非常大度的人。结婚二十多年来,那些装着我私人材料箱子里的东西(诸如早已经发黄的诗本),我从来也没有藏着掖着,她果真没有看到过吗?

想到这里,心中感到坦然许多,纠结早已离我远去。

孤岛私语（四则）

阅读与思考

　　生活在移动互联网时代,以智能手机为代表的电子产品,彻底颠覆了传统的阅读与思考方式,甚至主宰了我们的生活节奏。不知不觉之间,宝贵的时间早已被手里的小小屏幕切割成为碎片。换来的,是"头条""腾讯新闻"无休止滚动的碎片信息,再就是微信朋友圈永远也看不完的照片和视频。严肃的、深层次的阅读与思考,变得越来越稀缺。

　　下午偶尔翻看到刘刚博士的微信,一口气看了他写的十余篇文章,其中有几篇,我以前也曾看过,今日又看了一遍。5个月来,他坚持跑步,每次跑步后都坚持写下自己的故事。更难能可贵的是,跑步写作之余,他还能够集中业余时间阅读大部头著作,如西班牙极限跑运动员基利安·霍尔内特(Kilian Jornet)的《跑出巅峰:马拉松的人生哲学,让你撑过那些艰难的时刻》,村上春树的《当我谈跑步时　我谈些什么》等,并且把自己的理解和感悟,用非常传神的文字表达出来。刘刚博士在文章中写道,Kilian的成绩令人类骄傲,从技术层面上说,普通的跑者根本无法企及,只有高山仰止;然而,Kilian的跑步哲学却启发了我们,他把攀登解释成为一种包含创造力、心灵艺术或行为美学上的诉求,展示着运动、美感和信仰,关乎人类对于自由、对于主宰自身命运的渴望。Kilian说,真正的胜利不是撞线过终点,也不是把你的名字写在成绩单的第一位,更不是站在领奖台的最高处,而是当你冲过终点回过头来看到这不是幻觉,感觉到自己真实的血肉之躯,意识到只有梦中才有可能发生的事情竟然成了现实。

　　或许,激励刘刚博士日复一日不断奔跑的内在动力,与Kilian的哲学有一定关系,但我更愿意相信,是他心灵深处最真切的自由情结和英雄情怀。每次8 000米的奔跑,少则数百多则上千字的感悟,外加对相关著作的深层次阅读,这些我做梦都不敢想的事情,刘刚博士不仅做到了,居然还很轻松自在。与其说Kilian是这个时代最后的神,不如说刘刚博士编织了一个属于移动互联网时代真正的神话。

　　对照刘刚博士,我的确感到很惭愧。日复一日碎片化的阅读与思考,虽偶有感悟,却也是碎片化的。于是乎,只能在智能手机的微信平台上发表一些简短的评论。碎片化阅读的时间加在一起其实也很惊人,只是电子媒体的信息量大而繁杂,与传统的阅读方式相比,总有一种被人牵着鼻子走的感觉。并且,在互联网上,似乎什么问题都能够找到答案,独立思考的能力也在不知不觉中退化了。

　　这究竟是谁之错呢? 如果说自己还算是一个读书人的话,这笔账只能算在自己名下。置身于信息爆炸的互联网时代,所有人必须活在当下,适应社会发展的潮流。同时,需要在自己的心灵深处,营造一片蔚蓝的天空,任凭自己独立的思想自由自在地翱翔。

　　清朝文学家张潮在《幽梦影》中写道:"少年读书如隙中窥月,中年读书如庭中望月,老年读书如台上玩月。"他以"窥""望"和"玩"三字形容读书的态度,恰好反映了不同年龄段的人的读书心境。如今,我已经到了知天命的年龄,早已摆脱了读书的功利性,常常以超然的态度品味读书的真正乐趣。从这个意义上说,学会碎片化的阅读与思考,方算得上是一个当今社会真正会读书的人。

事实上,碎片化的阅读与思考,也是阅读,也有思考,也会顿悟。如果我们能够将这些思想的碎片有机地串联在一起,并用心地将它们整理和记录下来,就一定能够形成完整的思想。互联网强大的检索功能,也为我们的专心研究创造了条件。就像刘刚博士的跑步、读书与写作,日积月累,坚持不懈,关键还在于自己能否静下心来,对自己感兴趣的问题进行深入的研究与思考。

碎片化的阅读,或许更能够让人做到博览群书,选择性更强,效率也更高。道理很简单,遇到自己喜欢的、感兴趣的信息、文章或视频,不仅仅是读"懂",而且要读"通";对那些不感兴趣的内容,一律跳过。读书人只有依靠悟性,才能达到"通"的境界。

学必悟,悟而生慧。若是每天都能腾出一些时间来,把自己的感悟记录下来,时间长了,就形成了习惯。

思想与行动

人与动物最大的区别在于,人类更善于思考和分析,更加具有智谋。动物的一切行为基本上都是出于本能,即便那些具有相当智能的猴子,纵然能够进行各种表演,那也是人类训练的结果。训练的基本原理,就是利用它们的本能欲望,恩威并施加以充分引导。

事实上,人类也是动物。就本能而言,人类和动物没有本质的区别。只是,从漫游在海洋中的史前生命,经过3亿多年的不断进化,人类早已经成为世界的主宰。人类强大的功能体现在思想上,也体现在行动中。在认识自然、改造自然的过程中,人类学会了顺应自然,与自然和谐共处。

人类的伟大首先在于思想,其次才是思想支配下的行动。换句话说,人类的一切正常行为,都是各种思想指导下的产物。对于一个成年人来说,除非纯属出于本能,任何行为都能够找到它的理由,无一不打上思想的烙印。人类善于不断地总结经验,能够理性地判断身边所发生的一切,进而帮助自己正确地进行判断、决策和行动。

任何事情,能否取得成功,关键在于"谋"。谋定了,才能去行动,所谓"谋定而后动"。从来没有过一个没有目标、没有计划、没有理论指导、只知道盲目行事的人能够取得他所期待的成功。道理很简单,如果连目标都没有的话,"成功"二字又该如何去衡量呢? 更何况,缺乏理论指导的盲目行动,往往会遇到太多的不确定性,甚至造成难以估量的损失。

看似简单的道理,很多人却不以为然。现实生活中,人们往往更多地强调行动的重要性,而忽视理论的重要指导作用,这显然是十分危险的。或许,只有在现实中被碰得头破血流以后,他们才会静下心来认真地思考一些战略问题。

眼位与外势

我喜欢下围棋,由此也学到了许多围棋常识。一块棋的死活,取决于它是否有"眼",是否具备至少两个"眼位"。当然,"眼"有"真眼"与"假眼"之分,即便有再多的"假眼",这块棋也是注定要成为死棋的。

围棋的输赢,在于谁抢占了更多的实地。为了赢棋,有些人不断地向外扩展,追求"外势"的同时,却忽视了"眼位"的建设,惨遭失败。当然,也有些人尽管非常注意做"眼",却不敢向外扩展地盘,同样导致失败。很显然,"眼位"是死活的根本,"外势"是成败的关键。在"眼位"与"外势"之间,要善于寻求相互的平衡,并善于审时度势,捕捉战机,找到侧重点和突破口。"眼位"与"外势"的对立统一,是"守"与"攻"的平衡,是"生存"与"发展"的结合。

事业的生存与发展,是否与下围棋有类似的道理呢?

江湖与王八

> 梦达九天揽月亮,船抵五洋会龙王。
>
> 海阔天空任我行,莫念江湖有王八。
>
> 猛虎本是兽中王,安能俯首事鼠狼。
>
> 天赐中山风骚地,一步跨过伶仃洋。

这首诗写成后,好友王树枝等人提议将上阕的最后一句改成"任凭江湖风雨狂",理由是"王八"二字有些粗俗。不过说实话,我自己对于此前的这四句话,尤其是"莫念江湖有王八",还是蛮喜欢的。

王八俗称甲鱼,与鳖同宗同祖,都是比较凶残的动物,二者的区别在于,王八产自江湖,鳖则属于大海。事实上,王八本来是一种很讨人喜欢的动物,当人们将"王八"的概念引申以后,它从此就背上了令人不齿的恶名。

当然,比起"五洋捉鳖"的挑战与乐趣,江湖之中的那几个小小"东西",当然不足挂齿。更何况,江湖水浅,"王八"虽多,怎么能够与宽阔大海相提并论呢? 如今,当你的航船历经艰险终于抵达大海即将"五洋捉鳖"的时候,你却突然想起:"等等,我还得回去一趟江湖,还有几个小小的王八没有收拾呢!"

或许,这就是"江湖情结"。原因在于,你来自江湖,并且你一次又一次地被咬伤过。在你的心里,早已埋下了仇恨的种子。这种深埋于心的江湖情结,在武侠大师金庸等人的笔下,不知演绎出了多少爱恨情仇的动人故事。

冤冤相报何时了。当你驾驭的航船折返江湖以后,或许当年的王八早已成为他人的盘中之餐,一大批新的"王八",又已在江湖上掀起了腥风血雨。到那时,你是否还记得你曾经看到过的大海? 你是否还有能力再次驾驭你的航船起帆远航?

为了当年那几个小小的"王八",你将付出多么沉痛的代价! 罢,罢,罢!"海阔天空任我行,莫念江湖有王八!"

修改后的四句话,虽然念起来顺溜了,但总觉得有些别扭。离开了这些"王八",心中还真不是滋味。受到"盘中之餐"的启发,我重新创作了一首新诗。"王八"嘛,一定得有!

> 王八终究盘中餐,江湖往事成笑谈。
>
> 壮士高歌将进酒,猛虎跃起震雄关。
>
> 饮食儿女多情爱,华山论剑无成败。
>
> 风流莫过沁园春,巨龙腾飞在中山。

心灵的锁

三十余年前,我还在攻读硕士研究生。因为担任了校研究生总会主席的缘故,一度觉得自己颇有些政治天赋和演讲才能,由此萌生了读书做官的强烈愿望。当时,学校的党委书记很喜欢我,有次谈话曾语重心长地对我说:"人生无非名权利三件事。其实,也就是那么回事!"

那一年,他正好59岁。或许,是因为他突然想到了退休后可能的寂寞生活心生感慨吧。但对于踌躇满志、风华正茂的我来说,名权利当然不可能"就是那么回事",而是"很大的一回事"。

很快,我研究生毕业后走上了社会。起初,我以为"名权利"三者是互通的,有了名,就有了权,也就有了利,反之亦然。多年后发现,这三件"宝物",各有神通,当然也各有捉襟见肘的时候。

在当今中国,"权"字究竟有多大,谁也说不清楚。先说一个关于"孩子入学择校"的小故事。

在我儿子曾经就读过的小学附近,有一所十分知名的贵族学校。这所学校的门槛之高,竞争之激烈,难以想象。如果没有一个级别足够高的"爷爷",仅仅只是"拼爹",或者是"拼赞助"的话,就连交赞助费的资格都不可能得到。因为以"爹"的年龄,级别一定不够高。钱嘛,更不管用了,那些高举银行卡的富豪,都排到两条街以外了。

我认识的某位局级领导很不甘心,为了让自己的孙子也能够接受贵族教育,托了不少人疏通关系。结果呢,白当了一回"孙子"不说,还碰了一鼻子灰。事后谈及此事,他十分感慨:"不到这个学校,不知道自己官位太小!"

呜呼!如果你没有足够的"权力",就算你有名有利,也只好默默地让道,乖乖地下台。这就是"权"的力量。

"名权利"三个字,"权"字虽然排在第二,但它的法力是无边的。几千年来,"官本位"之所以深入人心,关键还在于一个"权"字。如果不是因为一个"权"字,会有那么多人削尖脑袋、争先恐后地去争做"公务员"吗?如果不是因为"权"字,还会有卖官鬻爵、官商勾结、跑官买官的故事吗?

十八大以来,落马的省部级官员已逾百位。倒台的厅局级、县处级干部就很难数得过来了。你仔细想想,这些领导干部之所以"落马",之所以"倒台",不正是因为他们没有用好"权力"吗?

在"名权利"三者之中,"名气"也能给你带来巨大的回馈。在没有利益关系的前提下,人们更喜欢与有学识、有趣味的名人交往。毕竟,和名人有往来,说出去总比认识官员和富翁更容易获得喝彩。

"权力"与"名气"的关系,在我自己身上也有所体现。辞去总经理职务到港珠澳大桥担任总监后,虽然在资源调配、内部关系协调方面,遇到了许许多多意想不到的磨难,但也结识了一大批志同道合的新朋友,在最艰苦的环境中与兄弟们建立了深厚情谊。淡泊明志,宁静致远。这一切,与"权"有关,与"名"相联。

试想,如果我不放弃总经理职位,如果我依然小"权"在握,由我兼任总监的项目,在资源调配、内部关系协调方面会遭遇那么多意想不到的磨难吗?如果我不放弃总经理职位,也就无法看清人心。问题的关键,还是在于一个"权"字。

工作生活在偏僻的孤岛之上,环境虽然艰苦,但我的精神非常充实,思想得到了升华。"名声"给自己带来的心理满足感,是难以用权力和金钱来衡量的。

在"名权利"三者之中,或许,"利"是人们追逐的终极目标。所谓"天下熙熙,皆为利来;天下攘攘,皆为利往"。近年来,无论是在法国巴黎的香榭丽舍大街,还是在纽约曼哈顿的第五大道,有了钱的中国人一掷千金,那气派、那神气,让许多外国人感慨万千。

俗话说,金钱不是万能的,但没有钱是万万不能的。在香港,在迪拜,面对琳琅满目的商品,就算你再喜欢,就算你是名人、官人,如果你的信用卡刷不出钱来,漂亮的售货员小姐也是不会给你好脸色看的。这也许就是金钱的"魅力"。

拜金主义,虽然不是中国的专利,但近年来似乎已经深入社会的每一个角落,尤其是年轻人的心灵。在江苏电视台婚介交友节目《非诚勿扰》中,一位漂亮的女嘉宾说出了一句"振聋发聩"的"爱情宣言":"宁愿在宝马车里哭,不愿在自行车上笑",令无数人跌破了眼镜。

对此,我的好朋友王树枝先生非常感叹:"在当今,名权利这么赤裸裸地被歌颂、被崇拜,甚至成了终极宗教。"

可不是嘛,就连最清净的寺庙,你都能闻到扑面而来的铜臭味。当你满怀虔诚走进寺庙,首先看到的是讲经堂四周那若干个募捐箱,难免让人忐忑不安。如果你抽得一个竹签需要老方丈解读,少则百元,多则千元。如果你还想将名字写进功德簿,捐款的资金门槛会更高。

"名权利"三足鼎立,各立山头,却又纵横交错、紧密地纠缠在一起。往往是利益搭台,权力开道,名气用来装点门面并赚个吆喝。"名"们沾权得利,"权"们沾名钓利,"利"们沾权借名,取长补短,各取所需,共同游向食物链的顶端。王树枝说:"在名权利三足鼎立的价值观体系中,你若不能占据有利地形,就会沦落到连功德簿都鄙夷你的境地。"

或许,这就是现状?我无言以对,感到了实实在在的悲哀。然而,王树枝却说:"不要埋怨今人太急功近利,环境如此,只能顺势而为。"

老王说得没错。联想到自己三十多年的奋斗历程,在给自己贴上"个人奋斗"标签的时候,扪心自问,何曾放弃过追逐"名权利"?

诚然,只要动机足够纯正、手段足够正当,具备道德情怀和进取精神,年轻人对于"名权利"的追逐,或将成为推动社会向上向善不断演进的正能量。

只是,我们已经不再年轻。经历了三十余年的不懈追逐,再次回想起当年校党委书记的感叹，让我不由得肃然起敬。"也就是那么回事"，这七个字的涵义，是何等的通俗，又是何等的深刻，何等的睿智！

权力，也就是那么回事。"官"不能做一辈子，迟早有退休的时候。有些"官员"一辈子为"权"而战，即便谋得一己私利，却也是战战兢兢、诚惶诚恐，不见得比寻常百姓幸福。

名声，也就是那么回事。没出名想出名，出了名以后呢，又要躲起来。为名所累、因名招灾的故事，几乎天天都有报道。

金钱，也就是那么回事。多少钱谓之多，多少钱谓之少？李嘉诚拥有万贯家财，却过着无比节俭的生活。当金钱足以维持我们体面的生活以后，那些多余的钱财或许就是一串数字，已经没有太多意义。

"其实，也就是那么回事！"耳边，又响起了老书记的谆谆教诲，心中充满感慨。是啊，我们早已经不再年轻，拼也拼过了，搏也搏过了，曾经也拥有过一点小小"权力"，在业界也有过一点小小"名声"，钱财不多但也不至于"为五斗米折腰"了，该满足啦！

我们已不再年轻，放弃对"名权利"的追逐，心灵将回归到自然宁静状态，生活将会更加和谐幸福。对我们这个年纪的人而言，"名权利"就是心灵上的锁，禁锢着你的思想，限制着你的自由，甚至不断激发你内心贪婪的欲望，最终把你引向歧途。

不久前，我认识的一位高官朋友跳楼自杀了，让人非常惋惜。我与此人有过一些交往，虽谈不上有多少交情，但也能感觉得出他是一个很有能力、很真诚的人。究竟是深陷于"名权利"而不能自拔，还是看破了"名权利"一走了之，或许只有他自己知道了。

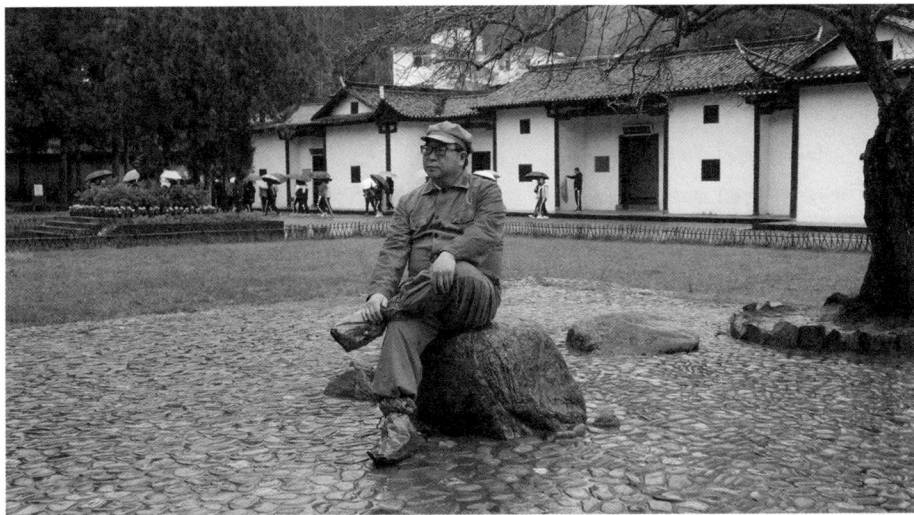

2018 年 11 月，程志虎在井冈山

底线与性命(二则)

士为知己者死

他是中国历史上最有名的五位刺客之一。他的著名语录是:士为知己者死,女为悦己者容。他的名字叫豫让。

公元前455年的那个深秋,一场决定战国地缘格局的战役终于在晋阳爆发。攻方是智伯率领的智、韩、魏三家联军,气吞山河;守方是由赵襄子(毋恤)率领的赵家军队,戒备森严。苦苦支撑了两年的赵襄子,在危如累卵的时刻,终于等来了战局的逆转:敌军内讧了。

因为智伯的蛮横和愚蠢,韩、魏两家突然倒转了矛头,联手孤城坚守的赵军,合力扑杀了强大的智军。昔日晋国六卿之中,那支最具实力的智氏大军,从此灰飞烟灭。

在孤独和绝望中历经煎熬的赵襄子,胜利后选择了一种近乎歇斯底里的报复方式——他不仅砍下仇人智伯的头颅,还将其漆成了酒壶。仇恨,由此纠结成一团解不开的乱麻。

逃入山中的豫让,在听到这一切后,发誓要为主人智伯复仇,以报答他的知遇之恩。"士为知己者死,女为悦己者容。"他这句传颂了两千多年的名言,在当今或许早已少有人当真,但对豫让来说,却是他誓死捍卫的原则。出发吧,逃避从此变成处心积虑、不死不休的出击,为的是知恩图报,更为了捍卫原则。

某个悠闲的午后,赵襄子内急如厕。就在他走到茅厕门前的一刹那,多年江湖历练所造就的敏锐感觉突然拉响了警报。那紧闭的厕所门背后,似乎隐藏着一股浓浓的杀气。果不其然,一个修理厕所的工人被搜查的随从们拖了出来,他的身上有着一个工人不该携带的装备——一把锋利的短刀。

你是谁?豫让!为何而来?为智伯报仇!所谓快意恩仇,光明磊落,大致也就是如此吧。面对行刺者那坦然无惧的眼神,赵襄子沉默了。"杀掉他吧。"随从轻声地催促道。赵襄子摇了摇头说:"这是一个忠义之士,我躲着他就是了。"豫让被放走了。然而,不久后他又回来了,以一种更为惨烈的方式。

不知何时,邢邑城中出现了一个形容古怪的乞丐,满身癞疮,嗓音粗哑。这便是涂漆吞炭、自毁容貌后的豫让。他想用一个赵襄子完全想不到的方式去接近他,进而完成那朝思暮想的狙击。

豫让的自毁是如此的惨烈彻底,以至于连他的妻子都不认得他了。不过亲情可以瞒过,友情却不可以,他的一个好朋友还是认出了面目全非的豫让。

"以你的才能,只要假意投靠赵襄子,赵襄子一定会信任你。取得信任并留在赵襄子的身边,你难道不可以完成你的复仇吗?为什么非要如此自残呢?"他的好朋友哭着问道。

"假意投奔,骗取信用而杀之,将内愧于心;此所谓怀二心事君,绝非君子所为!"豫让的回答,可谓气贯长虹。

终于,复仇机会来了!报答的努力,将接近尾声。邢地一座新桥落成,豫让怀揣利刃伪装成死尸藏在了桥下。他知道,赵襄子一定会来的。

不错,赵襄子来了。然而,就在他即将进入豫让攻击范围的时候,他的马突然停下来,再不肯往前迈出一步。赵襄子是何等的机警,当然知道事有蹊跷。于是他命令卫士下桥搜查,卫士回报,桥下只有一具死尸。赵毋恤冷笑道,刚修好的桥,哪来的死尸?必定是前来行刺的豫让!卫士们团团围住了苦心孤诣而始终不能一击的豫让。

再次见到这个执著的行刺者,赵襄子有些懊恼和不解:"过去,你曾经是范氏和中行氏的家臣,智伯灭了他们,你不报仇反而投靠了智伯。如今,智伯被我灭了,你何以单单忠于他,阴魂不散地为他卖命?"

"我做范氏和中行氏的家臣时,他们像对待众人一样对待我,那我就像众人一样去回报他们。智伯以国士待我,我当然要用国士的壮举去回报他。士为知己者死!"这是豫让的回答,也是豫让的逻辑。

赵襄子长叹了一声,流着泪说:"念你是忠义之士,第一次杀我,我不记恨,把你放了;这次你又来杀我,我怎好再放你呢?你自裁吧。"

此时,豫让提出了一个匪夷所思的要求:"忠臣有死名之义,明主不掩人之美。临死之前,我希望您能成全我,脱下您的锦袍让我出手一击,以满足我报仇的愿望。"无疑,这是一个非分的要求。

更令人匪夷所思的是,赵襄子居然答应了。或许,豫让的那份精诚与坚持,让他不忍拒绝。"拿去完成你的报答吧!"赵襄子脱下了自己的锦袍传给豫让。豫让腾身跃起,举剑连击三下。接着,豫让长叹道:"这下,我可以无愧于九泉之下的智伯了。"随后,他伏剑而死。

这是《刺客列传》中的一个故事,我读过了很多遍。年少时,最感佩的是豫让的赤胆忠心、知恩图报与百折不挠。现如今,让我无比感慨的是豫让"士为知己者死"的逻辑,是豫让的报答与捍卫,更是赵襄子的尊重与成全。

颜面,自尊

他是春秋末期最著名的政治家、军事家和经济学家,虽出身贫贱,但博学多才,因不满楚国政治黑暗而投奔越国,辅佐越王勾践;功成名就之后急流勇退,西出姑苏,泛一叶扁舟于五湖之中,遨游于七十二峰之间。他的名字,叫做范蠡,自号陶朱公,曾三次经商成为巨富,又三散家财,被后人尊称为"商圣"。

话说陶朱公的二儿子在楚国杀了人,犯了死罪。救子心切的陶朱公思虑再三,决定安排小儿子前往楚国。他准备了一千镒黄金,装了满满一牛车。

正当小儿子要出发时,陶朱公的大儿子却不干了:"我是家中长子,营救弟弟是我义不容辞的责任;如今父亲不派长子前往,却派小弟弟去,这说明我是不肖之子。"说罢,就要自杀。

陶朱公的妻子求情道:"派三子前去,未必能够救得二儿子的性命;此刻老大又要自杀,不如让他去吧。"情非得已,陶朱公只能派大儿子前往。

陶朱公写了一封亲笔信,要大儿子到了楚国以后,去找昔日好友庄生。他反复嘱咐:"到了楚国以后,要把千金送到庄家,一切听从他去处理。"朱大公子领命而去。

到了楚国,朱大公子在楚国都城的郊外找到了庄生的住所。门外的野草已经遮蔽了道路门户,看起来不过是一户贫穷的农家。尽管心里嘀咕,朱大公子还是遵照父亲的嘱咐,把信交给庄生,并留下了千金。庄生收下了信和金子,对朱大公子说:"请你赶快离开,不可留在此地。弟弟释放后,也不要多问原因。"

朱大公子离开庄生的家,但并没有离开楚国。他哪里知道,庄生虽然住在穷乡陋巷,在楚国却是一位德高望重的名士,连楚王都尊他为老师。

事实上,庄生压根就没想收取陶朱公的黄金。但他又担心引起朱大公子的误会,假如不收下的话,朱大公子一定会以为这是拒绝替他办事。庄生对妻子说:"这是陶朱公的钱财,千万不能动用,等事成之后再如数归还于他。"

庄生进宫面见楚王,说:"日前夜观星象,发现某星宿突然移位,这对楚国有极大危害。"楚王谦恭地向老师请教:"那该如何是好?"庄生说:"大赦天下,避灾免祸。"于是,楚国都城贴满了某月某日大赦天下的告示。

朱大公子当然也看到了告示,高兴之余,心中却隐隐作痛。于是,他决定向庄生讨还那一千镒黄金,便再次来到了庄生的家。见到朱大公子,庄生非常吃惊:"你没有离开楚国吗?"朱大公子说:"楚国即将大赦天下,弟弟自然会得到释放。所以,我今天特意来向您告辞。"

庄生是何等的睿智,当然明白朱大公子登门的意思,便说:"你的黄金都在这里,请你拉走吧。"朱大公子心中暗自庆幸,黄金又回到了自己手中。

一种被小儿羞辱、戏耍、出卖的感觉,强烈地刺激着庄生的神经,他的自尊心受到了极大伤害。于是他决定再次进宫,面见楚王。

他对楚王说:"最近,都城上下议论纷纷,陶朱公的儿子在楚国杀人后被囚禁,大王您是因为害怕陶朱公,不得已才大赦天下的。"楚王听后大怒:"我虽无德,又怎会因为陶朱公的儿子布施恩惠呢?"于是下令,在大赦之日的前一天,杀掉了陶朱公的儿子。

朱大公子带着弟弟的尸体,离开了楚国。回家后,发现家里早已准备好弟弟的灵堂,似乎早就知道了弟弟被杀的消息。陶朱公说:"钱财如刀,可救人亦可杀人;钱财如水,既载舟也能覆舟。"

知子莫若父。范蠡是何等的智慧,他当然知道惜钱如命的朱大公子救不了弟弟,他之所以还要派大公子前往,关键还在于他拗不过"面子"二字。在朱大公子看来,父亲不派他去救弟弟,说明他就是一个不肖之子。与其颜面扫地,还不如死了更好。为了"颜面",他可以不要"性命"。

庄生的行为,也在于"面子"二字。像庄生这种安守清贫的高士,视金钱、官位如粪土,什么都可以不要,就是不能不要面子。

惜钱如命的朱大公子,因为"面子",可以不要自己的"性命";范蠡和庄生为了自己的"面子",也不惜朱二公子的"性命"。在他们看来,"面子"是做人的底线,当然比"性命"更加重要。

这是春秋末期的故事。每次看过以后,我都非常感慨。智慧如范蠡者,居然也因为"面子",连儿子的"性命"都在所不惜,这是何等的迂腐、何等的悲壮!可是他没有办法,做人的底线和原则,必须用生命来捍卫。

　　这又是何等的境界!在当今这个物欲横流、人心浮躁的现实社会,做人的底线与原则似乎早已经被人们遗忘。有些人,为了个人的一己私利,甚至连人格都可以不讲,"面子"又算是什么东西?

　　真希望年轻的朋友,都来读一读陶朱公的故事。

在港珠澳大桥担任总监期间,程志虎检查桥位钢箱梁内涂层质量

管理的逻辑（三则）

企业核心管理层的人才组合

一个企业的核心管理层大都由两种类型的人才组合而成：一类是领导型人才，他们的特长是具备过人的眼光、决断的魄力、冒险的精神、杀伐的勇气和独特的魅力；他们的弱点，是不注重过程和细节，往往也缺少相应的专业能力。另一类是管理型人才，他们的组织、沟通、实施、综合和专业能力都不同一般；他们的弱点，是缺乏感召力、开拓能力和敢于孤注一掷的牺牲精神。

事实上，大多数公司的核心管理层，都不是纯粹的领导型或者管理型人才，而是兼而有之。有些人领导素质较强，另一些人则管理能力突出。那种放在哪里都是天然领袖，干起活来又变成管理核心，不管干什么都能出彩的人，实在是凤毛麟角，可遇而不可求。眼下流行的 CEO 角色，在理论上就是为这样的人设置的。如果有了这样的人，企业想不发展也难。

但在现实生活中，那种请他领而导之，却领不了多远；让他管而理之，也管不出个名堂的人，倒是随处可见。由这些人组成团队，企业求生存也许有机会，谋发展就有点强人所难了。所谓"千军易得，一将难求"，自古皆然。

一个企业核心管理层的人才组合，往往与企业的生命周期有关。在企业的创立初期，迫切需要的当然是领导型人才。十几个人，七八支枪，施展管理才能的空间有限。最让人寝食难安的问题是如何确立企业的商业模式，以最低的成本和最快的速度拿出自己的产品、技术或者服务，然后在市场上打开局面。这时候，企业核心人物的想象力、创造力和凝聚力至关重要，他们能带动员工的士气，克服初创期的种种艰难。

在企业的成长期，管理型人才的作用会逐渐体现。随着企业的业务定型、规模扩大和工作流程的专业化，那些管理学上中规中矩的一招一式就成为提高企业效益的关键。

到了企业的成熟期，领导型人才的重要性再次凸显出来。随着市场条件或者竞争环境的变化，需要对企业的发展愿景、中长期目标、盈利能力、核心业务、资质业绩、客户关系、核心竞争力、企业文化、行业影响力等进行深入梳理，尤其需要对企业赖以生存和发展的商业模式进行重新审视。这时，如果具备综合领导素质的人才能够处于主导地位，审时度势，带领企业迅速调整，也许还能创造出辉煌的第二春。如果企业已经失去了这样的人才，就必然走向衰败期，面临破产或被人兼并的重大考验。

一个企业核心管理层的人才组合，也和它的运行机制和管理规则有关。如果企业有绝对控股的大股东，那他必然扮演领导者的地位。如果企业的股权相对分散，谁能成为领导者则要看内部竞争的结果了。虽然一般企业的章程都会明文规定领导者与管理者的分工，但规则制度与人性本能的冲突却无处不在。

对权力的欲望和利益的追求往往会压倒理性的分析和既定的规则。一个强势的领导者,可能理所当然地认为自己是全能之才;而一个强势的管理者,则可能情不自禁地想象自己是一家之主。角色错乱和角色替代是企业领导者与管理者关系中最容易出现的问题。

我们常常会看到一个企业拥有一个明星般的领袖人物,而其他管理者只是可有可无的龙套。它可以今天不可思议地一炮而红,也可以明天不明不白地一败涂地,完全没有稳定性可言。

我们也常常看到一个企业里挤满了西服革履的管理专才,可都是既无个性也无创意的批量产品。他们可以保证公司的正常运转,却很难让它超常发展,到处充满了确定性而没给人以想象空间。

所以,只有领导者而无管理者的企业是可怕的,只有管理者而无领导者的企业是可悲的。

一个企业的人才组合,还和它所从事的行业有关。以传统的监理行业为例,好像还没听说一家商业模式很好而管理不良的公司,倒是看到大多数企业都在生存与发展之路上苦苦挣扎。曾经,在某些机会的庇护和引导下,监理企业如雨后春笋,可谓"乱世英雄起四方,有枪便是草头王"。一个小小的监理公司,就算再没有人才资源、没有高端技术,只要有一支基本队伍,有一定客户关系,凭借内地无比巨大的市场,挣一点小钱是不存在问题的。更有甚者,扯一面旗帜作为挂靠,凭特定关系揽一个项目,拉一批人组成"监理机构",就能够帮助某些监理企业完成"激情扩张"。

潮水退去,这些企业的商业模式经不起推敲的毛病暴露无遗。而这又岂是靠加强管理所能解决的? 我想起了"三湾改编"。1927年9月底,毛泽东在江西永新县三湾村,领导了举世闻名的"三湾改编"。"三湾改编"初步解决了如何把以农民及旧军人为主要成分的革命军队建设成为一支无产阶级新型人民军队的问题,创造性地确立了"党指挥枪""支部建在连上"等一整套崭新的治军方略,从政治上、组织上保证了党对军队的绝对领导,是中国共产党建设新型人民军队最早的一次成功探索和实践。无疑,"三湾改编"为监理企业的人才战略提供了可借鉴的成功经验。

一个企业的人才组合更和它的企业文化有关。美国的现代企业制度主流追求的是领导能力与管理能力的合二为一,CEO成了一个公司的关键岗位,董事长是谁反而没那么重要了。欧洲的公司大都比较传统,决策与执行泾渭分明。在我们这个正在走向市场经济的国家,企业制度五花八门,远远没有定型。血缘、姻缘、地缘、人缘等等这些曾在农业社会中扮演决定性角色的因素,今天或多或少地仍旧在企业的人才组合中起作用。许多企业虽然基本上抄袭了美国的体制,但实际的领导与管理机制如何就只有天知道了。

界定好领导者、管理者以及二者的关系,对一个企业来说至关重要。如果还不够成熟,无法靠制度顺利解决二者的选拔、分工、合作和更替,就只能期待当事者的悟性了。古训曰:人贵有自知之明。之所以贵,难得也。没有公认的游戏规则,又缺乏自知之明,那我们至今已经看过不少的关于领导者与管理者的喜剧、悲剧、闹剧甚至滑稽剧,还会长盛不衰地演绎下去。

管理的"透明度"

增加"透明度",能够体现一种"公平"精神。我们追求"一碗水要端平",当然也会有"端不平"的时候,需要给大家一个说法,让大家能够理解和接受。提高"透明度",主动接受"群众监督",能够减少"猜疑",增加凝聚力。

我的师兄顾思远曾经在日本读书、工作过若干年,他讲过一个故事:在日本的公司里,老板给员工发工资是不透明的,每人一个信封,互相之间并不摸底。有一天,正赶上发工资,恰巧他们课长出差了,财务人员或许是出于疏忽,将密封在一个信封里的工资放在了课长的桌子上。下班时间早已经到了,谁也没有回家的意思。终于有一个老兄出头了,拿起装着课长工资的信封,爬上办公桌,踮起脚尖将信封凑到日光灯管旁。不约而同地,十几个人的头居然全部伸了过来,企图透过信封看到里面工资的数额……

看来,人的本性都是一样的,日本人也不例外。与其让大家互相猜忌,将"秘密"公开或许更有凝聚力。大家并不排斥差异,合理的差异是能够接受的,不能接受的是"不公平"。

有些管理者喜欢玩这种"秘密把戏",或许也在于"激励"。这种对少数人激励的结果,造成了对大多数人的伤害,弊端多多。

从这个意义上说,日本人的管理,也不过如此。

向"失败"学习

失败的经历,是人生最宝贵的财富之一。向失败学习,就是要从失败的案例中找到失败的原因,总结失败的教训,进而帮助我们避免重蹈覆辙。

向失败学习,需要勇气和智慧。首先要承认曾经的失败,其次要善于从失败中汲取营养。人的一生,有谁没有经历过失败? 或许,人生经验中最宝贵的原始积累,正是来源于一次又一次的失败。

失败,总是人们所不愿意遭遇的。试想,有谁不愿意获得成功呢? 正因为如此,当失败降临,留在我们心中的痛楚和记忆,将会无比深刻。静下心来,对失败案例认真地进行回顾,对案例所涉及的各类主客观因素进行解剖和分析,必将能够从失败的案例中找到导致失败的直接原因和间接原因,帮助我们总结出许多有益的经验教训和人生感悟。

"卑怯的人叹息沉吟,而勇者却面向光明,抬起他们纯洁的眼睛。"勇于"面对失败",敢于"总结失败",善于"学习失败",体现了企业管理者的坦然心境,也是企业走向成熟的一个标志。

生命只有一次

"3·21"响水爆炸事故已经过去了一些天。这起造成78人死亡、566人受伤的恶性爆炸事故留在我心中的悲愤,始终挥之不去。多么惨痛的教训啊!一声爆炸,数万人遭了殃,方圆数百里更是一片狼藉。

"3·21"响水爆炸事故不是近年来我国化工企业安全事故中最大的,却是最惨烈的一次。在深感悲恸之余,也让我们对"安全生产"有了更惨痛的认知。安全生产无小事,安全责任大于天!

在媒体公布的视频中,有几个画面让我最为触动:事发前工厂内"安全人人抓、幸福千万家""生命只有一次,安全伴随一生"等几幅醒目标语,高高悬挂在头顶,迎风飘扬。

类似的画面,相信对于一个监理工程师来说,都不会感到陌生。无论是走进工厂,还是走进工地,各式各样醒目的安全生产口号、安全标语随处可见,"消除隐患,安全生产""安全是生命,质量是保证""眼睛里容不得一粒沙土,安全来不得半点马虎""安全第一,预防为主""安全来于警惕,事故出于麻痹""安全无小事,责任重泰山""遵章守法、关爱生命""防微杜渐,警钟长鸣""以人为本、关注安全"等等,五花八门。

各色横幅,各种版本的标语,再就是各种会议上领导语重心长的讲话,如果缺乏强有力的手段和措施确保其落地生根,就只能成为一句流于形式的空洞口号,出事故是必然的。"3·21"响水爆炸事故再次以血淋淋的代价警示人们:安全生产绝不能流于形式和口号!

生命高于一切,安全重于泰山。要时刻绷紧这根弦,用最坚决的态度把红线画起来,真正把不得触碰的安全生产高压线画出来。把安全生产责任真正摆在前面,不是从口头上、书面上、标语上、展板上摆在前面,而是要把行动落在前面,关键在于落实安全生产主体责任,将安全生产责任覆盖全组织、全员、全业务以及各个环节。

安全生产是一门科学,是一项专业性、技术性、政策性和综合性非常强的工作。在不久前召开的中国交通建设股份有限公司安全生产会议上,宋海良总裁就中交未来的安全管理工作,提出的"三基四化十二到位"的理论,很有借鉴意义。

强化"三基"建设,筑牢安全的根基

所谓"三基",即基层、基础、基本功。抓基层,就是要强化项目现场、班组安全管理。抓基础,则要强化安全生产基础管理建设,以风险识别管理、隐患排查治理、应急救援管理为抓手,压实安全生产责任,落实现场安全措施,做实做细安全管理基础。抓基本功,则要强化技能训练,提升自身素质,进一步推动标准化的落地生根,从工艺、工法、技术及设备管理等方面入手,加强对标准规范的学习,全面提高安全管理的水平、能力与质量,夯实安全根基。

树立"四化"理念,提升安全的格局

遵循安全生产专业化管理

用先进的安全文化培育专业人才,用先进的安全技术升级专业能力,用先进的安全标准塑造行业优势。

推动安全生产标准化建设

抓好安全工作标准化管理,效率就会提高、风险就会变小、成本就会降低。

提高安全生产信息化水平

加快信息技术与安全生产的深度融合,全面提升安全生产风险管控、隐患排查治理和应急预警响应的信息化水平。

追求安全生产精细化管理

要转变粗放式、经验式的管理,开发、采取最适用的管理工具与手段,把"精、准、严、实"落实到安全管理工作的每个环节。

落实"十二到位",构建高效安全管理体系

安全总体认识到位

从领导班子到基层项目,思想上都要时刻绷紧安全这根弦,以最坚决的态度强化"红线"意识,真正使安全生产成为不能碰、不敢碰的"高压线"。要把安全生产责任始终挺在最前面,落实安全生产责任主体,纵向到人,横向到边;抓实责任考核与追究;要把项目安全放在首位。

风险识别分析策划到位

防祸于未萌,图患于将来。要对工程中存在的风险进行全面辨识,明确项目风险分级管控和隐患排查治理的重点,制订有效措施并切实落实、强化隐患排查治理工作,严防风险演变,严防隐患升级。

体系制度建设到位

没有规矩,不成方圆。制度要体现"严"字当头,在适应性制度建设上,朝着"内容更科学、程序更严密、配套更完备、运行更有效"的目标加快统筹推进。领导干部要强化政治领导责任,在制度执行上要作出表率。

安全措施落实到位

安全生产问题不是独立的,而是各种因素相互作用的结果。有些事故绝非仅仅是外因所致,还叠加串联了各种内部原因。比如粗线条管理、责任不能落实到行动上、管理氛围"上热下冷"、管理工作"头重脚轻"等。各级党委、纪检监察和安监部门要敢于动真碰硬,利用各种督导形式和管理手段,狠抓安全措施落实工作,实施全过程监督、全周期追责。

有效刚性培训到位

将安全培训当做职工最好的福利! 安全生产事故频发的主要原因之一,在于员工安全

意识、综合素质、专业能力和安全习惯不到位。要突破这一瓶颈,需要通过培训改变员工的安全态度,完善他们的知识结构,提高个人安全技能,培养他们的制度执行习惯。

资源配置到位

适应安全技术进步的趋势以及满足现代社会治理体系的要求,加强管理权限、技术装备、专业人才等全要素的配置。特别要加强新技术、新设备、新手段的推广,一些存在安全隐患的设备该淘汰的要淘汰,推出一些新的设备时还要配套相关的安全培训,要搭建好信息化的平台,依托大数据采集、分析和管理技术,实现安全管理业务和信息的集成。

安全管理组织与能力到位

加强组织和能力适应性建设,是应对安全生产形势变化的客观需要,是增强安全生产统筹力、引领力和管控力的需要。按照"监管分离"原则,安全和生产两个系统要有错位,既要合又要分,注重分合结合;全面推行安全总监制度,按要求进行监管机构人员配备;有人专业从事安全管理工作,有人履行"一岗双责",从不同维度开展好安全工作。

动态监督检查落实到位

监管是安全之眼,要遵循"全过程、全方位、全周期"规律;安全督查坚持"动态实施、闭合管理、常抓不懈";同时突出"点、线、面、体、质"五方面结合。总部部门、所属企业要各司其职,上下协同,形成合力,做到监督检查"动态化、全覆盖、无死角"。

奖惩机制落实到位

必须严肃责任追究和经济奖惩机制。项目安全生产"零伤亡""零事故"的,要实施相应的奖励机制;出了事故的要给予相应的处罚。正面要激励,反面要约束,实行双重保障。

应急管理与应急处置到位

把应急管理工作提升到战略层面,增强"坚守生命安全红线,强化应急救援最后一道防线"的能力。统筹用好人才、产业、技术资源,把握基层、基础两个重心,提升应急管理的联防联动水平,构建指挥统一、反应迅速、协调有序、运转高效的应急管理机制。

经验教训的总结、吸取、分享到位

安全生产是一项长期的、复杂的系统工程。搞几次安全大检查不能完全排除隐患,对违法违规人员严肃问责也不能完全消弭不良影响。在"大反思、大反省、大提升"的基础上,举一反三,发生事故就要从领导到基层,自上而下做好经验教训总结分享,认真查找管理中的漏洞和问题,强化安全风险意识,提高风险识别和现场管控能力,严防同类事故再次或多次发生。

安全文化建设到位

安全文化是企业文化建设中最重要的一环,开展安全文化建设要以项目文化为载体,项目文化要以安全文化为主导,突出"生命至上"的道德文明,深化"珍爱生命"的价值认同。

当前,我国交通建设的安全生产形势依然十分严峻,突发性、复杂性特点仍然突出,把握性、可控性仍然不强。中国交通建设股份有限公司总裁宋海良关于进一步提升安全管理工作的"三基四化十二到位"的论述,从宏观、中观、微观三个层面,准确把握新时代下安全生产工作的新要求,多维度认识安全生产的极端重要性,对整个交通行业的安全生产工作都有十分重要的指导意义。

生命至上,安全第一。让我们一起为"3·21"响水化工厂爆炸事故中的伤难者默诵祈愿,愿逝者安息,伤者平安,生者坚强!

程志虎在港珠澳大桥桥位进行现场质量安全检查

心在远方，路在脚下

2019 年 4 月 20 日，由中国工程院、重庆市人民政府主办，中国工程院工程管理学部、华中科技大学、重庆市住房和城乡建设委员会、重庆市科学技术局、重庆现代建筑产业发展研究院承办的"中国建造 2035 战略研究"启动会在重庆召开。

作为中国工程院立项的国家重点咨询研究项目，"中国建造 2035 战略研究"的总体思路是以智能建造为技术支撑，以建筑工业化为产业路径，以绿色建造为发展目标，以建造国际化提升企业品牌和国际竞争力，制订"中国建造"高质量发展战略规划，实现工程建造的转型升级，促进工程建造的可持续高质量发展。

笔者有幸参加了"中国建造 2035 战略研究"项目的启动大会，感触颇深。今日与大家分享的，是"中国建造 2035 战略研究"项目的有关背景、研究内容以及此次会议上部分知名专家的建议。

项目背景

当前，新一轮科技革命正掀起产业变革的浪潮，数字化、网络化和智能化正与各行业深度融合，争夺前沿制高点的国际科技竞争日趋激烈。我国虽已成为举世瞩目的建造大国，但与世界先进水平相比仍有差距。产品性能欠佳、资源浪费巨大、安全问题突出、环境污染严重、生产效益低下等痛点问题影响着中国建造的高质量发展。在此背景下，中国建造该如何抓住科技革命的历史机遇，借鉴发达国家的创新发展经验，结合我国国情和宏观战略，走出一条具有中国特色的高质量发展之路？

为回答上述问题，中国工程院立项重点咨询研究项目"中国建造 2035 战略研究"，以期发挥院士群体的智力优势，推进产学研深度融合，针对行业痛点问题，从产品创新、技术进步、管理提升、市场竞争以及制度设计等方面规划中国建造全球竞争力提升的关键路径，进而提出中国建造高质量发展的战略对策与建议。

项目启动

2019 年 4 月 20 日，"中国建造 2035 战略研究"启动大会在重庆召开。来自中国工程院、住房和城乡建设部、重庆市政府、项目参加单位及有关企业的 170 余位院士、领导、专家、学者和企业代表齐聚山城，共襄盛举，为中国建造高质量发展路径建言献策。

启动会开幕式由中国工程院工程管理学部主任胡文瑞院士主持。中国工程院副院长何华武院士、住房和城乡建设部建筑市场监管司张毅司长、住房和城乡建设部标准定额司苏蕴山司长、重庆市人民政府陆克华副市长先后致辞。

开题报告与讨论由 2018 年度国家最高科学技术奖获得者、中国工程院钱七虎院士主持。项目负责人丁烈云院士作项目开题汇报，介绍了项目的总体研究思路与框架。随后，骆汉宾教授、吴刚教授、李启明教授、刘贵文教授、王广斌教授等课题组负责人分别介绍了各个课题的研究思路、技术路线、研究目标及进度安排等内容。

项目内容

"中国建造2035战略研究"主要包含6个课题,分别为"中国建造未来三十年发展目标与战略路径""中国智能建造工程""中国新型工业化建造""中国建造全球化发展""中国绿色建造工程""中国建造组织与机制创新"。

课题一:中国建造未来三十年发展目标与战略路径

围绕中国建造该"往哪走"以及"怎么走"问题,课题通过梳理全球工程建造变革发展现状与趋势,立足于未来我国国民经济高质量发展对工程建造发展提出的新需求和新挑战,面向全球工程建造竞争最前沿,从产品绿色化创新、技术智能化升级、市场全球化拓展、建造方式工业化转型以及组织管理生态化治理等方面规划我国工程建造全球竞争力转型升级的战略要点与关键路径,研究面向"中国建造2035"的战略目标及创新路径。

课题二:中国智能建造工程

聚焦全球工程建造技术智能化发展前沿,立足于我国工程建造技术发展实践,围绕我国工程软件、工程物联网、工程大数据以及工程机械等重点领域,明确我国工程建造由机械化到数字化再到智能化的转型发展阶段目标,建立我国工程建造智能化系统框架。

课题三:中国新型工业化建造

面向我国建筑工业化在行业标准、技术体系、政策引导、专业人才、构件生产、精装交付以及综合效益等方面存在的问题,围绕工程建造工业化流程,从"设计-生产-建造-运维服务"产业链各环节入手,厘清智能制造与工程建造创新之间的系统联系,提出以材料和工具装备数字化创新为驱动的工业化建造发展战略,并为技术与产业发展政策提出建议。

课题四:中国建造全球化发展

为回答"如何建设全球工程建造强国"和"如何塑造中国建造国际品牌"两方面问题,通过对中国工程建造的全球化现状进行分析,研究中国实现工程建造全球化面临的机会和风险以及具有的资源和成功要素,提出总目标及分阶段目标,制定提高中国工程建造国际竞争力和塑造中国工程建造国际品牌的战略,并在此基础上提出相关的政策建议。

课题五:中国绿色建造工程

通过系统梳理全球绿色建造发展历程、现状与趋势,从"产品-过程-服务"多维度描绘我国工程建造绿色化发展战略目标体系;并围绕绿色建造发展目标,通过技术创新、模式创新、制度创新,制定中国绿色建造发展的方向性路径、技术性路径和体系性路径。

课题六:中国建造组织与机制创新

立足于我国的基本国情,围绕行业管理体制、市场运行机制、生产组织模式、人才培养体系等关键问题,研究面向中国建造2035新情境下绿色智能建造、新型工业化建造和全球化发展战略需要的建造体制、机制及人才培养发展的创新模式,为实现中国建造的高质量发展提供基础保障。

专家建议

孙永福院士、郭重庆院士、卢春房院士、黄维和院士、肖绪文院士、钮新强院士分别对课题汇报内容提出了相关建议。

BIM(建筑信息模型)技术在建筑行业的应用较为广泛、标准相对完善,但难以覆盖铁路、交通等其他专业领域,主要问题在于行业 BIM 软件平台的欠缺。因此,需要加大软件平台的研发力度,持续完善 BIM 标准,不断深化 BIM 技术在各专业的应用,并推进 BIM 技术与通用信息化技术、管理系统等其他专业技术融合,向多阶段集成化、协同化和普及化方向发展。

中国建造 2035 年战略研究应纳入投资和成本方面的考虑。工程建设的重点是靠投资产出效果,脱离了产出效果,工程难以为继。另一方面,中国建造 2035 年战略研究还应考虑中国建筑的美学,建出令人赏心悦目的房子。

课题需要找准研究问题,在问题突出以后有针对性地在战略层次提出突破点。智能建造首先面临数据质量和数据来源的问题,铁路数字化建设需要基于信息物理基础的信息化平台,以提高数据挖掘的智能化水平。工业化、装配化体现的是标准化的设计、工厂化的生产、装配式的施工,这个过程如何与技术创新、管理创新结合起来;如何发挥而不是约束设计人员创新的思想;在工业化的道路上,如何发挥优势同时预防弊病,走一条更健康的道路,所以问题找准是关键。

中国建造和中国制造一样将会出现拐点,那么拐点的下半场是什么?应该是数字化、网络化、智能化。整个产业的发展应该是物理系统、信息系统和社会系统的三元融合,人和人、人和物、物和物之间相融合,智慧在云,智慧在端,这是中国建造的发展之路。

建造的概念不仅包含新工程的建造,还应包括既有工程的养护维修和持续改造。首先,目前我国基础设施存量非常大,后续的更新和持续改造将是重点。其次,战略突破应考虑一体化建造,一是在技术研究、攻关方面应该打造行业部门间的阻隔,实现一体化;二是在建设过程中能够实现一体化规划、建设和使用。

中国建造 2035 年战略研究的最终目标是可持续,为了实现这个目标,应该至少有科技进步和工程建造技术以及政府、企业、项目多因素的工程建造过程管理两个维度的保障。在技术维度上,不光要关注技术的发展,还应集成已有的技术,争取整体性提升;在管理维度上,应从方法论层次将相关的管理理念应用于工程产业的管理。

随着人们生活水平的提高,中国已基本进入小康社会,人们对建筑的需求、对建筑质量的需求越来越高,因此精益建造应该是中国建造 2035 年战略研究的重要内容,提升精益建造水平迫在眉睫。

当前的中国建造忽视了标准体系的建立,标准体系相对落后,国际认同度低。针对这个问题,首先,我们需要体系上的变革,打破部门之间的壁垒;其次,标准应纳入以人为本、绿色发展的理念；最后，应在推进标准认同度方面下功夫，标准的落后带来的是基础性的落后和竞争的落后。

心在远方，路在脚下。"中国建造2035战略研究"项目的全面启动，意味着我国由建造大国向建造强国又迈出了坚实的一步。

程志虎与朋友在建设一线结下深厚情谊

经营的逻辑（六则）

"听到风，就是雨"，是我为中咨公路工程监理咨询有限公司"经营工作微信群"所起的名字。看到这个名字，群里很多员工都给出了面带会心微笑的表情包，当然也有部分员工表示很难理解，希望我能够解读一下。于是，我陆续在群里写下了几段文字，简要阐述我对经营工作的一些认识与感悟。

经营的秘诀

企业的经营工作是一个永远也说不清、道不明的敏感话题。二十余年来，笔者一直担任国有咨询监理企业的领导职务。我参与过的经营实战以及参加过的各类经营会议和专题研讨，早已多到记不清了；认真研读过的各类经营书籍和资料，也堆满了书架；甚至，我还尝试进行过一些理论研究，试图找到大师们口中侃侃而谈的"经营秘诀"。然而，除了为数不多的成功案例，那些刻骨铭心的记忆，大都是失败的教训。始终，我也没有找到制胜的经营法宝。

显然，这是非常遗憾的。不过，这些年在经营工作中摸爬滚打的坎坷经历，尤其是那些铭心刻骨的失败记忆，对我来说却是一笔最宝贵的财富。笔者认为，监理咨询企业经营管理，体现在"道、法、术、器"四个层面，没有也不该有所谓的"经营秘诀"。如果我们从"商道"的高度来看待企业的经营管理工作，那么，唯有"顺天应人""诚实守信""合同履约"以及不断提升"核心竞争能力""持续发展力"，才是监理咨询企业经营工作的基本逻辑。

听到风，就是雨

"听到风，就是雨"，原意只是一句带有调侃和讽刺味道的民间俗语，意思是说，某些人听到什么消息后，不看对方说话时的语境（比如大家在一起说笑话），也不去考证消息的真伪，不仅100％信以为真了，还立即作出了应对措施，付诸了实践行动。显然，这是非常鲁莽甚至是愚蠢的行为。

不过，这种"蠢人精神"用在我们的经营工作中却是非常恰当的。经营工作的一个核心理念，就是要善于捕捉各类经营信息，不放过任何一个经营机会。没有"听到风，就是雨"的蠢人精神，"麻木不仁、不闻不问"，或者"自作聪明、随意放弃"，都会造成很严重的后果。

或许有人会说，风就是风，雨就是雨，刮风不见得就一定会下雨。说得不错！有时候，风虽然刮得很大，但老天就是不肯下雨。风，能否真正地转变成雨，还有许多约束条件，比如说季节、天气的变化。一般的规律是，下雨前总会刮风，刮风是下雨的前兆。换一句话说，风未必能够"转化"成雨，下雨却很少见到不刮风的时候。期待着雨的到来，就要密切关注风的消息，对风进行观察、判断和跟踪，这一点尤为重要。

对应于我们的经营工作，"风"就是"信息"，"雨"就是"合同"。置身于当今以信息爆炸为特征的移动互联网时代，并非每一条信息都是"有效经营信息"；即便是"有效经营信息"，也不见得都能够转化为"经济合同"。然而，如果我们忽视日常经营工作中获得的这些普通信息,"有效经营信息"又从何而来呢?我们所期待的"经济合同",又从何谈起呢?由此可见,犹如风之于雨,经营信息之于经营工作是何等的重要。

　　建立"听到风,就是雨"经营工作微信群的目的,就是要建立一个经营信息的发布与交流平台,广泛收集各类第一手经营信息,进而由经营部门对这些信息进行登记、甄别、判断和跟踪。不管这些第一手经营信息是否能够成为"有效经营信息",更不管最终是否能够转变成"经济合同",我们都不能放过任何一个经营信息。没有"听到风,就是雨"的蠢人精神,我们的经营工作将一事无成。

　　需要提醒的是,经过甄别、判断、跟踪后的有效经营信息,是公司的核心机密之一。作为一个"透明的黑体","听到风,就是雨"平台上的有效信息,对本群的所有成员来说都是公开、透明的,但对于本群成员以外的任何人,信息是封闭的。恪守保密准则,不向外透露和泄露任何有效的经营信息,也是经营工作的基本逻辑。

拿项目、做项目和管项目

　　对一家监理企业来说,经营管理的核心内容,归纳起来就三件事:拿项目、做项目和管项目。项目拿得多,做得精,管得好,企业的经济效益、信誉和品牌形象就好,企业就能够走上健康可持续发展的快车道。如果长时间拿不到项目,拿到项目又做不精、管不好,企业则必然会陷入生存与发展的恶性循环,四面楚歌,危机四伏。

　　拿项目、做项目与管项目,三者之间既相互关联、相互交叉又相互依存。如果经营部门根本拿不到项目,项目操作与项目管理部门又何谈做项目、管项目呢?反之,尽管有了项目,项目操作部门却不能够有效地组织实施,现场监理项目部不能切实履行监理职责,而项目管理部门也不能对监理工作进行有效的监督控制,则必然导致项目履约过程中产生一系列问题,甚至发生安全质量责任事故,进而受到业主投诉、政府工程建设主管部门处罚,被通报、被驱逐,甚至陷入法律纠纷难以自拔,企业又如何能够进一步拿到新的项目呢?

　　拿项目,就是通常所说的"经营"工作,当然是最重要的。一家监理企业每年必须完成一定数额的新签合同,才能做到"家里有粮,心里不慌"。然而,企业能否拿到项目,取决于外部的政策环境和市场环境,更取决于自身的经营能力和履约能力,过程中环节复杂,影响因素众多。

　　"经营"二字,最能够反映企业的核心价值观,是企业核心竞争能力的综合体现。企业的经营工作,也绝不仅仅是"经营管理部门"的事情,与每一个职能部门都有密切的关联,与公司的每一个员工尤其是在项目一线履行监理职责的监理人员的职业行为,也有密切的关联。只有把项目做精、把项目管好,企业才能拿到更多的项目。从这个意义上说,把项目做精、把项目管好,是经营工作的重要逻辑。

无事要登三宝殿

　　俗话说,"无事不登三宝殿"。然而,在我们的经营工作中,必须反其道而行之,"无事要登三宝殿""常回头看看",此所谓"人亲不如腿亲"。

　　关注客户的满意度和市场需求,确保客户利益最大化,是监理企业生存与发展的内在需求,也是监理企业经营管理的重要举措。监理企业的老总们必须定期或不定期地拜访客户,尤其回访那些已完成项目的业主和相关单位,听取他们的反馈意见和要求,这对进一步获取客户的信任,提升企业的核心竞争能力,意义重大。

我在走访中,常常能够听到项目业主对某些监理公司的抱怨。比较集中的看法是,许多监理公司在中标前后判若两人,尽管在投标前许了很多愿,中标后却难以兑现。在项目实施过程中,监理项目部人员数量不足、资质不够以及人员素质与能力低下等问题层出不穷,向监理公司反映却得不到及时回复和有效整改。对此,项目业主很有意见。

营造良好的客户关系,首先注重做人与做事的道理。有人说做人做事需要技巧,但我认为做人做事必须讲诚信。朋友之间如果不讲诚信,朋友会离你而去;生意场上不讲诚信,那么就没有人愿意再与你做生意。就我个人来说,无论情况多么艰难,只要是我答应的事情,我一定会做到。做人实实在在,做事规规矩矩,诚信是最核心的经营逻辑。

"三草"理论

我的好朋友罗庆强先生,曾经用"三草"理论诙谐地阐述了他对经营工作的独到见解。他说:"好马要吃回头草,兔子专吃窝边草,老牛更需吃嫩草。"

"为什么不呢?"看着我惊讶地瞪大了眼睛,他补充说,"经营工作,就是要抓住一切能够抓得住的机会。"细细想来,他讲得很有道理。只是,他充满机会主义色彩的"三草"理论,听起来总是让人感觉有点儿粗俗。

经营工作从来都是讲究机会的。寻找机会,发现机会,捕捉机会,不放过任何一个机会,也是经营工作的基本逻辑。

通过公平竞争获得项目的能力

多年来我一直在思考,我们的经营工作究竟靠什么?归纳起来,监理企业经营工作的成败取决于以下若干个方面:商业模式、体制机制、资质状况、业绩状况、人才资源、技术支持与保障体系、安全质量管理体系、政策环境、市场状况、客户关系、竞争对手、行业地位、影响力、信用等级与口碑等等。

让我震惊和遗憾的是,在交通监理行业已经走过了 30 年光辉历程的今天,依然有一些监理咨询企业(包括某些具有相当规模的国有企业),除了关系、手段、人情和行业保护,似乎再也找不到经营工作的突破口了。这种状态再不改变,这些企业必将被淘汰。

通过公平竞争获得项目的能力,是企业的核心竞争能力的综合体现,蕴含着"经营逻辑"的全部内涵。如果要对这种能力进行深入解读,我还得再写一篇专题文章。

一扇未上锁的门

今日与大家分享的,有些是我亲身经历的故事,也有从网络上读到的故事。故事虽小,却能让我们悟出大道理。在我看来,一个人智慧的高低,并不完全取决于他的智商的高低。很多时候,锁住我们的,不是门上的锁,而是心中的锁。打开悬挂在心灵上的锁,需要改变看待问题的角度和思维方法。

我的微信朋友圈,恰是一扇未上锁的门。希望我的好朋友们都能够推开这扇门走进来坐坐聊聊,和我一起共同打开悬挂在我们心灵上的那把锁。我这里有上好的碧螺春,期待着有那么一天,你正好来,我也正好在。

一扇未上锁的门

不久前的一个夜晚,在我家小区的住宅楼门口,我遇到了一件令人啼笑皆非的有趣事。

晚上十点半左右,因为忘带了电子门禁卡,一位老兄果真是倒霉透顶,站在楼门口苦苦等了十余分钟,居然没碰到一个出来进去的其他人。当他看见我从外面走来的时候,远远地就抬起手对我打招呼,激动、喜悦的表情让我深受感染。

这个时间点确实比较尴尬,在小区里跳舞的大妈们早已经回家休息了,从楼里出来的人也明显减少。我有些内疚,其实约莫 10 分钟前我已经看到他在门口晃悠了,只因为微信运动显示的走路步数还差 800 步,我就又在小区里走了一大圈,没想到他还等在门口。于是,我一边加快步伐向他走去,一边从口袋里掏出了电子门禁卡。就在我离大门还有三四步的时候,这位老兄已经迫不及待地伸手拉住了大门的扶手。

"吱嘎"一声,大门已然打开!天哪,这扇门今日晚上居然根本就没有上锁!因为惊讶,我手里的电子门禁卡也"咣当"一下掉在了地上。那位老兄呢,一脸尴尬地对我苦笑了一下,头也不回向电梯口疾步走去……

此情此景,让我无比感慨。一伸手就能拉开的门,却把这位老兄整整锁在外面十余分钟。或许,很多人听了这个故事以后,甚至会嘲笑和怀疑这位老兄的智商:"即便这扇门平时总是上锁的,站在门口苦苦等了十余分钟,为什么不伸手去拉一下门呢?"

事后诸葛亮,大错而特错。事实上,根本用不着去怀疑这位老兄的智商,这样的事情如果发生在你我身上,结果或许也是如此。在我们的现实生活和工作中,我相信这样的案例比比皆是。很显然,这扇门虽然没有上锁,但我们大多数人的心门之上,却早已经实实在在地上了一把锁。

打开悬挂在心灵上的锁,需要改变看待问题的角度和思维方法。很多事情,如果换一种做法,结果可能大不一样。

盲人的灯笼

《盲人点灯》的故事相信大家都听到过,说的是一个盲人到亲戚家做客的趣事。

晚饭后,盲人要回家了。好心的亲戚为他点了一盏灯笼,对他说:"天太黑,你打个灯笼吧!"盲人非常生气,火冒三丈地对亲戚说:"你明明知道我是一个盲人,还特意给我打个灯笼照路,这不是嘲笑我吗?"亲戚和蔼地说:"你一个人在路上走,看不到别人;别人也在路上走,因为天黑也看不清你。如果你打着一个灯笼,别人就可以远远地看到你,当然就不可能撞到你了。"盲人听后,连声道歉,便提着灯笼上路了。

故事虽小,却充满哲理。要学会系统地思考,不能单从自己的角度看问题,必须把自己放到整个环境体系中去考虑。

《哥伦布的鸡蛋》

《哥伦布的鸡蛋》也是一个网络小故事,真实性当然无从考证。俗话说,"故事里的事,说是就是,说不是就不是"。是与不是,都只是一个故事。

话说哥伦布发现了美洲新大陆,许多人不以为然,认为他只不过是运气好而已。在一次盛大的宴会上,一位贵族向他发难道:"哥伦布先生,我们谁都知道,美洲就在那儿,你不过是凑巧先上去罢了! 如果换成我们去,一样也能够发现。"

面对责难,哥伦布灵机一动,拿起了桌上一个鸡蛋对大家说:"女士们、先生们,你们谁能够把鸡蛋立在桌子上?"

大家跃跃欲试,却一个个败下阵来。哥伦布微微一笑,拿起鸡蛋,在桌上轻轻一磕,就把鸡蛋立在了那儿。哥伦布随后说:"是的,就这么简单。发现美洲确实不难,就像立起这个鸡蛋一样容易。但是诸位,在我没有立起它之前,你们谁又做到了呢?"

这个故事很有味道。在哥伦布看来,创新就这么简单,关键在于你敢不敢想,肯不肯做。从本质上看,创新更表现在认识与解决问题的新思想、新方法和新角度上。

我的微信朋友圈

与大多数人一样,多年以来我几乎每天都要与互联网打交道。对我来说,上班后的第一件事就是打开电脑,处理电子邮件。然而,似乎就在不知不觉之间,我们已经进入了移动互联网时代。功能强大的手机早已替代了电脑,成为人们生活中不可分割的重要伙伴。

手机上的信息,浩如烟海。除了非常有针对性地检索,我平时并不喜欢在网上漫游。手机上什么都有,内容包罗万象,版面的设计又那么精美、诱人,在网上漫游就像进入了一个多彩迷宫,层层叠叠,无穷无尽,不知不觉地,你早已迷失了自己。更可恨的是,那些不断弹出的广告页面,像恶魔一样紧紧缠绕着你,如影随形,驱之不散,恣意践踏着你的神经,考验你的耐心。我有时在想,这与"绑票"有什么两样吗?

我喜欢看书,尤其是阅读纸质的书籍和期刊早已成为一种习惯。与大多数人相比,我看书的速度通常比较慢,如果看到比较喜欢的、耐人寻味的段落,我往往会反反复复看好几遍。然而,或许是平时的工作生活太过于忙碌,或许是手机的功能太过于强大,这两年来我似乎从来也没有完整地阅读过一本书,说出来真是惭愧。

我喜欢读报。厚厚一堆报纸拿在手上,总能找到我想要看的东西。有些新闻,看到标题也就足够了。值得停下来仔细阅读的,往往是那些精彩的专栏文章、那些触及时事的尖锐评论、经营管理的经验教训、富有哲理的人生感悟,再就是一些简短的文学作品。我最钟爱的,还是那些简短的、富有哲理的人生感悟,总能让人联想到现实生活和工作中的许多事情,给予我们很多有益的启迪。

有时候看到好的文章,我也会产生写一点东西的冲动。然而,我的愿望总是很难兑现,忙是一个理由,好像又不完全是这样。想写的、要写的内容似乎太多,彼此在逻辑上、在情感上又相互牵扯,很难将思路理得很顺。于是乎,我便先将这些触发我写作愿望的好文章收集在一起,等将来有时间再看、再读、再写,或许还会有新的启迪。

不过,这终究不是一个解决方案。无论是冲动,还是灵感,往往都是一闪念的东西,持续不了多长时间。时过境迁,即便同样的事情再次在眼前发生,也不一定会产生当初的感慨,甚至连当初记录事件、发表感慨的热情,都难以捕捉了。

于是乎,我再次想起了微信朋友圈。早在两年前,在朋友建议下我注册了微信朋友圈。本意很单纯,将平时看书读报的心得体会、发生在身边的故事、快乐的抑或痛苦的经历与感受、对人对事的一些感慨,以及工作生活中的一些照片,与朋友们分享。

不过,我很少在微信朋友圈发表文章。并非因为懒散,只是我这个人太过于直率,从来不愿意隐瞒自己的真实想法和观点,在文章中少不了对事对人的分析和批评,一旦在微信朋友圈中传扬出去,闹不好会影响到同事、朋友之间的关系。有些事既然发生了,是非功过自在人心,何必再去分析评论呢。

转念一想,似乎也不尽然。人之为人,在于人的思想与情感,在于必须有自己独立的人格和判断。将自己的真实想法隐藏起来,甚至一味迎合别人的意见,去做违心的事、说违心的话,我当然不是这样的人。

微信朋友圈对于我,或许只是一个记录的工具,就像大学时代我坚持了数年的日记。它最大的好处在于,逼迫着你必须克服平时懒散的坏习惯,把发生在自己身边的故事和感慨记录下来。就算我做不到每周写一篇像样的文章,但一个月总得要写一篇了吧!

我的微信朋友圈,是一扇未上锁的门。从今天起,我的观察,我的思考,我的快乐,我的悲伤,我的感动,我的愤怒……连同我的工作与生活,都会忠实地记录在我的微信朋友圈之中,我将持之以恒。

希望我的朋友们,推开这扇门进来坐坐聊聊,和我一起共同打开悬挂在我们心灵上的锁。或许,将来有一天,当我面对心动不再心动、面对愤怒不再愤怒、面对悲伤不再悲伤……果真如此的话,我的微信朋友圈将从此关闭。

解读港珠澳大桥(一)

在漫漫人生旅途中,六年时间或许非常短暂。对我来说,担任港珠澳大桥主桥工程SB01标总监的六年,却是十分难得的,也是弥足珍贵的。港珠澳大桥把我的人生带入了一个全新的境界,让我深刻体验到超级工程的博大精深,也遭遇到前所未有的严峻挑战,更收获了作为一个职业监理工程师的尊严和荣耀。或许,这是上天赐予的缘分。

我的故事,并不传奇。依然有那么多的朋友,一如既往地关心和关注着我与港珠澳大桥,让我既感动又忐忑。我当然明白,朋友们虽然很关心我,但更关心港珠澳大桥。值此港珠澳大桥即将通车一周年之际,我将收集整理的一些材料,包括我对超级工程的一些解读、听到看到或亲身经历的动人故事,陆续写出来与朋友们分享,希望大家批评指正。

习近平主席亲临开通仪式并宣布大桥开通

2018 年 10 月 23 日清晨,珠江口千帆竞发,大湾区天朗气清。伶仃洋上,云开日出,烟波浩渺,海天一色,清风徐来,港珠澳大桥如一条巨龙飞腾在湛蓝的大海之上。镶嵌在青州航道桥 160 米高索塔上部那对"中国结",在初升阳光下格外耀眼醒目。历经约 30 年酝酿、6 年全面系统论证、9 年艰苦卓绝建设的港珠澳大桥,完美地呈现在世人面前。

这一天,注定是一个具有里程碑意义的日子,也是我永生难忘的日子。当日上午,港珠澳大桥开通仪式在珠海举行。中共中央总书记、国家主席、中央军委主席习近平亲临开通仪式,宣布港珠澳大桥正式开通并巡览大桥,代表党中央向参与大桥设计、建设、监理、施工和管理的广大建设者致以衷心的感谢和诚挚的问候。

开通仪式在珠海口岸旅检大楼出境大厅举行。9 时 30 分,伴随着欢快的迎宾曲,习近平等步入仪式现场,全场起立鼓掌。在观看了大桥建设的相关视频后,中共中央政治局委员、广东省委书记李希,香港特别行政区行政长官林郑月娥,澳门特别行政区行政长官崔世安和中共中央政治局常委、国务院副总理韩正先后致辞。10 时许,习近平走上了主席台,宣布:"港珠澳大桥正式开通!"全场响起热烈掌声。

开通仪式结束后,习近平等乘车巡览港珠澳大桥。在东人工岛,习近平亲切接见了大桥施工和管理方面的代表,同他们一一握手、亲切交谈。习近平主席说:"港珠澳大桥是国家工程、国之重器。你们参与了大桥的设计、建设和运维,发挥聪明才智,克服了许多世界级难题,集成了世界上最先进的管理技术和经验,保质保量完成了任务。"习近平强调,港珠澳大桥的建设创下多项世界之最,非常了不起,体现了一个国家逢山开路、遇水架桥的奋斗精神,体现了我国综合国力、自主创新能力,体现了勇创世界一流的民族志气。这是一座圆梦桥、同心桥、自信桥、复兴桥。

在港珠澳大桥成千上万的建设者当中,我是幸运的。作为建设者代表,我荣幸地得到邀请并参加了开通仪式,见证了港珠澳大桥开通的历史性时刻,近距离、面对面目睹了习近平主席的领袖风采和人格魅力。当晚,我难以抑制心中的激动,在微信朋友圈中写下了我的感慨:"回首六年多担任 SB01 标总监理工程师以来对于港珠澳大桥的倾情投入、所遭遇的磨难以及所收获的成就和荣耀,此刻的我,竟然不知道从何说起……"

从"桥梁大国"到"桥梁强国"

港珠澳大桥项目跨越伶仃洋,东接香港,西接珠海和澳门,是"一国两制"框架下粤港澳三地首次合作建设的超大型跨海交通集群工程。这座中国交通建设史上规模最大、技术最复杂、标准最高、集桥岛隧为一体的交通集群工程,是中国迈向桥梁强国的里程碑项目,凝聚着几代中国交通人的"桥梁强国梦"。

从开工的第一天起,港珠澳大桥工程就在不断地创造着一个又一个新的纪录。试举一例,港珠澳大桥海中桥梁全长约 22.9 公里,上部结构全部采用钢箱梁,钢板用量达 42 万吨,相当于 10 座鸟巢或 60 座埃菲尔铁塔的用钢量。工程量如此之大,在中国的钢结构桥梁工程中,亘古未有。

量变的结果,往往能够引起质的跃升。港珠澳大桥创造性地提出了"大型化、工厂化、标准化、装配化"的理念,把天上的活拿到地上来干,把野外的活拿到工厂里来干,把海上的活拿到陆地上来干。具体方法,就是通过"工厂化""标准化"的构件预制,以实现"大型化""装配化"的快速施工,这样,工程的安全质量也更能得到保证。

港珠澳大桥工程的钢结构体量巨大,也迫使中铁山桥集团有限公司等桥梁钢结构制造企业在生产基地、技术装备、设施和成套技术等方面都进行了一次脱胎换骨的升级。智能化焊接机器人以及一系列新方法、新技术、新工艺、新装备、新手段的投入使用,促进了我国钢桥加工制造行业的技术进步,使之走到了全世界的前列。

港珠澳大桥管理局总工程师苏权科说,港珠澳大桥是一座名副其实的创新之桥,遭遇了一系列世界级的挑战与考验,实现了一系列创新突破,也形成了一系列"中国标准"。

港珠澳大桥是干出来的。数万名建设者舍小家为国家,几年如一日矢志不渝地坚守在伶仃洋上。在人工岛闷热潮湿的基坑中,在钢箱梁狭小缺氧的空间内,建设者心无旁骛,毅然把超级工程的责任扛在肩上;当 E1 管节持续 96 小时沉放安装、E15 管节三次浮运两次返航,大自然以其神秘莫测的力量考验着我们的生理和心理极限时,建设者如履薄冰,坚韧执著;当超强台风"天鸽""山竹"以排山倒海之势向大桥直扑而来时,我们的建设者依然坚守在桥上,大桥毫发无损,人员安然无恙。港珠澳大桥的建造水平和工程质量,接受了大自然最严苛的特殊检验。

港珠澳大桥管理局党委书记朱永灵说:"港珠澳大桥作为一座丰碑,将永远铭记全体建设者爱岗敬业、精益求精的工匠精神,敢闯敢试、永攀高峰的创新精神,海纳百川、兼容并蓄的开放精神,逢山开路、遇水架桥的奋斗精神。"

大湾区:三地共赢开新篇

一桥飞架粤港澳,三地共赢开新篇。港珠澳大桥通车运营已近一年,不仅得到了三地政府和民众的普遍认可,也得到了国际同行的高度赞誉。南海之滨的这片热土,已经张开了推动改革巨轮破浪前行的强劲风帆。以港珠澳大桥为龙头的交通基础设施,打通了粤港澳三地互联互通的"任督二脉",世界级大湾区的中国样本已经形成。

港珠澳大桥如同一根巨型杠杆,撬动着珠江两岸的经济发展。"这 55 公里连接的不仅是粤港澳三地,未来因它而形成的 5.6 万平方公里区域,将是继东京湾区、纽约湾区、旧金山湾区之后,世界经济版图上又一个闪耀全球的经济增长极。"2017 年央视纪录片《辉煌中国》这样讲述。

香港是全球重要的国际经济、金融、商业、贸易和航运中心,大桥为其开辟了向西的跨海通道;澳门正在加快发展会展旅游、文化创意、跨境金融、中医药等特色产业,推动经济适度多元化,大桥则极大地拓展了其腹地空间;珠海作为珠江口西岸的核心城市,大桥使其成了内地唯一与港澳陆路相连的城市。

一桥连三地,唇齿更相依。港珠澳大桥,开启了大湾区一小时生活圈、经济圈,人员流动和居住将更加方便,物资流动将更加顺畅,创新资源将加快聚集……怀抱着建设一流大湾区和世界级城市群的宏伟愿景,粤港澳合作正以崭新的姿态阔步前行。

新珠海:一个伟大的时代已经开启

站在情侣路远远向东望去,港珠澳大桥宛若蛟龙,腾跃于蔚蓝色的海面上。高高镶嵌在青州航道桥索塔上部的那对"中国结",凝聚着三地的期盼,也寄寓着三地携手共进、珠联璧合的美好愿望。港珠澳大桥的建成通车,也圆了珠海人的世纪大桥梦。

港珠澳大桥,让珠海成为珠江西岸与港澳互联互通的"桥头堡",为经济特区的"二次创业"带来了全新的战略发展机遇。首先,一桥贯通,带来的是交通格局的彻底改变。原本"毗邻香港、接壤澳门"的珠海,已经成为内地唯一与港澳陆路相连的城市,昔日的交通末梢一跃成为珠江西岸的综合交通枢纽。其次,借助港珠澳大桥和大湾区国家战略的双推动,珠海正积极将横琴建设成为带动整个经济特区进一步腾飞的"发动机"。

港珠澳大桥通车以来,珠海正以更高层次的开放整合全球优势资源。中以科技创新投资大会、中拉国际博览会、海上丝绸之路国际传播论坛,一系列国际盛会接踵而至。据了解,目前在横琴注册的港澳投资企业已经超过 2500 家;横琴澳门青年创业谷业已成为粤港澳青年创业的热土……

随着港珠澳大桥拉动效应的进一步彰显,粤港澳三地的深度融合将进入新的纪元,珠海也将在三地合作中愈发光彩夺目。一个伟大的时代已经开启,一部宏大的大湾区建设史诗正在书写。

一场震撼心灵的交响音乐会

——解读港珠澳大桥(二)

旭日从东方海面冉冉升起

超级工程的魅力影像点滴重现

成千上万建设者的激情震撼耳畔

坚毅与梦想的步履始终向前

……

2019年6月6日晚,一场桥梁文化的"音乐盛宴",大型交响音乐会"梦桥——致敬港珠澳大桥"在中国国家大剧院音乐厅首演。这是一场向港珠澳大桥和港珠澳大桥建设者们致敬的交响音乐会。在中国交响乐团100多名音乐艺术家的联袂倾情演绎下,这场盛会从多个维度展现了港珠澳大桥之风采,热情地讴歌了中国桥梁建设者和港珠澳大桥精神。

这场音乐会由享誉国际乐坛的著名指挥家李心草先生执棒中国交响乐团演出。被誉为"东方帕格尼尼"、享誉世界的小提琴大师吕思清先生,当代大提琴领军人物之一、中国"十大"大提琴演奏家娜木拉女士,中国"十大"青年钢琴家元杰先生和中国"十大"青年古筝演奏家苏畅女士等众多中国古典音乐一线演奏家,在音乐会上重磅亮相。

"海上天路如巨龙,三地至此无西东。"从海面到海底,见高低各有异,走蜿蜒通曲直,这正是一篇"超级工程"——港珠澳大桥的壮丽组曲。"梦桥"音乐会,以艺术家们精彩的演出,奏响每一个与桥梁共鸣的音符。激扬的旋律,时而娓娓道来,时而惊心动魄,时而深情绵长,激发了现场观众的共鸣共情,令聆听者情绪万千,为之动容。

不知不觉之中,我仿佛又回到了那段波澜壮阔、跌宕起伏、峰回路转的奋斗岁月……

五大乐章呈现大桥的孕育与诞生

交响组曲《梦桥》,由中国当代青年作曲家方岽清历时三年、深入港珠澳大桥工程第一线倾心创作。整体音乐的细节把控缜密到位:有恢宏,有力量,有激情,有温暖,有柔美,有气势,有深刻,有魂魄!涵盖了自然、历史、人文、情怀以及展望,是一部专门讴歌中国桥梁建设者、讴歌港珠澳大桥精神的交响音乐作品。

《梦桥》共五个乐章:"献给岁月""献给历史""献给建设者""献给大海"和"献给港珠澳大桥",全曲时长将近50分钟,全方位立体呈现了港珠澳大桥从孕育到成功建造的过程,讴歌了港珠澳大桥建设者为民族筑梦、为国家奉献的牺牲精神,爱岗敬业、精益求精的工匠精神,敢闯敢试、永攀高峰的创新精神,海纳百川、兼容并蓄的开放精神,逢山开路、遇水架桥的奋斗精神。

"献给岁月"(交响序曲)用音符刻画了港珠澳大桥漫长的建设岁月。庄严而厚重的弦乐,奏出整部交响乐的主题,港珠澳大桥的雄姿逐渐清晰,一幕幕宏伟的画面在眼前展现,带我们走进时间的长河,一起重温和感受建桥人的拼搏与梦想。整个乐章充满张力与强烈的戏剧性对比。气势磅礴的音响,展示了港珠澳大桥从孕育到诞生的过程。

"献给历史"(古筝协奏曲)中,古筝与西洋交响乐共鸣,对话历史,对话伶仃,对话港珠澳大桥。两千多年的筝乐穿越时空,一个民族的坚毅与梦想,跨越百年奔涌而来。作曲家选用古筝这一中国传统乐器作为独奏开始,表现民族音乐气息的悠远、深沉。该乐章再现了文天祥过"伶仃洋"的悲壮画面,通过几座大桥的建设史,展现了中华民族不屈不挠的奋斗精神。

"献给建设者"(钢琴协奏曲)中,作曲家选用钢琴营造出打击乐的震撼效果,表现了桥梁建设者心怀理想和激流勇进的征程。刚毅、专注、奉献、创新、突破……港珠澳大桥建设者时刻在与时间赛跑,用智慧、意志、力量筑造了"新世界七大奇迹"之一的超级工程。在这一乐章,极富变化的节奏与源源不断的律动,在钢琴华彩(Cadenza)段落展现后,主题再一次被强有力地奏响,力量与律动之美跃然眼前。

"献给大海"(大提琴协奏曲)中,作曲家选用大提琴这一宽广而充满情感的乐器来向自然致敬,呈现了大海与工程、人类与自然和谐共处的美好画面。唯美而感人至深的旋律,时而隐没于乐队之中,时而又飘荡于音波之上,眼前浮现的是建桥人的身影,他们将美好年华献给了港珠澳大桥,也献给了这片大海。

"献给港珠澳大桥"(进行曲)中,缓缓东升的旭日映衬在海面,一条巨龙横跨伶仃洋。这一进行曲乐章,描绘了历经三千多个日日夜夜建设而成的港珠澳大桥的宏伟雄姿,翻开了中国桥梁建设的新篇章。音符在慢慢增长的律动中,汇聚成一股巨大的力量,将整部作品推向高潮。

音乐会上,还演奏了方岽清的小提琴、钢琴双协奏曲《思念》和大提琴协奏曲《使命》,表达了对老一辈和那些逝去的桥梁人的思念,以及桥梁人对未来使命的担当。五个乐章演奏结束后,方岽清将交响组曲《梦桥》的总谱,亲手赠送给了港珠澳大桥的建设者。

港珠澳大桥精神的核心内涵

交响组曲《梦桥》,是 1949 年以来第一部以如此大的体量,专门体现中国桥梁建设者的交响音乐作品;对港珠澳大桥精神进行了热情的讴歌。

在音乐会开场,方岽清与央视著名主持人敬一丹进行了简短对话,在谈起自己的创作历程时,他掩饰不住内心的激动:2015 年,我第一次踏上港珠澳大桥的采风之旅。当仰望大桥上正在吊装的"中国结"的那一刻,一股温暖的爱国情结腾然升起,那一刻,港珠澳大桥让我体会到什么是国家的强盛之梦,什么是气势磅礴的中国力量!超级工程数以万计的建设者们,在艰苦卓绝的开拓创新中诠释了劳动者在长期奋斗中培育、继承和发展起来的民族之魂和工匠精神。人民是历史的创造者,是伟大民族精神的孕育者。

方岽清先生在这段话中提到的"强国之梦""中国力量""民族之魂""工匠精神"以及"民族精神"等,是对"港珠澳大桥精神"最朴素的解读。

作为港珠澳大桥的建设者、决策者,朱永灵对港珠澳大桥精神的解读是"爱岗敬业、精益求精的工匠精神,敢闯敢试、永攀高峰的创新精神,海纳百川、兼容并蓄的开放精神,逢山开路、遇水架桥的奋斗精神"。

2019年2月11日,交通运输部、国务院国资委、中华全国总工会在《关于开展向港珠澳大桥建设者学习的决定》中指出:"港珠澳大桥建设者是坚持中国道路、弘扬中国精神、凝聚中国力量的杰出代表,他们以高度的主人翁责任感、卓越的劳动创造、忘我的拼搏奉献,为广大建设者、劳动者树立了学习的榜样。学习宣传港珠澳大桥建设者逢山开路、遇水架桥的奋斗精神,对深入学习领会习近平总书记重要指示精神,推动高质量发展、建设现代化经济体系具有重要意义。"

逢山开路、遇水架桥的奋斗精神,是官方对港珠澳大桥精神的权威解读。港珠澳大桥精神的核心内涵,具体表现在:

忠诚担当,坚守梦想。从难以置信的梦想,到充满期待的愿景,再到今日的超级工程,港珠澳大桥是一部历经跋涉的逐梦担当之作,是一群人对梦想不忘初心的执着坚守。

开放融合,勇于创新。学习借鉴国外先进技术,消化吸收再创造,力求集世界之大成。面对技术空白,自主研发出多项核心技术,克服了多项世界级难题。

攻坚克难,勇创一流。打破了海上桥梁工程极限,打破了国内通常的"百年惯例",制定了120年的设计标准。在新技术、新工艺、新材料、新设备等方面积极开展科技攻关,一系列探索创新使我国路桥建设技术和能力达到了世界领先水平。

敬业专注,精益求精。"世纪工程"凝聚着全体建设者的劳动、创造和奉献,一个个平凡的人,认真坚定地完成一项项平凡的工作,成就了不平凡的伟大工程。

坚韧不拔,团结奉献。遥望繁华、坚守寂寞,港珠澳大桥建设者肩扛为国建桥的责任与担当,日夜与钢筋、混凝土为伴,朝夕与海风、浪涌为伍,默默承受着各种生理和心理的极限挑战,用团结一心的奉献精神,汇聚成战胜一切困难和挑战的磅礴力量。

这场交响音乐会已经过去很长时间了,那一曲曲荡气回肠的旋律至今仿佛还在耳畔回响,为人们所津津乐道。港珠澳大桥岛隧工程首席咨询专家李英博士说:"这是音乐与桥梁融合,工程师和艺术家的握手,港珠澳大桥建设者呕心沥血完成了一件传世精品,艺术家用音乐语言将港珠澳大桥的精神充分地展现出来。作为港珠澳大桥的建设者,此刻我感受到肩上的另外一份责任,就是要把港珠澳大桥的精神不断地传承下去。"

此刻,我感受到肩上的责任,沉甸甸的。

超级工程，超级监理

——解读港珠澳大桥(三)

"是我们成就了港珠澳大桥，还是港珠澳大桥成就了我和你？"这是不久前在"港珠澳大桥工程监理研讨会"上，一位监理工程师的发言。这句话，初听起来感觉有些骄妄，细细想想，似乎又饱含深意。这让我想起了罗大佑的歌曲《一样的月光》里那句经典唱词："谁能告诉我，谁能告诉我！是我们改变了世界，还是世界改变了我和你？一样的月光……一样的笑容，一样的泪水，一样的我和你。"

对监理工程师来说，能够参建港珠澳大桥超级工程，虽然幸运，却也艰辛。参与港珠澳大桥超级工程，监理所面临的挑战、所承受的压力、所经历的磨难以及所发挥的作用，其中的酸甜苦辣，只有监理工程师自己体会最深。

在当今国际化、信息化、全球化的时代背景下，港珠澳大桥的监理实践，作为一个典型的成功案例，具有很强的示范性和导向性，为中国交通建设监理行业的高质量发展积累了许多可资借鉴的宝贵经验。

超级工程，需要超级监理。港珠澳大桥工程的自然条件复杂、工程技术难度高，所在的伶仃洋海域通航条件复杂、环保要求高，海中隧道、人工岛、钢结构工程都具有世界级难度。大量新材料、新方法、新技术、新工艺、新装备、新手段的交叉融合与成功运用，对监理单位和监理人员提出了一系列新的技术要求。

项目规模宏大，建设目标超高

港珠澳大桥工程集岛、隧、桥于一体，跨越伶仃洋，东接香港特别行政区，西接广东省珠海市和澳门特别行政区，是"一国两制"框架下粤港澳三地首次合作建设的超大型跨海交通集群工程，工程总投资超过 1200 亿元。

港珠澳大桥的目标定位为："建设世界级跨海通道、为用户提供优质服务、成为地标性建筑。"世界级跨海通道的另一层涵义，就是在伶仃洋海域架设一座融合经济、文化和心理之桥梁，使广东、香港、澳门成为"世界级的区域中心"。为用户提供优质服务，主要是指保障全寿命有效服务、实现运营和谐性，要求在设计阶段就应该一并考虑工程建成后养护、维修和管理的问题，真正做到"可达、可检、可修、可换"。地标性建筑则指从功能概念、行业概念和心理概念上均成为地标，使港珠澳大桥具有独特的历史、文化和美学价值，实现可持续发展。

共建共管，社会高度关注

港珠澳大桥连接香港、珠海、澳门三地，由广东、香港、澳门三地政府共同建设，受到高度关注。

为充分体现三地政府共建共管特点，项目法人和三地政府在交通、航道、海事、渔业、水利、环保等方面的责权利,通过《三地政府协议》等界定。工程管理中,在质量、安全和信息管理等方面,大家借鉴了国内外各行业的优秀管理经验,立足自主创新并在全球范围整合优质资源,积极推行履约基础上的合作伙伴关系。

使用寿命超长,技术标准最高

港珠澳大桥设计使用寿命120年,按照"就高不就低"原则取用三地标准,遵循"安全、适用、耐久、美观、环保、经济、先进、成熟"的原则,要求同时满足内地、香港、澳门三地建设标准要求。

值得关注的是,设计寿命120年使用标准的提出,并无现行国际或国内标准作为基本依据。如何准确理解使用寿命120年的内涵,以及如何将设计寿命120年的使用标准转化为港珠澳大桥钢结构工程的设计规范和验收标准,成为港珠澳大桥工程必须破解的世界级难题。

作业条件恶劣,安全和环保要求苛刻

港珠澳大桥工程穿越珠江口中华白海豚保护区,外海恶劣的海洋环境、繁忙的航运交通、高空作业、深海作业、中华白海豚保护、渔业资源保护等对工程施工的安全环保工作提出了非常高的要求。港珠澳大桥工程要求所有监理项目部都要成立 HSE［Health(健康)、Safety(安全)和 Environment(环境)的缩写］专职部门,编制 HSE 管理手册,每月要单独编制 HSE 工作月报。

关键技术创新,跨界交叉融合

港珠澳大桥工程自然条件复杂、工程技术难度高,隧道、人工岛、钢结构工程具有世界级难度。外海厚软基大回淤超长沉管隧道建设技术、外海厚软基桥隧转换人工岛建设技术、40多万吨钢箱梁的自动化及智能化生产制造技术、海上装配化桥梁建设关键技术、混凝土结构120年使用寿命保障技术、防灾减灾及节能环保技术、大面积钢桥面铺装技术等,一大批新材料、新方法、新技术、新工艺、新装备、新手段的交叉与融合,以及跨行业、跨领域的成功运用,极大地推动了桥梁行业的技术进步和转型升级。

量变带来质变,钢桥脱胎换骨

近十年来,国内建造了许多同类桥型中世界排名前十的特大型钢结构桥梁,用钢量一般都在2万吨至3万吨规模,钢结构加工制造通常需要1年至2年时间。港珠澳大桥钢箱梁制造的规模逾40万吨,这在世界范围内都极其罕见。量变的结果,往往能够引起质的跃升。为确保能够在合同工期内实现集中、连续不间断的供梁,中铁山桥集团有限公司、中铁宝桥集团有限公司、武昌船舶重工集团有限公司、上海振华重工(集团)股份有限公司等参建制造企业,在生产基地、技术装备、设施和成套技术等方面都进行了一次脱胎换骨的升级。

山桥产业园、中山拼装基地(马鞍岛)的建成,U形肋坡口数控成型技术、U形肋自动组装定位技术、反变形多头机器人智能焊接技术、电弧跟踪技术、焊接数据信息化系统、长线法拼装技术、相控阵超声检测技术,以及自动化、智能化焊接设备、2000吨级大型起重设备、超长钢箱梁拼装胎架等一大批新工艺、新装备、新手段以及成套技术装备的开发与运用,让"百年山桥"焕发出无限的创新活力,走到了全世界钢桥加工制造行业的最前列。

工程理念先进,质量管控严格

港珠澳大桥超级工程的核心理念,包括全寿命周期规划,需求引导设计,大型化、标准化、工厂化、装配化,立足自主创新,整合全球优势资源,以及以合同履约为基础的一桥各方关系,对监理单位和监理工程师的技术能力与专业水平提出了严峻的挑战。

现代桥梁工程的发展趋势之一,是"工厂化、大型化、装配化和标准化"。"把天上的活拿到地上来干,把野外的活拿到工厂里来干,把海上的活拿到陆地上来干",具体的办法,就是通过"工厂化""标准化"的构件预制,实现"大型化""装配化"的快速施工,从而使安全、质量得到保证。

港珠澳大桥管理局专门委托成立了测量控制中心,聘请了咨询人、QM(质量管理)顾问及施工监控机构,从制度上、技术上提供了良好的保障机制;QM 方面,采用 QMS(质量管理系统)审查、产品认证制度,推行标准化、制度化管理;信息管理方面,全面推行计算机信息管理系统,监理过程的各种记录和资料及时录入信息管理系统。

参建单位众多,协调难度极大

港珠澳大桥工程规模超大,分部分项工程多,工作界面多,接口众多,系统复杂。仅桥梁工程钢箱梁制造所涉及的单位就包括项目业主(港珠澳大桥管理局由粤港澳三方共同组建)、设计人、制造单位、咨询人、质量管理顾问、质量控制中心、第三方监测单位、试验检测中心,以及承包商、分包商、监理单位等,无论在组织上还是在技术上接口均十分复杂。如何理顺一桥多方的工作关系与接口,步调一致地协同作战,项目组织管理的难度极大。

2018 年 2 月 6 日,港珠澳大桥超级工程完成主体工程交工验收。交工验收会议结论认定,项目全面实施了"大型化、工厂化、标准化、装配化"的工业化建设理念,质量管理体系完善,工程实体质量控制达到预期目标,工程质量评分为 99.17 分,为广东省历年来公路工程交工验收最高分。

超级工程造就了超级监理。来自国内的十几家知名监理检测企业,包括铁四院湖北工程监理咨询有限公司、中国船级社实业公司、广州南华工程咨询管理有限公司、西安方舟工程咨询有限责任公司、广东华路交通科技有限公司、重庆中宇工程咨询监理有限责任公司等,来自国外的知名咨询公司包括美国 AECOM 公司、丹麦 COWI 公司、荷兰隧道工程咨询公司等,以及数百名监理、咨询与检测工程师,在为超级工程作出巨大贡献的同时,自身的职业人生也攀上了一个新的巅峰,进入了一个全新的境界。

参与港珠澳大桥监理的单位,都是中国交通监理行业中的佼佼者;参与港珠澳大桥超级工程的数百名监理、咨询与检测工程师们,更是这个行业中出类拔萃的职业精英,是当之无愧的超级监理。他们在超级工程监理过程中所遭遇的挑战、所承受的压力、所经历的磨难以及所发挥的作用,将被中国交通监理的行业永远铭记。

逼出来的创新

——解读港珠澳大桥（四）

港珠澳大桥工程创造了多项世界纪录，创新理念贯穿始终。以主桥工程钢结构工程为例，"大型化、工厂化、标准化、装配化"理念的提出，钢箱梁板单元自动化、智能化生产线以及一大批新技术、新方法、新手段、新工艺和新设备的相继开发与成功运用，让中国由桥梁大国迈入了桥梁强国之列。

创新充满艰辛

创新的过程是非常痛苦的，也是充满艰辛的。项目规模大、技术标准严、质量要求高、建设周期短，如何迅速提升制造产能和质量水平，确保实现集中、连续不间断地大规模供梁，是摆在桥梁钢结构加工制造企业面前必须攻克的一道难关。逼迫之下，中铁山桥、振华重工等参建钢箱梁制造企业，在生产基地、技术装备、设施和成套技术等方面都进行了一次脱胎换骨式的自动化、智能化创新升级，可谓凤凰涅槃、浴火重生。相应地，这一系列新技术、新方法、新手段、新工艺和新设备的创新应用，也促使钢箱梁制造监理围绕质量控制过程中的重点和难点进行了大胆的技术创新。

"工程，往往更依赖于成熟技术。港珠澳大桥主梁全部采用钢箱梁结构，用钢量达到42万吨，工期压力大，质量要求高，我们也是被逼无奈，不惜血本开发了这套自动化、智能化生产线及其配套技术，没想到居然走到了全世界钢桥制造的最前列。过程虽然艰难，但我们成功了，为此要特别感谢港珠澳大桥！"中铁山桥集团总工程师胡广瑞如是说。

逼出来的钢箱梁自动化、智能化生产线

说起来，这也算是一个故事。早在钢箱梁制造方案最终决策落地之前，交通运输部副部长、港珠澳大桥专家组组长冯正霖就特别担心，国内钢箱梁制造企业的产能能否确保实现集中、连续不间断的供梁？这个问题如果不能得到及时解决，港珠澳大桥的整体设计方案或许都需要推倒重来。

近30年来，国内建造了许许多多特大型钢结构桥梁，用钢量一般都在2万吨至3万吨规模；钢结构加工制造的周期，通常都在两年之内。调查发现，此前国内的钢箱梁几乎都是在40年前的老厂房里、利用20年前的装备生产出来的。最让人吃惊的是，国内早前那几座享誉世界的特大型桥梁如江苏润扬长江大桥、苏通长江大桥、杭州湾跨海大桥的钢箱梁，也都是在这种条件下生产出来的。同时，国外发达国家或地区的许多桥梁也是由国内加工制作并出口的。比如，美国的奥克兰海湾大桥的钢箱梁由上海振华重工加工制造，香港昂船洲大桥的钢箱梁由中铁山桥加工制作，质量也都很好。

这似乎有些奇怪。究其原因，笔者发现，国内的这些制造企业拥有一批非常优秀的焊接

工程师和焊工,从事钢结构监理检测的工程师们,其技术能力和职业素质也很高。但有一点也不能忽视,就是加工制造的周期特别长。昂船洲大桥用钢量仅 3.5 万吨,中铁山桥在一对一的监理模式下,花了整整 3 年时间,可谓精雕细刻。

质量虽然无懈可击,但制造工期很长,这对于港珠澳大桥来说是不可接受的。港珠澳大桥钢箱梁加工制造的合同工期只有 3 年,用钢量却高达 42 万吨。如果依然在此前的生产条件下采用常规组织模式进行生产,就算把国内所有钢结构制造产能都发挥出来,也不能满足进度要求。如果一味地追求进度,则会导致质量问题。

港珠澳大桥钢结构加工制造进度与质量的高要求,与落后的装备、产能与生产方式所构成的巨大矛盾,突兀地摆在了建设者面前。逼迫之下,港珠澳大桥建设者经过深入的调研和论证,大胆提出了"大型化、工厂化、标准化、装配化"的创新理念。具体说,就是要通过开发自动化、智能化技术装备与成套技术,包括开发板单元自动化生产、机器人全自动焊接等新技术、新装备和新手段,以实现桥梁钢结构制造的工业现代化。

创新,就这样被逼了出来。"四化"理念的提出并付诸工程实践,在国内桥梁界是第一次,最终取得了巨大的成功。经过艰苦的产品开发和调试,全球最早的两条钢箱梁板单元自动化、智能化生产线,先后落户中铁山桥集团的山桥产业园和武船重工的武汉阳逻制造基地。

钢箱梁自动化、智能化生产线为港珠澳大桥的建设立下了汗马功劳。港珠澳大桥 42 万吨钢箱梁结构,包括 130 个钢箱梁大节段,1424 个小节段,148 个组合梁大节段,江海桥 3 个海豚塔、九洲桥 2 个风帆塔,以及青州桥上 2 个中国结钢结构形撑及钢锚箱,制造进度与工程同步,制造质量达到了当今世界最高水平。

逼出来的监理创新

从广义上说,影响该工程质量、进度、费用、合同、安全、环保等方面的主要因素,都是监理控制的重点和难点。钢箱梁制造监理的创新,主要围绕监理工作的重点与难点而展开。

人员控制方面

具体说,港珠澳大桥工程对施工人员、技术人员、监理人员、检测人员、管理人员,无论在数量上还是在质量上,都提出了很高的要求。尤其对于从事钢结构工程的职业工程师,在资质、学历、经历、年龄、技术能力、工程经验、职业素质等方面,必须满足强制性要求。同时,在人员动态管理、活动监控、培训与继续教育等方面,监理单位也必须制订有针对性的控制方案和措施。

质量控制方面

钢结构制造监理的质量控制,不是简单的质量验收,而是全过程、全方位的质量控制。质量控制的具体手段包括对制造厂家技术力量、生产能力、设备状况、试验测试能力进行复核、文件审核、过程巡视、平行检测、抽检复核、试验见证、隐蔽工程验收、首制件验收、停止点检查、工序管理等。

原材料质量控制。包括生产所需的钢材、焊接材料、油漆、高强度螺栓,索塔钢结构塔身、混凝土塔中钢锚箱及索塔钢结构形撑制造所需的厚钢板以及部分重要结构部位焊接材料等,监理将对上述材料的采购、供应、验收和使用进行监督,并进行独立抽检。

精度与变形控制。钢箱梁高 4.5 米,仅就横隔板、纵隔板的加工制造来说,其精度要求非常高,特别是锯齿形横隔板的焊接收缩补偿量的预留,要平均分配到每一档加劲肋之中,需要重点控制。再就是与加工制造、焊接、拼装、存放、运输、吊装等过程密切相关的变形问题,需要在每一个阶段采用针对性控制措施。

梁段制作、预拼装的控制。对梁段制作严格执行"停止点报验制度",未经监理工程师签认,不得进入下一道工序。钢箱梁预拼装的控制重点,内容主要包括对胎架的控制,对焊接接头试验的控制,对预拼装过程中构件变形的控制,对焊接过程的控制,对钢箱梁尺寸测量的控制,对预拼装总体线形测量的控制等。另外,对首批钢箱梁的验评工作也十分重要。

焊接质量控制。影响焊接质量的因素众多,其中焊接人员的技术能力、焊接工艺的评定、焊接工艺的过程控制、焊接检验等,都是监理工作的重点与难点;特别是,港珠澳大桥桥位地处南海伶仃洋上,盐度高、湿度大、风力强、雨天多,工地环境因素对焊接质量的影响最为突出。

无损检测可靠性控制(相控阵 UT)。焊缝是一种特殊的隐蔽工程,需要借助先进的无损检测手段,对焊缝的质量进行检测。事实上,无损检测技术的可靠性受到一系列不确定因素的影响,需要进行严格控制。为此,监理单位必须加强对试验检测工作的监督与控制,同时应按照一定的比例,对钢结构焊缝进行平行检测。

腐蚀与防护(涂装质量控制)。对涂装质量进行控制的重点,包括对涂装工艺进行试验评审,对油漆商所供应的涂装材料进行进货检验,以及对钢材表面预处理(油污、抛丸、喷底漆、烘干等)、零部件及节段的二次除锈、表面清洁、表面粗糙度、涂膜检查、涂装修补、涂膜保护措施等进行监督检查。

项目管理方面

港珠澳大桥工程项目涉及的咨询单位、设计单位、承包商、分包商、监理单位等,有近百家之多。施工管理与组织协调的难点和重点,首先在于监理内部配合默契、行为一致,其次在于监理人员能否实现与设计单位、制造企业、建设单位、施工企业、政府监督等部门进行充分沟通。对此,钢结构 SB01 标总监办采取了总监例会、总监巡查、总监点兵、总监约谈、总监论道、专题协调等一系列行之有效的管理办法。

创新,是被逼出来的。这或将成为工程哲学的一个命题,引起广泛的争论。港珠澳大桥被业界誉为桥梁界的"珠穆朗玛峰",遭遇到一系列世界级难题,仅仅依赖传统的成熟技术是远远不够的,逼迫着大家必须运用创新理念,革故鼎新。

工程难题解决了,便实现了工程创新。

大桥之歌

————解读港珠澳大桥(五)

人世间有很多尴尬的事情,一不留神就能够碰上。这不,编辑部让我对港珠澳大桥进行"解读",我呢,居然不知天高地厚地答应了下来,结果让我十分尴尬。如果当初把题目确定为"我与港珠澳大桥",或许我的"虎说"会从容许多。

各类报纸杂志对港珠澳大桥的介绍和报道可谓"铺天盖地",大家也都已经十分熟悉。有鉴于此,我的"解读"是决不能再继续下去了。即便是"'虎'说八道",总不能当真"胡说八道"吧? 为弥补过失,结合我的故事,与大家分享几首歌曲吧。

《有一个美丽的传说》

"有一个美丽的传说,精美的石头会唱歌;它能给勇敢者以智慧,也能给善良者以欢乐……"

歌唱家柳石明先生这首脍炙人口的歌曲,曲调是那样的优美舒展,声音是那样的高亢清亮,意境是那样的美妙动人。每次听到这首歌曲,我总会情不自禁地跟着唱起来,心中充满无限的遐想。这些年来,我到过世界上许多遥远的地方,神奇的九寨沟,险峻的大峡谷,古老的金字塔,夏威夷迷人的珊瑚礁,南美洲延绵的大瀑布,都曾留下过我的足迹。我在寻找,寻找那会唱歌的精美的石头;我在寻找,寻找歌声中那一个美丽的传说。

直到那 2011 年 8 月的那一天,我终于如愿以偿。准确地说,我虽然没有找到那会唱歌的精美的石头,但我真正地懂得了这个美丽传说的深刻内涵。这块"会唱歌的精美的石头",其实就是我们心中的梦想,是人类对于真理和幸福不懈的追求。在美丽的伶仃洋畔,我遇到了一大批志同道合、志趣相投的朋友,朱永灵、苏权科、张劲文、刘吉柱、高星林……为了寻找这块会唱歌的精美的"石头",他们抛家离舍来到珠海,一晃已近十年。

刘吉柱说,港珠澳大桥就是一个美丽的传说。这座中国交通建设史上规模最大、技术最复杂、标准最高、集桥岛隧为一体的超级工程,凝聚着中华儿女共同的期盼,也凝聚着几代中国交通人的桥梁强国梦。

共同的梦想,不懈的追寻,深厚的友谊,演绎了新的传奇。港珠澳大桥横空出世后,流传着不同版本的故事。每一个版本,都是一个美丽的传说……

《跟往事干杯》

"干杯,朋友! 就让那一切成流水,把那往事、把那往事,当做一场宿醉,明日的酒杯,莫再要装着昨天的伤悲,请与我举起杯,跟往事干杯……"

这首《跟往事干杯》,我印象非常深刻。那曲调时而铿锵,时而凄惨,撕心裂肺。每次听到这首歌曲,我的内心总有一种说不清的凄苦,又似乎有某种激情被唤醒,久久不能平静。或许,这正是我心底的呐喊。

十几年前,我曾经写过一篇短文,题名为"生命经不起消耗"。那时候,我特别渴望能够摆脱"轮回无常"的官场,到工程现场去,到监理第一线去,甚至跳出体制去实现自主创业的梦想。然而,要迈出这一步,却又是如此的艰难。

如今,已经到了知天命年龄的我,依然在"官本位"思想的禁锢下,消耗着有限的生命。在国有企业的管理岗位上,来自经营工作的巨大风险、复杂人事关系所造成的精神负荷,以及那些与现代企业制度背道而驰的机关作风,压得人喘不过气来,如戴上了沉重的手铐脚镣,令人举步维艰,诚惶诚恐,疲惫不堪。

> 卅年一瞬天地中,此间几多江湖梦。
>
> 道法术枉自悟,雷池难越两手空。
>
> 已近天命岁匆匆,自由在心仍汹涌。
>
> 幸福不是五斗米,不到伶仃非英雄。

这首《自由之梦》,是 2011 年 8 月我在珠海写下的慷慨诗句。多年来压抑在胸中的热情和渴望,终于被港珠澳大桥超级工程所点燃,熊熊燃烧了起来。

人的一生,要对得起天地,也要对得起自己。抓住机会,为理想而奋斗,为梦想而努力,我们的人生才会有乐趣和价值。再没有时间犹豫不决了,必须立即行动。

> 梦达九天揽月亮,船抵五洋会龙王。
>
> 海阔天空任我行,任凭江湖风雨狂。
>
> 猛虎本是兽中王,安能俯首事鼠狼。
>
> 天赐中山风骚地,一步跨过伶仃洋。

就这样,我放弃了中国船级社实业公司总经理的职位,来到港珠澳大桥建设工地担任了SB01 标的总监理工程师。整整六年时间,在中山马鞍岛制造基地,在伶仃洋茫茫的大海之上,建设工地环境虽然艰苦,我也遭遇了前所未有的挑战、压力和磨难,但精神非常充实。在为超级工程作出贡献的同时,自身的职业人生也攀上了一个新的巅峰,思想更得到了升华,进入了一个全新的境界。

我心里埋藏着小秘密

"我心里埋藏着小秘密,我想要告诉你,那不是一般的情和意,那是我内心衷曲……"

这首由陈志远编曲、吕晓栋填词的《小秘密》,曲调优美,节奏欢快,唱出了无数年轻人内心的衷曲。可不是嘛,埋藏在心里的小秘密,如果一直不愿意说出来,你与他或许就会擦肩而过。人生最大的遗憾莫过于此。

在分享和解读港珠澳大桥超级工程的秘密之前,我们首先应该懂得什么是工程管理模式。港珠澳大桥超级工程的秘密,就在于它精心设计的工程管理模式。这个秘密,对港珠澳大桥管理局的朋友们来说,或许根本就不是秘密。

简单地说,工程管理模式就是如何管理并实现工程目标的一整套方法。港珠澳大桥工程管理模式的核心逻辑和内涵,不仅能够实现超级工程的基本目标,还能够为社会、客户、合作伙伴、参建单位创造价值。

说到底,港珠澳大桥工程管理模式的精髓,关键还在于它的创新理念。当然,港珠澳大桥工程建设者的精神、品德、人格、能力、视野和毅力,也是港珠澳大桥超级工程必将取得成功的基本前提。诚如《世说新语笺疏》所言,"德成智出,业广惟勤……小胜靠智,大胜靠德",体现了中国最传统的儒家思想。

港珠澳大桥超级工程的秘密,在于它顺天应人的价值观、独特先进的职业理念、国际化的背景以及志同道合的各类高端人才,兼具开放性、兼容性、互补性和倍增性等综合功能,能够在最短时间内有效整合各类资源,以最少的投资,实现利益的最大化。

建设目标:建设世界级跨海通道、为用户提供优质服务、成为地标性建筑。

建设愿景:为"一国两制三地"的伶仃洋海域架设一座融合经济、文化和心理之桥梁,使香港、广东、澳门成为世界级的区域中心。

建设理念:"全寿命周期规划,需求引领设计"的设计理念、"大型化、标准化、工厂化、装配化"的施工理念、"立足自主创新,整合全球优势资源"的合作理念,以及"绿色、环保"的发展理念。

伙伴关系:在严格履行合同基础上,建立开放、平等、协同、互信的伙伴关系。

微信平台上曾经流传过一个小故事,内容大体是:"一捆稻草,散落在大街上,就是垃圾。将它与白菜捆在一起,它卖的是白菜价;如果与大闸蟹捆绑在一起呢,它就能卖出大闸蟹的价格。"故事的涵义非常清楚,与不同的人捆绑在一起,跟不同的人合作,你创造的价值、得到的回报,也将大不相同。

这就是平台的力量!毋庸置疑,港珠澳大桥超级工程是一个理想的创业平台。这个平台的核心价值与综合功能,能够帮助所有参建单位和参建人员在最短时间内立足国内市场,参与国际竞争并取得突破;能够在全世界范围内,引进最先进的人才、技术和管理资源,提升核心竞争能力,树立专业品牌形象。

港珠澳大桥之歌

"你把桥放在梦中,我把梦放在桥上;你筑一个有形的梦,我筑一个无形的桥。你从天上来,我自海中过,相知港珠澳,同心圆梦桥……"

这首《梦桥》,经过港珠澳大桥建设工联会确认,被评为"港珠澳大桥之歌"主题歌曲。《梦桥》的词作者韦东庆先生是我的好朋友。对《梦桥》的歌词,或许是因为我的逻辑出了问题,便向他请教:"你如何能够将桥放到我的梦里?我又如何才能把梦放到你的桥上去呢?"我建议他,把前两句作如下修改:"你的桥在我的梦里,我的梦在你的桥上。"他很固执,不予采纳,我当然无可奈何。不过,在他的鼓励下我也写了一首《港珠澳大桥之歌》:

浩瀚伶仃洋上腾起中国龙,

巨型中国结里写满中国梦;

跨海大桥凝聚三地的期盼,

超级工程成就中国的光荣;

……

《掌声响起来》

"孤独站在这舞台,听到掌声响起来,我的心中有无限感慨……"

这首《掌声响起来》是凤飞飞女士感动过万千听众的经典歌曲。每当听到这首动人心弦的歌曲,我总会想起在港珠澳大桥超级工程中的峥嵘岁月,心中有无限感慨;尤其在那夜深人静的时候,一个人孤独聆听这首歌曲,眼泪总会"忍不住掉下来"。

2018 年 10 月 24 日,港珠澳大桥开通仪式在珠海举行。作为建设者代表,程志虎受邀参加了开通仪式,见证了港珠澳大桥开通的历史性时刻

守住底线，仰望星空

——写在 2020 新年之际

似乎还沉浸在 2019 收官的算计之中时，2020 年已然悄无声息地来到了我的身边。匆匆而来的 2020，让我惊恐，也让我惊喜；令人充满担忧，却又充满期待。

作为一名在工程一线征战多年的监理工程师，此刻我最想表达的，是对所有一线监理工程师们崇高的敬意和祝福。在"一带一路"异国他乡的炎炎烈日下，在青藏高原稀薄的空气中，在"天鸽""山竹"台风呼啸而过的沿海工地……数以万计坚守岗位的监理同行们，挥汗如雨，辛勤工作，默默无私地奉献着青春年华，谱写了一曲曲荡气回肠的英雄之歌！这些常年离开父母妻儿驻守在项目一线的监理人员，选择了监理这一神圣、艰巨而又光荣的职业，将交通强国、质量兴国的责任融进了自己的血液，是新时代最可爱的人！

中国交通建设监理走过了 30 多年坎坷的历程。伴随着一条条高速公路跨越高山大海，一个个万吨级港口码头投入运营，一座座千米级特大桥梁拔地而起，中国交通监理不仅见证了我国交通建设事业所取得的举世瞩目的辉煌成就，自身也得到了快速发展，业已成为交通建设行业不可或缺的核心力量之一。在港口，在码头，在乡村，在山野，在如火如荼的交通建设工地，无处不在的监理工程师们，为我国交通建设事业的发展付出了热情、智慧和汗水。

鲜花与掌声，误解和争议，一路伴随着中国交通监理走进了 2020。伫立在过去与未来之间，作为中咨监理公司的董事长，我与所有监理企业的老总们一样，持续关注的焦点，当然还是企业的生存与发展。

笔者预测，在当今国际化、全球化、信息化大背景下，在国家宏观经济形势常态化的大环境中，在国家主管部门对监理咨询行业的政策导向更加明确，市场监管更加规范、严厉的态势下，2020 年监理行业将遭遇极其严峻的挑战。或许，"一带一路"以及重大工程项目所带来的机遇，只能属于少数优秀监理企业；对于大多数监理企业来说，生存的威胁、成长的烦恼以及转型的苦痛，时刻考验着大家脆弱的神经。

2020 年，监理企业的出路何在？就在笔者一筹莫展之际，中国交通建设监理协会上官甦理事长在南宁召开的《中国交通建设监理》杂志编委会上，用"守住底线，仰望星空"八个字，为我们指明了方向。这八个字的内涵极其深刻，当真可以当"药"吃。

借用这八个字作为这篇"虎说"的标题，我觉得非常合适。只是，我不一定能够将这八个字的内涵充分地挖掘出来，甚至还可能解读错了。果真如此的话，也请广大读者海涵。

误解与争议

或许，从监理"诞生"的第一天开始，就注定它始终与误解和争议相伴。在当今市场经济尚不完善、法制尚不健全、正处于转型期的中国社会，监理被历史性地赋予了无比重大的工程责任和使命,巨大的风险直接威胁到企业的生存和发展。监理企业为了有效控制、防范、抵御或规避风险,势必从人员、技术和管理等方面采取一系列措施,却往往受到误解并由此引发争议。

引发争议的根源,主要在于监理制度、市场环境和监理理论方面的不完善和不成熟,以及社会各界、工程各方对监理认识与理解的不对称。有人质疑,监理是不是一门技术,是什么技术?探究监理的本质属性,回答是肯定的。陈新院士说,监理是一门交叉学科,是各类专业技术、管理与协调沟通艺术的综合。虽然,监理是工程共同体的核心主体之一,但监理的职责权限取决于业主的授权,监理在工程中所扮演的始终是一个"配角",这就决定了监理的"边缘化"特征。

引发误解和争议的另一个重要原因,在于监理企业商业模式的"多元化"和"草莽性"。扯一面旗帜作为挂靠,凭特定关系揽一个项目,拉一批退休人员组成"监理机构",帮助某些监理企业完成了"激情扩张"。这种"草莽性"导致了监理行业的激情有余,而理性不足,加之监理企业在合同履约、项目管理、安全质量等方面暴露出来的一系列问题,引发误解和争议自在情理之中。

生存与毁灭

中国交通建设监理已经走过了 30 余年历程。"草莽"阶段尚未结束,理性发展阶段早已经到来,监理企业也呈现出明显的两极分化现象。2020,带来的不再是"激情扩张"的机遇,而是生存与发展的严峻考验。

多年以来,这类监理企业在某些人脉关系、行业保护和商业模式的庇护下,实现了超越企业能力的"激情扩张"。近年来,随着外部环境的深刻变化,逐步显现出隐藏着的巨大危机:市场定位不准确、缺乏核心技术和核心竞争力、对监理项目的管理失控、专业面狭窄、缺乏高层次专业技术人才、监理检测手段与技术装备严重不足、对新技术新工艺新方法不熟悉等。

这类监理企业往往片面追求"多元化"和"规模化"发展,不管哪种业务,只要能拿到项目就行。业务的发展就像丛生的杂草,哪里有水就长到哪里,表面上郁郁葱葱,实际上根本无法形成大树,更不要说森林了,问题的关键是缺乏核心技术和核心竞争力。

相信在 2020 年甚至以后相当长一段时间内,这类监理企业将遭遇生存危机。要想免遭淘汰(毁灭),必须静下心来认真检视企业运行的安全与质量,涉及企业的发展愿景、中长期目标、商业模式、治理结构、盈利能力、业务品种、资质业绩、客户关系、核心竞争力、企业文化、行业影响力等。

我们也欣喜地看到,近年来行业内涌现出一大批在国内有影响、国际上有一定竞争力的监理企业,它们业已成为交通建设行业的核心力量。这类监理企业所面临的问题,是如何实现创新与发展,这也是行业关注的重点。

创新与发展

优秀监理企业的高质量发展,将引领整个行业的发展方向。在当今国际化、全球化、信息化大背景下,优秀监理企业又将面临哪些机遇和挑战,创新与发展的路在何方呢? 2019年,中国交通建设监理协会牵头组织了多次专题研讨会议,从不同角度深入探讨了监理行业的创新发展。

由传统监理走向智慧监理,是优秀监理企业必须实现的目标。智慧监理研讨会深入探讨了智慧监理对行业高质量发展的引领作用,以及如何运用信息技术助力监理企业的转型发展。

"一带一路"为国内优秀监理企业"走出去"提供了大好机遇。"一带一路"建设座谈会听取了部分监理企业参与"一带一路"沿线交通基础设施建设的情况,用"一带一路"的成效促进监理企业的转型升级,鼓励更多监理企业"走出去",参与国际竞争。

国内的交通建设市场,也是国际竞争的舞台。港珠澳大桥超级工程这一发生在"家门口的国际竞争",作为一个典型的成功案例,具有很强的示范性和导向性,为中国交通建设监理行业的高质量发展积累了许多宝贵的经验。港珠澳大桥建设研讨会认真总结了港珠澳大桥工程监理(咨询)经验,弘扬港珠澳大桥精神,推广"超级工程"建设管理新理念,进一步提高监理(咨询)服务水平,以帮助监理企业赢得"家门口的国际竞争"。

企业的出路,在于认知的高度。监理企业的文化建设,是引领监理企业高质量发展的必由之路。企业的经营管理在于"道、法、术、器"四个层面,"器"是"工具","术"是"手段","法"是"保障","道"才是"根本"。"监理之道"的核心内涵,在于监理企业的理念与文化。监理文化建设研讨会交流了监理企业文化建设的最新成果,为监理企业的高质量发展奠定了基础。

中国交通建设监理是一个新兴的行业,在当今国际化、全球化、信息化的大背景下,监理企业遭遇到生存与发展的严重威胁,监理行业更遭遇到信念、信任和信心上的危机和迷茫,唯有"仰望星空,守住底线",方能渡过难关。

初心与使命

"守住底线,仰望星空",就是"不忘初心,牢记使命",在任何时候都不能忘记监理应承担的社会责任,以及作为一个监理企业、监理工程师的职业操守和底线。对监理企业来说,必须做到"顺天道,应人道";对监理工程师来说,一定要"守正道,成匠道"。

没有一个冬天不能够度过,也没有一座高山不能够跨越。我坚信,传统监理衰落之时,正是智慧监理获得新生之机。只要我们始终能够做到耳聪目明、判断准确、应对得当、反应迅速,就一定能够实现既定目标,取得辉煌胜利。

2020,让我们一同关注,一同携手前行。

宅家、读书与思考

——工程哲学笔记（一）

宅家读书思考 聚焦工程哲学

2020年春节，注定是一段让人难以释怀的特别岁月。一场突如其来的新型冠状病毒肺炎疫情，让大多数人都经历了一场严峻的考验。朋友们说，这是中国历史上最漫长、最冷清的一个假期。

"三镇疫魔依旧狂，万里神州军号响。宅家读书写文章，恰如英雄战沙场。"无奈地宅在家里，却写下了慷慨的诗句，其实我的内心也十分纠结。这场突如其来的疫情，打乱了我们正常的生活节奏，也打乱了企业正常的工作安排，绝大多数企业的运转都被迫中断搁置。一天又一天，足不出户的我，关注着不断更新的疫情实时动态，浏览着大千世界的种种故事……

新型冠状病毒只是2020年初飞来的一只黑天鹅。我坚信，在以习近平同志为核心的党中央的坚强领导下，我们一定能够打赢这场疫情防控阻击战。我同样坚信，经历如此大规模公共卫生事件的磨难，除了给经济发展带来重大影响以外，社会心理、价值观念、治理体系等也一定会发生积极变化。

事实上，新媒体、微信平台上铺天盖地的新闻、消息和评论，已经让我们看到了某些变化。人们从来没有像今天这样如此渴望诚实、善良、正直、公正、爱心、勇敢……那些深植于人性深处最闪光、最温暖、最无私的美德；人们发自内心崇敬的，不再是权力、财富与明星，而是全国各地无数个战斗者、志愿者、捐赠者，他们是医护人员、战士、农民、工人……人们从来没有像今天这样关注社会宏观层面的科学、法律、伦理、治理，从医学论文、疫情法律、事实真相到人性伦理、政府治理……

显然，这些发自内心深处的渴望、崇敬与关注，以及更深层次的思索和追问，已经上升到了哲学层面。人类的一切活动，归根结底，都要体现对生存、生活条件的不断改善，以及对生命的尊重与关怀。

反观人类历史进程，哲学总是在人类社会面临巨大困惑及冲突的时期和环节中得以诞生与发展。世界本来就在变化之中，每一次重大事件的发生，都将导致人类对客观世界的认识得到不断提升。

哲学的一个突出特点就是追根究底，凡是对问题进行追根究底的追问，都可以看作是一种哲学思考。或许是一个巧合，这恰恰呼应了我今日要开始讨论的工程哲学命题。工程哲学正是一门追根究底的学问，是对人类认识自然、适应自然、改造自然和征服自然的工程活动的总体性思考，是关乎工程活动的根本观点和普遍规律的学问。

工程实践中充满着辩证法，工程活动不但涉及人与自然的关系，而且还涉及人与人、人与社会、个人与集体等不同层次的关系，涉及整体性、全局性、根本性和抽象性的哲学问题。究竟什么是"工程"？如何去认识工程、思考工程，这是工程哲学第一个要追根究底的问题。

需要追根究底的问题还有很多，比如说工程体系由哪些要素组成？工程活动的基本过程与特征是什么？工程思维与工程方法是什么？工程与科学、技术、数学的关系怎样？工程与社会环境的关系、工程与自然环境的关系、工程理念与工程观、工程文化与工程伦理、工程共同体与工程人才……这些问题都需要一一追究，并找到答案。

年前，编辑部曾与我商量，希望在 2020 年的《"虎"说八道》栏目上，我能够结合自身的工程实践与研究成果，对工程哲学进行深入解读。事实上，我并不是搞理论研究的，更不是哲学家，对于工程哲学的认识与理解，既缺乏系统性也缺乏完整性，可以说是非常肤浅的。但我对哲学始终有着强烈的兴趣，这得益于妈妈对我的启蒙，也是受到了凤懋润、李伯聪等前辈专家的强烈影响。近年来，随着新兴学科工程哲学的应运而生，作为交通运输工程哲学研究会的成员，我也尝试着进行了一些工程哲学的研究工作。

30 年前，我在攻读硕士研究生的时候，有一门"自然辩证法"的学位课程就让我非常着迷。《毛泽东选集》中《矛盾论》《实践论》等经典论著，以及新出版的《工程哲学》《工程哲学和工程研究之路》等哲学著作，我也反反复复读过多遍。

2020 年春节，这个被朋友们称为"最漫长、最冷清的一个假期"，对我来说其实并不漫长，甚至是短暂、匆忙的。为了完成编辑部交给我的任务，这个春节假期我一直都在读书，重读了《矛盾论》《实践论》等哲学原著，更对《工程哲学》的若干问题进行了系统梳理。

重读哲学经典 把握辩证认知

《实践论》是毛泽东关于认识论的经典哲学著作。《实践论》以认识和实践的关系为基本线索，系统地阐述了马克思主义认识论的基本原理，对我们认识和感悟工程哲学具有现实的指导意义。工程师要有哲学思维和辩证认知，掌握科学的认识论、方法论，运用辩证的逻辑思维、对立统一的哲学思想，切实指导工程实践活动，这是工程哲学研究的最终归宿。它将使工程界自觉地用哲学思维来更好地解决工程难题，促进工程与人文、社会、生态之间的和谐，为构建和谐社会作出应有的贡献。

毛泽东在《实践论》中写道："人类的生产活动是最基本的实践活动，是决定其他一切活动的东西。人的认识，主要地依赖于物质的生产活动，逐渐地了解自然的现象、自然的性质、自然的规律性、人和自然的关系。"

这段话，对我们理解"工程"与"工程哲学"的概念帮助很大。工程活动是人类最基本的实践活动之一。工程哲学作为人类对工程活动的总体性概括，只能从工程实践中来，当然也要"回到工程实践中去"。

"从工程中来，到工程中去"，是我今天要谈的第一个工程哲学命题。这个命题，看似平常，却关乎几个很重要的认识论问题：工程究竟是什么？工程哲学又是什么？为什么要研究工程哲学？

工程是人类的一项创造性的实践活动,是人类为了改善自身生存、生活条件,并根据当时对自然规律的认识而进行的一项物化劳动过程。所谓改善生存、生活条件,就是自古以来所说的"衣、食、住、行"。

人类文明进化的历史,从物质方面来看无非是从狩猎捕鱼、刀耕火种到驯养畜禽、育种精耕;从树叶、兽皮蔽体到纺织制衣,乃至以服饰成为官阶、时尚的标识;从搭巢挖穴而居,到造屋筑楼、兴建市镇;从修土路搭木桥,乘坐马车、帆船,到高速公路、铁路四通八达,洲际航线朝发夕至。总之,这一切都离不开工程活动,和每个时期人类对自然规律的认识水平及对相关技术的综合集成能力有关。

毛泽东在《人的正确思想是从哪里来的?》中还写道:"人的正确思想是从哪里来的? 是从天上掉下来的吗? 不是。是自己头脑里固有的吗? 不是。人的正确思想,只能从社会实践中来……"当然,"也要回到社会实践中去"。

工程哲学从工程中来,当然也要回到工程中去。工程师从工程中来,也必然要回到工程中去。如果违背了这一点,就脱离了工程哲学的范畴,甚至违背哲学的基本原理。

毛泽东在《实践论》中写道:"人们要想得到工作的胜利即得到预想的结果,一定要使自己的思想合于客观外界的规律性,如果不合,就会在实践中失败。人们经过失败之后,也就从失败取得教训,改正自己的思想使之适合于外界的规律性,人们就能变失败为胜利,所谓'失败是成功之母''吃一堑长一智',就是这个道理。"

在我们回首改革开放四十年工程建设取得举世瞩目成绩的同时,是否也应该充分关注这些年来所经历过的失败和教训? 总结成功的经验固然重要,但我们更应关注失败的教训。事实上,成功也好,失败也罢,都是"实践"的结果。社会越是向前发展,工程实践越是复杂,社会文化越是多元,就越需要工程建设者用哲学思维分析工程建设历史,总结发展规律,进而完成实践—认识—再实践的理论提升。

"向失败学习",是我今天要谈的第二个工程哲学命题。工程中的失败,包括工程中的失误、设计与工艺不当、突发的安全质量事故等,都是用生命、金钱与时间换来的深刻教训。毋庸置疑,这也是一笔宝贵的财富。然而,人们往往更多地喜欢总结成功的经验,不愿意面对甚至刻意去掩盖失败,这不符合实事求是的辩证法原理。

工程师是工程实践的主体,肩负着巨大的责任与使命,首先需要具备实事求是的科学态度。"卑怯的人叹息沉吟,而勇者却面向光明,抬起他们纯洁的眼睛。"这是匈牙利爱国诗人裴多菲的诗句。或许,工程智慧中最宝贵的原始积累,正是来源于一次又一次的失败。勇于承认失败,敢于面对失败,善于总结失败,向失败学习,是我们走向成熟的一个标志。

工程是一门艺术

——工程哲学笔记(二)

　　"工程是一门艺术",作为一个工程哲学命题,这是 2009 年 7 月邓文中先生在江苏南京召开的"钢结构桥梁国际论坛"上提出来的。那是一次高规格的桥梁工程学术会议,美籍华人、国际著名桥梁工程专家邓文中先生(美国工程院院士、中国工程院外籍院士)作为会议邀请的重量级嘉宾之一,在会上作了一场精彩的演讲。邓文中先生在演讲中说,"天上的事是科学,地上的事是艺术,因为工程是地上的事,所以工程是一门艺术"。

　　在那次论坛上,我也有幸被邀请并作了题为"焊缝是一种特殊的隐蔽工程"的学术报告。会议间隙,我找到了邓文中先生。我问他:"我理解您说的'天'就是宇宙,因为地球是宇宙的一部分,地上的事情不也是天上的事情吗?"他瞪了我半天说:"地上的事情就是人的事情,人的事都是艺术。"

　　我继续追问邓先生:"艺术的特点是千变万化,我们所从事的桥梁工程比如说您所设计的桥梁也是一样吗?"邓先生回答说,每一座桥都有其独特的要求和环境限制,工程师在设计过程中可以选择不同的桥型、用不同的材料、漆上不同的颜色,还可以应用不同的施工方法,有无限的可能,因此每一座桥都不相同。工程师从众多的可能中,选择和调配出他认为最适当的组合,进而造出一座他认为最好的桥梁,这就是艺术!

　　一晃,十来年已经过去。早在重庆菜园坝大桥工程期间,我作为总监理工程师,有幸与担任大桥总设计师的邓文中先生结识。其后在重庆朝天门大桥工程中,我担任总监理工程师,再次与大桥总设计师邓文中先生并肩,并成为忘年之交。这些年,我与邓先生一直保持着密切的联系,只是,平时大家都很忙,见面的机会并不多。

　　大约三个月前,在四川成都召开的桥梁发展科技创新大会上,我再次见到了邓文中先生,并聆听了他的关于工程哲学的精彩演讲。邓文中先生也颇感惊喜,睿智的眼神一如从前,朗朗笑声中似乎又多了几分灿烂的童真,精神状态也更加豁达开朗。邓文中先生告诉我,他已年逾八旬,近年来很少直接参与桥梁设计工作了,开始研究工程哲学并积累了一些认识。他对我说:"你是一个勤于思考善于总结的人,我们要好好聊聊。"

　　我听出了言外之意,他似乎希望我总结一点什么。于是,我向邓文中先生提出了一连串的工程哲学问题,他都耐心地作了解答。我们虽然聊了很多,但聊得最多、最深入的,还是当年他提出的"工程是一门艺术"的话题。事实上,这是一个重要的哲学命题,涉及工程与科学、工程与技术的关系等重要内容,而这正是我们认识工程、研究工程哲学的基础。

"天"的事是科学,人的事是艺术

　　邓文中先生说,世界上所有的事情,都可以归纳为两大类:"天的事情"和"人的事情"。

"天"的事是科学,人的事是艺术！工程是人的事,所以不是科学,而是艺术。

在西方哲学家看来,"天"包括整个宇宙,地球是宇宙的一部分,所以地球的事情也是天的事情。换一种说法,"天"就是大自然,研究"天"就是研究大自然,目的在于发现大自然的真相。因此,研究"天"的学术是"科学"。

科学没有"好与不好",只有"对与不对"。科学家对他们所发现的东西是好是坏没有责任。因为大自然的真相是这个宇宙与生俱来、永恒不变的,例如牛顿发现的"万有引力"是实实在在的事实。科学家改变不了他们发现的事实。

科学的目的在于发现大自然的真相,科学的基础是已经被公认的事实。科学家用已经确认了的事实,来证实他们新发现的真相。因为真相是不变的,科学家发现的真相必须是可以重复验证的,在同样的环境下每一个验证的结果都应该是一致的。就是说,能够被重复验证的科学发现是对的,否则就是不对的。

不属于"天上的事情",就都是"地上的事情",是"人的事情"。研究和执行属于"人的事情"的学术,是"艺术"。通常,艺术可以分为两类:纯艺术和应用艺术。纯艺术包括绘画、雕塑、舞蹈、美术、音乐、书法、摄影等;应用艺术包括工程、金融、政治、医学等。

纯艺术的目的在于对美的追求,应用艺术的目的是改善人类的生活环境。艺术的基础不是事实,而是经验。艺术没有"对与不对",只有"好与不好"。古往今来,多少画家画了山水,可是每张都不相同,没有谁对、谁不对的分别;但喜欢它的人说它好,不喜欢它的人可以说它不好。

应用艺术是有被使用目的的艺术。例如,政治是治国的艺术,工程是建造的艺术,金融是经济的艺术,医学是治病的艺术。所有的应用艺术都有一个目标,能达到设定目标的艺术工作就是好,没有达到目标的艺术工作就是不好。

工程是一门艺术

工程是人的事,它的基础不是真相而是经验,因此工程是一门艺术,而不是科学。工程有广义和狭义两种定义。每一个有目标的行动都可以看做工程,如希望工程、扶贫工程、阳光工程、温暖工程、阿波罗工程、曼哈顿工程……都是广义工程。工程哲学研究更关注狭义工程,并且将范围限制在"建造工程"及其工程项目上,例如交通工程、桥梁工程、市政工程、水利工程等等。

工程与科学是两件不同的事情,工程方法与科学方法也是完全不同的。每一项工程都应有很明确的目标,工程必须达到这些目标,否则就是失败。例如建设一座桥梁工程,完工后,这一座桥必须符合设计的要求,而且每一项工程都应该在预先约定的工期和投资范围内完成。另外,工程师在分析和处理问题的时候,要统筹兼顾工程各方的利益诉求,要善于沟通协调,学会"十个手指头弹钢琴"的艺术。

科学研究大都没有准确的目标,也没有时间的限制。因为我们不可能要求科学家在规定的时间内发现我们所希望发现的真相与奥秘,而且很可能我们想发现的东西根本就不存在。在科学研究过程中,甚至还会出现这种情况,我们没有发现原先期待发现的东西,却找到了完全出乎意外的真相。科学家必须掌握科学手段和科学方法，更应具备科学精神，包括怀疑精神、批判精神、分析精神和实证精神。

科学是工程的理论基础。科学的目的只是把真相找出来，科学成果的用途是由工程师转化出来的。例如著名的质能方程 $E=mc^2$，是科学家爱因斯坦所发现的真相，工程师则利用这个真相发展出了核能发电和原子弹。

技术是工程的手段

邓文中先生说，多年以来西方学界对工程和技术的定义，是相当混淆的。譬如说德国的工科大学都叫 Technische Universität，美国著名的麻省理工学院的英文名称是 Massachusetts Institute of Technology，加州理工大学的英文名称是 California Institute of Technology。

在西方哲学家的心中，按照从前的认知，是技术包含了工程；今天的认知呢，是工程包含了技术。事实上，工程与技术虽然都属于艺术的范畴，但并不是一回事。技术不是工程，只是完成工程的"工具"而已。

以一座预应力混凝土大桥建设工程为例，有很多不同的技术可供工程师选择，如支架现浇施工技术、现浇悬臂施工技术、预制悬臂拼装技术、整跨拼装技术等。在这里，工程师可以选择他认为最合适的技术。

没有无技术的工程，也没有纯技术的工程。技术是实现工程目标的工具，如果没有技术，工程就不可能完成；反过来，如果没有工程，技术也就失去了舞台。至少在建设工程中，所有技术的运用都是工程师为了解决工程问题而选择或研发出来的。

医学也是一门艺术

邓文中先生说，如果一个人病了，没有任何一个医生能百分百地保证一定可以把病人治好。而且，每一个病例都是唯一的、不可复制的。所有药物在被允许使用之前，都必须经过严格的试验，试验得出的结论，只是经验，不是真相。所以，医学不是科学，也是艺术。

其实，医生为病人诊治的时候，也可以看成他在进行一项"工程"，这项"工程"的目的就是要把病人治好。他可以选择不同的药物和器械，如何选择和使用这些药物和器械治病，是一种艺术。医生的工作方式，与工程师建设一座桥梁没有太大区别。

不同于医学，生物学是科学。生物学的目的是要发现世界上各种生物的特性，例如基因的排列、世代之间的遗传、植物叶绿素的光合作用等，这些都是真相，所以生物学是科学。

"天上的事情还有很多谜团等着我们去解答。"邓文中先生在说这段话的时候，声音非常低沉。或许，他的身心早已超越了他毕生所研究的桥梁，进入了工程哲学的更高境界。

工程哲学的尴尬

——工程哲学笔记(三)

以这样的标题来"虎说",的确有一些冒失。在哲学界德高望重的前辈和工程界声名显赫的院士们面前,我顶多也就是一个对工程具有哲学热情、哲学敏感和哲学自觉的"青年才俊",当然没有资格对工程哲学进行点评。事实上,当范文理教授提出这个命题时,我曾经与他发生过激烈的辩论。

2014年初夏一个阳光明媚的下午,在成都酒仙桥某小区一个幽静的茶馆里,我与范文理教授有过一场关于工程哲学的讨论。那时候,我对工程哲学的学习和研究正在兴头上,不仅非常着迷,甚至有些"走火入魔"。因为遇到了很多困惑,便专程从珠海去了一趟成都,期望范教授能够指点迷津。范教授对我说:"工程哲学是工程的困惑,哲学的尴尬。"何以见得?我当然不会买账,于是两人整整"吵"了一个下午。

范文理教授是西南交通大学的教授,我国桥梁工程界重量级的知名专家,也是我遇到过的学识最渊博、逻辑最严谨、思维最缜密、最具知识分子风骨的师长之一。他曾以"最绝望的堕落"为题,对当今教育界和工程界某些"伪知识精英"(包括那些跑会专家)的官僚化、剽客化、帮派化与货币化作风与行为进行过严肃的批评,笔锋老辣、言辞犀利、刀刀见血。因此,有人不喜欢他,理由是"此公智商太高而情商不足,太过于固执且不留情面,脸上始终挂着一丝傲慢、鄙夷而又尴尬的微笑"。

或许正因为如此,我们成了好朋友。用范文理教授的话说,是因为两人骨子里的才气、灵气与傲气有几分相似之处。他曾经给我写了一首小诗《赠老虎君》:"学识源于文化,言谈见长思辨。诗文充溢优雅,江湖不失豪情。"恭维与调侃,当然不能当真。不过,来而不往非礼也,我当然也要回敬一首:"三尺讲台论钢桥,万千工程领风骚。天上道理知一半,地上事情全知道。忍看叫兽堕成剽,怒斥砖家成霸僚。五大湖畔钓日月,青城山下独逍遥。"

与范文理教授辩论,总有很多收获。他对工程哲学的解读,似乎每句话都点在"要害部位",让人一下子就摸到了问题的"根"。我恍然大悟,所谓"工程哲学的尴尬",恰是我们在学习、研究、应用、传播和普及工程哲学的过程中所遭遇的困惑和处境。分析"工程哲学的尴尬",并不意味我们对工程哲学有任何的不敬和偏见;恰恰相反,这种立足于现实、以问题为导向、追根究底式的剖析,以及贯穿其中的批判与质疑,正是工程哲学精神的体现,也是一个行之有效的学术路径。

工程哲学的尴尬,或将成为我们打开工程哲学神秘大门的一把钥匙。

为什么要研究工程哲学

工程哲学是21世纪初在我国兴起的一门新兴学科,李伯聪先生是奠基人,做了许多开拓性的研究工作,也取得了丰硕成果。西方学界对此却非常冷淡,很多哲学家并不买账。曲高和寡,一枝独秀,这虽然荣耀,却也尴尬。

范文理教授认为,深层次的原因主要在两个方面:一是西方的文化传统,再就是多数西方哲学家对工程的偏见。

美国哲学家哥德曼对西方文化有过深刻的反思。他尖锐地指出,从柏拉图至今的西方文化传统,有一种根深蒂固的倾向,那就是"重理解轻行动、重思辨轻操作、重理论轻经验"。西方有很多伟大的哲学家和科学家,如苏格拉底、柏拉图、亚里士多德、哥白尼、伽利略、笛卡尔、牛顿、康德、黑格尔、费尔巴哈、达尔文、爱因斯坦……数不胜数;但类似爱迪生、瓦特这样的发明家和工程师,却是凤毛麟角。

西方哲学家对工程和技术也存在着根深蒂固的偏见。在他们看来,工程和技术只是科学的附庸。因此,搞传统哲学研究的学者,除了科学哲学,骨子里是看不起工程哲学的;当然,也看不起技术哲学。

事实上,这种现象在我国也是一样。读书人似乎一向瞧不起工匠,士大夫们就算对某种工艺品有些兴趣,也只是把玩鉴赏而已,而对其技术几乎全无兴趣,匠人们之间也全靠口耳相传。顾准曾经说过,中国有许多好的技艺,却发展不到精密科学。盖因中国没有唯理主义,只有不成系统的经验,一种知其然不知其所以然的技艺传承,这成不了"主义",只能成为对传统的因袭。

范文理教授诙谐地说,工程哲学能够成为一门独立学科,李伯聪先生应该感谢马克思,也要感谢改革开放。马克思主义是当代中国的主导意识形态,马克思那句著名的箴言"哲学家们只是用不同的方式解释世界,而问题在于改变世界",为以"认识工程、服务工程、改造世界"为己任的工程哲学研究奠定了思想基础;改革开放以来,我国持续进行的超大规模工程建设则为工程哲学研究提供了有利的社会环境和现实基础。

工程哲学究竟是什么

工程哲学究竟是什么?是"工程中的哲学",还是"哲学中的工程"?或许,哲学界和工程界的回答是不一样的。还有一个更基本的问题,"工程"究竟是什么?所谓"横看成岭侧成峰",从不同的角度来看待"工程",会有不同的解读。再就是,工程哲学研究中有几个必须澄清的重要概念,如科学、技术、工程、数学及其相互之间的关系等,现在还有"1—X 元论""本根论"与"本体论"的很多争议。这些问题和概念都非常重要,是工程哲学能否开门立户、成为一门独立学科的立论基础。

传统哲学是以研究 being 为中心的,而工程哲学则以研究 doing 或 making 为中心。传统哲学的基本问题,是要回答世界"是什么"以及人类能否认识世界、怎样认识世界等问题;工程哲学呢,它的基本问题是"人应该怎么做"以及人类能否改变世界、怎样改变世界等问题。

笛卡尔说:"我思故我在。"这个著名哲学箴言肯定了人是认识和思维的主体。李伯聪说:"我造物故我在。"强调了人类的造物活动即工程活动是人类赖以生存和发展的重要前提。传统哲学最大的缺陷，是迷失了"造物"这个重要的哲学主题。

古希腊哲学家亚里士多德提出了著名的"四因说"，德国古典哲学的开山鼻祖康德撰写了著名的"三大批判"，20 世纪最伟大的哲学家波普尔提出了关于三个世界的理论，他们的哲学理论无一例外地迷失了造物的活动和造物的智慧。

马克思说，"人们首先必须吃、喝、住、穿，然后才能从事政治、经济、艺术、宗教等"。这的确是一个关于人生和社会的最简单、最基本的事实。以"造物"为特征的工程活动，都是围绕"衣、食、住、行"而开展的，目的在于改善人类自身生存、生活的条件。

工程哲学是对人类依靠自然、适应自然、认识自然和合理改造自然的工程活动的总体性思考，是关乎工程活动根本观点和普遍规律的学问。之所以能够成为一门独立的学科，是因为它研究的对象正是造物的活动和造物的智慧。

工程哲学的研究内容是什么

李伯聪先生在创立工程哲学理论体系的过程中，可谓历尽坎坷。他于 2002 年出版的《工程哲学导论》，被认为是工程哲学领域的第一本系统性理论著作。他在绪论中感慨万千地说，这本著作是他 20 年"坐冷板凳的产物"，这多少有些尴尬。

范文理教授认为，工程哲学是扎根于工程实践的哲学，绝不是也不应该是象牙塔中的哲学。李伯聪先生早年是研究科学哲学的，他在工程哲学的研究中，充分地学习、借鉴、移植了科学哲学与技术哲学的许多概念和思路。这虽然无可厚非，却也有些尴尬。毕竟，科学、工程与技术是三个彼此独立的概念，工程哲学中有许多有别于科学哲学和技术哲学的特有概念和范畴，尤其是涉及与"工程实践"相关的诸多问题。

举例说，目前无论在西方还是在我国，都广泛流行着对工程知识性质和特征的误解。许多人要么把工程知识和科学知识混为一谈，要么简单地把工程知识看成是科学知识的"派生知识"。这很遗憾，也很尴尬，对认识论（注：国内外公认的观点普遍认为，认识论也就是知识论，这里的"知识"事实上主要指科学知识）的研究，历来都是哲学研究最重要的任务和内容之一，工程哲学当然也应该注重对工程知识的研究。

事实上，在人类的知识宝库中，包括工程规划、工程设计、工程施工、工程监理、工程管理、工程运行、工程维修、工程安全、工程信息、工程经济等方方面面的知识在内，工程知识是数量最庞大、内容最丰富、功能最"现实"的一类知识，是工程活动创造出来的，能够成为工程"直接基础"的"本位性"知识。

徐匡迪院士在《工程哲学》序言中提出"工程师要有哲学思维"，那么哲学家是否也要有"工程思维"呢？工程思维有哪些特征呢？与之相呼应的工程方法，又将如何？科学家对自然真相的研究，一就是一，二就是二；工程师呢，统筹兼顾、权衡利弊、综合比选、反复论证甚至妥协让步都是常有的事。因为工程问题的解决方案从来就不是唯一的，没有最好，只有更好。毫无疑问，工程哲学应当高度重视工程思维和工程方法论的研究。

《易经·系辞》曰："形而上者谓之道，形而下者谓之器。"工程哲学研究既要包含形而上的"道"，也要包含"形而下"的"器"，更应包含作为工程活动主体的"人"。尤其是对"工程之道"的研究,需要阐明人类对于工程造物的总体看法以及工程造物过程中的"物理、事理和人理",涉及人与自然、人与社会的关系,必须从工程理念、工程伦理、工程文化、工程美学、工程价值观、工程生态观等多角度来审视工程。

谁来研究工程哲学

目前,从事工程哲学研究的人员,主要有两个职业群体:来自大专院校与科研机构的哲学家与来自工程界的工程师(指专业从事工程管理、工程设计、工程施工、工程监理、工程检测等工程活动的人员)。当然,与工程项目相关的政府官员、工程投资者以及工程项目管理者,对研究工程哲学也很有热情。

哲学家中那些专业从事哲学理论研究的学院派,大都是文科专业的毕业生。由于缺乏工程与技术方面的教育背景,也缺乏工程实践的经验,他们的研究成果往往与工程实践脱节。个别学者把工程哲学当成"哲学中的工程项目"来做,在报纸杂志上发表的论文与工程实践之间隔了一个"太平洋"。层出不穷的哲学术语,空洞的自说自话,对于广大的工程师群体来说,看不懂、想不通、学不会也用不上,这真的很尴尬。

范文理教授说,不经过几轮"由理论到实践再到理论"的循环体验,又怎能取得理论上的重大突破呢?工程哲学从工程中来,到工程中去,当然离不开工程师的参与。问题是,工程师参与工程哲学研究,也遇到了许多尴尬。那些在工程项目一线的工程师们,基本上都是工科院校相关专业的毕业生,由于缺乏人文、历史和哲学方面的教育背景,虽然对工程哲学的热情很高,但哲学功底不够、人文素养较低,很难得心应手地从事工程哲学的研究,只能"盲目地摸索前进"。

某些与工程项目相关的政府官员、投资者和管理者,"研究"工程哲学的动机似乎也值得怀疑。他们热衷于对已完成的工程项目进行哲学分析,总结成功的经验,却往往刻意回避和掩盖工程中的失策、失误和失败。这不仅让人尴尬,甚至让人痛恨。

敢问路在何方

目前,工程领域掀起了一股"学哲学、用哲学"的高潮。这本来是一件好事,但现实的情况似乎有点变味,对工程哲学的研究呈现出庸俗化趋势。最让人尴尬的是,一批自称"工程哲学专家"的人,今日抛出一个哲学模型,明日又提出一个哲学假设,不断地在各种媒体、论坛上大放厥词,庸俗地将工程哲学引进了死胡同。对此,范文理教授也很无语。

这让我想起了金庸先生的武侠小说。在《笑傲江湖》中,有一本名为《葵花宝典》的上乘武学秘笈,宝典中的武功博大精深、厉害至极。据说,练习《葵花宝典》武功的必要条件,首先必须具备扎实的武学功底,第二个条件更加严苛——"欲练神功,必先自宫"。这实在是太难为人了,一刀下去,人生的幸福差不多就玩完了。

幸福当然不能被剥夺,宝典更不能放弃,结局只有一个:走火入魔。最可悲的是,有些人虽然武学功底很差,虽然不愿"挥刀自宫",虽然已经走火入魔,依然浑然不知,还不断标榜自己已然将《葵花宝典》中的武功发扬光大,洋洋自得。据说《易筋经》能够化解《葵花宝典》,不知是否真是如此。

范文理教授听完我的话哈哈大笑。他说，工程哲学当然不是《葵花宝典》，也不是《易筋经》。研究工程哲学，虽然不需要"挥刀自宫"，但的确需要有扎实的哲学功底和工程阅历。对于工程哲学研究的乱象，范教授开出的"药方"就 12 个字：读书思考、工程实践、总结感悟。

工程就是哲学

不久前，参加北京永定河新首钢特大桥通车后的专家会议时，我再次遇到了范文理教授。他送给我一本新著《钢结构设计原理》。这是一本专业著作，也是一本工程哲学著作，他把对工程哲学原理的深刻理解，贯穿到钢结构设计的每一个过程和环节之中，让人眼界大开。我在想，一本好的教材不仅能够引领初学者走上专业道路，甚至可以伴随他的成长，成为他终身的良师益友。那么，一位好的导师呢？毋庸置疑，范文理教授是一位当之无愧的工程哲学大师。

工程哲学并非远在天边，而就在我们的工程实践之中，也在我们的学习生活之中。正如美国当代著名哲学家卡尔·米切姆所说，为什么说哲学对工程是重要的？最深刻的原因在于，工程就是哲学！

2013 年 9 月 17 日，程志虎书写诗词与友人共勉

从"一元论"到"四元论"

——工程哲学笔记（四）

这些年来，我遇到最尴尬的事，就是人家问我，你是做什么的？混得怎么样？春节前回到江苏老家，遇到了一个几十年未曾见过面的中学同学，果真闹出了笑话。

"你是做什么的？这些年混得怎么样？"老同学对我的情况一无所知。我在港珠澳大桥工程担任钢结构总监理工程师的视频和报道，在家乡的很多微信群尤其是同学群里流传很广，他居然一点也不知道。

"我是一个监理工程师，混得马马虎虎吧。"我的回答，隐隐有一丝不快。

"搞技术的。工程师，科学家，了不起！你在学校的时候，数学总是第一。"老同学竖起了大拇指。我的天哪，一句话把"科学、技术、工程与数学"统统都说进去了！我大吃一惊，他莫非是搞工程哲学的？

"我不是科学家，我不搞技术，也不搞科学。"我有些语无伦次，"不对！我搞技术，也搞科学……"看着对方一脸的懵懂，我更是结结巴巴，十分尴尬。

我读的是工科大学，学的是工程专业，获得的学位是工学博士，毕业后所从事的职业是监理工程师，然而对于"工程"的涵义，我真的无法用一两句话说得清楚。如果再进一步延伸到科学、技术与数学，我似乎就更说不清楚了。

事实上，说不清楚的，又何止我一人。美国国家工程院院士、中国工程院外籍院士邓文中先生曾经对我说过，即便在美国乃至西方学界，能够分得清科学、工程和技术的人，其实也是不多的。科学、技术、工程与数学，这些整日挂在我们嘴边的术语，是那样的熟悉，却又是那样的陌生。

或许，这些范畴及其相互关系，对普通老百姓并不重要。但对于工程哲学的研究者来说，却是非常重要的。工程哲学之所以能够从科学哲学、技术哲学中分化出来，成为一门独立的学科，最重要的前提和依据就是科学、工程与技术是彼此独立又相互联系的概念，这是"三元论"的核心逻辑。

科学、技术与工程"三元论"是中国工程哲学研究的主流学术观点，是工程哲学的立论基础。在西方哲学界，还存在"1－X元论"等多种不同的学术观点，其中科学、数学、工程与技术"四元论"的观点，近年非常流行。

"一元论"认为"科学与技术不可分割，融为一体"，"二元论"强调"科学与技术是两个不同的对象"，"四元论"中的四个独立元素是"科学、技术、工程与数学"；当然，如果再加进去自然、社会、经济、产业甚至逻辑学等元素，就是"多元论"了。笔者重点对三元论进行解读，对一元论、二元论和四元论作简要介绍。

科学和技术"一元论"与"二元论"

关于科学与技术的相互关系,多年以来一直存在着"一元论"与"二元论"两种截然不同的学术观点。"一元论"认为,科学和技术是一回事,"二元论"则认为不能将科学与技术混为一谈。

科学技术"一元论"有三种不同的表现形式,第一种主张科学和技术"统统都是科学",第二种则认为它们"统统都是技术",第三种强调"现代科学与现代技术早已经合二为一"。

1966年,卡尔·波普尔的大弟子约瑟夫·阿伽西教授在《技术与文化》杂志上发表了《一般科学哲学对科学和技术的混淆》一文,对科学技术"一元论"提出了尖锐批评,并提出了"二元论"的观点。随后数年间,斯柯列莫夫斯基等哲学家也相继发表论文,明确提出"技术不是科学"。1982年,我国技术哲学的奠基人陈昌曙教授在《光明日报》上发表文章《科学与技术的统一与差异》,指出科学和技术是"两类范畴""两种价值""两个革命""两路创新""两层管理",并由此奠定了我国技术哲学的基础。

科学以探索发现为目的,技术以发明革新为己任。"二元论"观点在哲学界早已为大家广泛接受并成为主流观点。但在一般学术界或工程领域,许多人在使用"科学技术"或"科技"等词汇时,至今在思想上也没有想过要把科学与技术加以区分。在普通人中,更是如此。

科学、技术与工程"三元论"

在我国,工程哲学研究的立论基础是李伯聪教授等前辈专家提出的科学、技术、工程"三元论"。在中国工程院殷瑞钰院士、汪应洛院士与李伯聪教授等合著的《工程哲学》(2007年第一版,2013年第二版)中,对"三元论"的基本观点作了很全面、详尽的论述。

"三元论"认为,科学、技术和工程是三类既有密切联系又有本质区别的社会实践活动。科学以探索发现为目的,技术以发明革新为己任,工程则是以集成建构为核心的造物活动。从逻辑上说,无论是对象还是行为,科学发现、技术发明和工程造物的性质都不相同。科学是工程的理论基础,技术是工程的基本手段。人们既不应把科学与技术混为一谈,也不应把技术与工程混为一谈。

"三元论"认为,工程是建立在科学与技术基础之上,综合利用科学与技术的造物活动。它并不是单纯的科学应用或者技术应用,也不是相关技术的简单堆砌和剪贴拼凑,而是科学要素、技术要素、经济要素、管理要素、社会要素、文化要素、制度要素、环境要素等多要素的集成、选择和优化。

"三元论"明确承认科学、技术与工程存在密切的联系,而且突出强调它们之间的转化关系,强调"工程化"环节对转化为直接生产力的关键作用、价值和意义,强调应该努力实现工程科学、工程技术和工程实践的有机互动与统一。

从本体论观点来看,工程是直接的、现实的生产力,绝不是科学或技术的衍生物、派生物或依存物。工程活动是最基础、最根本的人类活动,体现了最基础、最根本的社会关系;工程现实地塑造了自然的面貌、人和自然的关系,现实地塑造了人类的生活世界和社会的物质面貌;工程有自身存在的根据,有自身的活动和发展规律,有自身的目标指向和价值追求。这些工程本体论的基本观点,是"三元论"的"基点",也是工程哲学重要的理论基础。

综上所述,"三元论"的核心观点是科学、技术和工程是三个彼此独立、既有密切联系又有本质区别的实践活动。与"二元论"比较,核心在于"技术"不是工程。当然,工程和技术的关系是十分密切的;没有技术,工程不可能完成;没有工程,技术就没有了用武之地!

目前,对"科学发现、工程建造、技术创新"的三元分工,也有人提出过质疑。技术的目的是否一定是创新? 至少在建造工程中,技术只是实现工程的手段和工具。从安全性、经济性、时效性以及风险性等角度去考量,如果传统的成熟技术能够满足工程的需要,为什么非要去搞技术创新呢?

科学、技术、工程与数学"四元论"

把技术和工程分立,"二元论"就演变为"三元论"。分立的理由是技术不是工程,而是完成工程的"工具"。那么,我们又该如何看待科学与数学的关系呢?

数学和一般科学不同,数学研究的不是宇宙中的真相,数学只是帮助科学家解释和表达所发现真相的工具。正如伽利略所说:"自然之书是用数学语言书写的!"例如,力与质量、加速度的关系,这是宇宙的一个真相,但表达这个关系的工具是数学。

在西方学者看来,科学与数学的关系跟工程与技术的关系十分相似。既然我们能够从二元论中把技术和工程分开,得到三元论,我们就应该把数学从科学中分解出来而形成"四元论"。近年,美国提倡深化 STEM 教育,STEM 分别是 Science、Technology、Engineering、Mathematics 的第一个字母,就是科学、技术、工程、数学的代表。

"四元论"是研究"科学、数学、工程和技术"的哲学。它的基本观点是,科学的目的是发现真相,数学是科学家推理和表达真相的工具;工程的目的是建造人类需要的事物,技术是工程师实现建造的工具。

在笔者看来,所谓的"四元论",不过是一种新的"二元论"。只是,"新二元论"的两个"元素",已经由"老二元论"的"科学与技术"转化成为"科学与工程"。从这个意义上说,以"三元论"作为工程哲学的理论基础,应该更加符合逻辑。

2008 年 5 月,程志虎参加交通建设工程监理 20 周年庆典活动

监理企业家要有工程思维

——工程哲学笔记(五)

监理企业家要有工程思维,这是由监理企业的业务性质决定的。监理是为工程服务的,它的业务属性是风险控制,核心内容是安全质量。监理企业要"顺天道、应人道",监理人员要"守正道、成匠道",说到底就在于承担社会责任、履行工程职责。

工程思维是与工程实践密切联系在一起的思维活动和思维方式,是工程哲学思维。工程思维是以"工程造物"为导向的,基本内容是"工程问题"的"求解"。工程思维渗透到工程系统分析、工程决策、工程设计、工程构建、工程运行以及工程价值评价等工程活动的各个环节之中,是我们认识和理解工程理念、工程文化、工程伦理、工程创新、工程美学等概念的基础,与工程监理企业的经营管理也密切相关。

工程监理,是工程活动重要的组成部分,是工程安全质量的坚强保障。已故知名桥梁专家陈新院士曾担任南京长江二桥和润扬长江大桥的总监理工程师,他说过:"工程监理集专业技术、管理技术与协调沟通艺术于一身,是一门复杂的综合性技术,是交叉科学。"监理工程师必须具备深厚的工程哲学素养,善于运用工程哲学思维认识和处理工程中出现的各类复杂问题,进而才能够切实履行监理职责。

项目与生意

与监理企业的老总们在一起聊天,相互之间总少不了大叹"苦经",听的最多的话就是"生意难做"。生意难做,一是拿项目难,二是做项目难。目前,监理企业的经营工作面临诸多挑战,拿项目的确比以前难多了。为了争取项目中标,来不及仔细研究该项目的特点、技术要求与履约风险,不顾及自身的能力与资源,投标时敢于作出一系列承诺,不惜一切代价也要把这笔生意做成。结果往往是,生意做成了,在履行监理合同的过程中却遇到了一道又一道的难题,投标文件中承诺的专业人员不能到位,数量不足,人员变动频繁,安全质量问题不断,企业法人代表被频频约见……

我常常在思考,监理项目的实质究竟是什么呢?仅仅是一单"生意"吗?显然,这是思维模式问题。对企业经营管理者来说,一个项目就是一单"生意",做项目就是做生意,对"成本""利润"与"经济效益"的考虑,往往是放在第一位的,这是很正常的"经济思维"。然而,对一家工程监理企业来说,如果不充分考虑监理项目的业务属性与工程活动特征,单纯的经济思维是很危险的。

换句话说,监理企业家必须要有工程思维。是否参与投标、如何投标,权衡与判断的依据不仅仅是"能否中标",更应该充分考虑"能否做好"这个工程项目。投标前,应该对该工程项目的基本情况与招标要求有完整的了解,深入研究该项目的技术特点和风险特征,对自身的能力和资源条件也应有清晰的认识。在确保中标后能够切实履行监理职责的前提下,有针对性地编制投标文件,恰如其分地作出承诺。

如果仅仅把监理当做一种赚钱的生意,企业是无论如何也做不好监理的。监理企业要珍惜参与工程的荣誉和利益,更要懂得工程监理企业肩上责任的重大。

底线与红线

底线思维是一种典型的工程思维,这对监理企业和监理工程师来说,是画出了一条不可逾越、不可触碰的红线。

"底线"也称为"红线",是事物质变的临界点。一旦突破了"底线",就会产生人们无法接受的坏结果。对从事工程活动的监理工程师来说,如果守不住"底线",胆敢去触碰"红线",轻则名誉扫地,重则身败名裂,甚至受到法律的严厉制裁。

工程监理作为工程安全质量的守护者,更应该充分运用"底线思维",坚守"底线"。原港珠澳大桥管理局局长朱永灵说过一句话:"宁做丑人,不做罪人,始终把工程的安全质量放在首位。"无疑,这是朱永灵给港珠澳大桥工程共同体设定的"底线"。之前,笔者也曾提出过一个口号:"牢记职责,不辱使命,宁做恶人,不做罪人。"与朱永灵不谋而合。朱永灵不怕做"丑人",我不怕做"恶人",因为我们都不敢做"罪人"。

2019年9月,交通运输部办公厅下发了《关于开展"坚守公路水运工程质量安全红线"专项行动的通知》,决定开展为期三年的"红线行动"。红线行动,是将底线思维付诸实际行动的经典案例。加大对红线问题的整治力度,不仅在于避免重大生产安全质量事故和隐患发生连锁反应和排浪式效应,也反映了行业对安全生产工作中存在问题的零容忍态度。

风险与责任

"风险"与"责任"的辩证关系,是主观与客观、内因与外因、偶然性与必然性的对立统一。对监理企业来说,更应该对"风险思维"与"社会责任"有更深入的认识与把握。

风险的概念,既复杂又简单。通俗地讲,风险就是发生事故、隐患和失误的可能性(频率)及其后果的组合。在工程领域,"风险"往往意味着可能发生的不幸事件,一旦这种可能性变成现实,将会造成人员伤亡、财产损失等严重后果,对项目业主、施工单位以及监理单位造成毁灭性的灾难。

风险贯穿于工程的每一个过程和环节之中。工程中最常见的通病,如"制度不全""认识不一""职责不清""分工不明""措施不力""工艺不精""管理不善""习惯不好""轻重不分""把关不严"等,或许就某一件事来说,并未造成严重后果;然而,这些通病如果接二连三重复发生,造成的后果往往也是致命的。

对工程监理而言,最大的风险莫过于工程项目的安全质量。因为监理不到位、失职或过失,或错误的检测结果,导致安全与质量事故、工程延期或业主经济损失,监理单位、项目总监和责任人将承担主要法律责任。安全质量,永远是工程监理的核心工作内容,是工程监理企业的生命线。

工程监理的业务属性是风险管理。工程监理的使命、责任与风险管理的基本内涵是一脉相承的。有鉴于此,笔者曾经提出"基于风险管理的监理检测技术",核心在于"将风险管理的理念与方法,以及风险分析、风险控制技术运用到监理检测项目之中,以确保工程项目的安全质量"。这种观点得到了业界的广泛认可。

原则与灵活

做事要讲原则,也要讲灵活。原则是规矩,灵活是方法。没有规矩,不成方圆;少了灵活,却又很难将原则真正地落到实处。强调原则性与灵活性的对立统一,是工程思维的体现。

对工程监理来说,"原则性"主要体现在,工程施工必须按照满足"工程设计、技术标准、建设程序和管理制度"的要求,强调"照章行事";"灵活性"强调"具体问题具体分析",注重方法上的"变通",以解决工程中层出不穷的复杂问题。原则性和灵活性的协调统一,是监理工程师重要的思想方法、工作方法和管理方法,有许多精彩的案例。

做事讲规矩,做人讲原则,还是比较容易做到的。工程监理真正的难点,恰恰就在于对"灵活性"的把握。"灵活性"所蕴含的"变通",是方法,是技巧,也是原则。离开"原则性"的"灵活性",叫做"随意性",甚至是"胡来"。因此可以说,"灵活性"是更高境界的"原则性"。

天灾与人祸

"天灾"与"人祸"的话题,说起来感觉有些沉重,涉及功德观、价值观、是非观,以及更深层次的人性欲望。提高到哲学高度,是世界观问题,也是认识论、方法论问题。

打开国家安全生产监督管理总局的网站,曾经有一个"重特大事故信息"栏目。几乎每月都有数起重特大事故的报道,死亡总数最多的是交通事故,再就是强烈地震、特大火灾、瓦斯爆炸、油气泄漏爆炸、船舶碰撞、桥梁垮塌等不幸事件,其所造成的灾难性后果,令人触目惊心。

我们对"工程事故"深入分析后发现,这些不幸事件的发生,一部分是因为"天灾",更多的是因为"人祸"! 由于人为因素所导致的责任事故,主要表现为思想麻痹、心存侥幸、措施不力、投入不足等方面。有些"豆腐渣工程",与个别决策层领导的贪污腐败、不作为也密切相关。

个别部门、领导和专家在"事故调查、责任认定以及善后处理"过程中的荒唐行为,让人心寒。有些"专家"在"工程事故"调查认定过程中,违背良知和职业操守,说假话,作伪证,极大地损害了专家、学者在人们心目中固有的崇高形象。

《尚书·商书·太甲》曰:"天作孽,犹可违;自作孽,不可活。"呜呼! 我已无话可说。

"求解"生存与发展

工程哲学思维是理性的实践思维，以工程实践为导向，基本内容是"工程问题"的"求解"。工程哲学思维是唯物辩证法基本哲学原理与工程实践相融合的结晶，是工程实践活动的灵魂。监理企业的生存与发展，离不开工程哲学思维。换句话说，工程哲学思维也贯穿于监理企业的经营管理和工程监理活动的每个环节之中。

因此，无论是从事经营管理的监理企业家，还是项目一线的监理工程师，都应具备深厚的工程哲学素养，必须高度重视工程哲学思维和工程方法论的研究，尤其是对特定约束条件和资源条件下各类复杂问题的认识、分析和处理。

生存与发展

在工程共同体中，工程监理企业是不可或缺的重要成员之一。监理企业的生存与发展，涉及工程共同体各相关方的利益诉求及其行为，关系到工程目标能否实现，当然也是工程哲学研究的重要内容之一。

监理企业的生存与发展是一个很大很复杂的研究课题，涉及企业的发展定位、业务领域、市场策略、经营管理、人才与技术以及企业文化等众多因素，似乎很难找到一个分析与解决之道。显然，这是一道典型的对于"特定约束"和"特定资源"条件下的复杂问题的"求解"。

要解开这道难题，需要运用唯物辩证法的基本哲学原理。对立统一、质量互变和否定之否定三大规律，现象与本质、原因与结果、必然与偶然、可能与现实、形式与内容五大哲学范畴，是人类认识世界取得的重要成果，揭示了事物普遍联系和发展的基本环节，反映了事物的本质属性和普遍联系，也为我们的分析和研究找到了"钥匙"。

对社会经济来说，一家监理企业或许只是很小的经济单元。对于监理企业自身来说，它是包含在社会大环境下的一个独立体系。研究监理企业的生存与发展，离不开监理企业所处的外部环境因素，核心当然还在于监理企业自身的内在因素。

用唯物辩证法的基本哲学原理来分析，答案是显而易见的。监理企业必须"顺天道、应人道"，监理人员要"守正道、成匠道"。这是监理企业生存与发展的必然选择，既来自环境的外部生存压力，也来自体系的内在发展动力。

内因与外因

唯物辩证法原理告诉我们：内因是变化的根据，外因是变化的条件，外因必须通过内因起作用，任何事物的发展都是内外因共同作用的结果。

监理企业当然也不会例外。目前在住房和城乡建设部注册的监理企业和在交通运输部注册的监理企业众多，尽管不同监理企业所属的行业、所从事的业务领域和专业方向有所区别,但所有监理企业置身的时代背景、所处的外部大环境是完全一致的,监理企业的生存与发展,以及在发展过程中所呈现的巨大差异,说到底还是监理企业自身的内在原因所致的。

影响监理企业生存与发展的内在原因都有哪些呢?笔者曾经在《企业经营管理的"道法术器"》中作过详细分析,不外乎"道、法、术、器"四个层面。其中,"道"是"灵魂","器"是"工具","术"是"方法","法"是"规矩"。在"道"的统领下,四大要素彼此独立又互相支撑、互相渗透、互相影响、互相制约,确保体系的有效运转。

企业的生存与发展,离不开"器""术"和"法"。"器"是一个"资源性"要素,主要指"生产设备""装备水平"和"检测手段"等核心资源,当然也包含"技术"与"人才"资源,是一个企业核心竞争力的象征。"术"主要指企业经营管理的"战略"与"战术"。笔者多次讲过的"拔萝卜与割韭菜""爬楼梯与上电梯""兔子与骆驼""借船出海与借鸡下蛋"等故事,都是"术"在企业经营管理中的实践案例。"法"是指运行规则、管理制度、经营管理模式、工作程序以及操作指导书等,以确保管理层能够将企业的发展理念、发展愿景、目标和计划,从上而下地准确传达给企业员工并确保贯彻落实。

真正决定企业生存与发展最核心的要素,当然还在于"道"。《易经·系辞》曰:"形而上者谓之道,形而下者谓之器。""道"是一家企业核心价值观、核心理念、企业文化的综合体现,是一个非常深奥的概念,需要我们用心感悟。历经多年的实践摸索、智慧沉淀以及醍醐灌顶的灵光乍现,笔者"悟"出了监理企业生存与发展之道,即在于"顺天应人,守正成匠"。

"顺天道",就是要顺应自然、顺天而为。在企业经营管理中,所谓的"天"是不能改变的市场环境和政策要求。"应人道",首先在于承担社会责任,企业除了盈利,必须具备社会责任感,才能够最终获得社会的普遍认同。其次,作为企业还需要尽可能满足和实现客户的需求、员工的需求、股东的需求。当共同的需求都得到实现时,企业也就获得了全面的发展。

体系与环境

监理企业是一个独立的体系,置身于社会和市场的大的环境之中。外部环境因素是变化的条件,内部体系因素是变化的根据,监理企业的生存与发展是内外因共同作用的结果。

监理企业必须明确企业的基本定位,找到自己的"坐标点"。首先,监理企业的管理者必须"摸清家底",对监理企业的内部体系的资源条件和管理状况了如指掌,弄清楚"我是谁,我有什么资源和能力";其次,要进行"市场调研",对企业外部环境的变化能够明察秋毫,弄清楚"我处于什么样的生存与发展环境"之中,包括宏观政策、市场环境、竞争对手与合作伙伴等。

"摸清家底"对一家监理企业来说是极其重要的工作。很多监理企业遭遇到严峻的生存考验,定位、方向和目标都出了问题,最根本的原因是没有"摸清家底",当然也就不知道从何处下手、如何应对了。笔者认为,监理企业家要做到"耳聪目明、判断准确,反应迅速、应对得当",前提条件就是要投入足够的时间、精力和资源,对"体系和环境"进行深入的调查研究。

早在十多年前,笔者在中国船级社实业公司担任总经理期间,曾组织过一次大规模的"摸清家底"调查研究工作。针对"体制机制、商业模式、信用评价、客户关系、资质条件、业务状况、业绩统计、人才资源、技术能力、资产资源、标准规范、质量体系、安全生产、信息管理、企业文化、综合管理"十六个方面内容,通过召开专题研讨会、客户访谈、深入一线项目、查阅案卷资料、统计分析等多种形式,对近十年来的所有数据进行收集、汇总和分析,取得了明显的成效。这次大规模的调查研究,为制定企业"十二五""十三五"发展规划,乃至其后制订年度发展计划等,都奠定了扎实基础。

"市场调研"对一家监理企业来说,也是很重要的工作。同样在担任总经理期间,笔者每年都组织一次有规模的市场调研活动,内容主要包括"宏观政策环境、行业发展状况、市场环境、新技术发展、竞争对手与合作伙伴"等方面。外部环境尤其是市场状况的变化总是瞬息万变的,因此这样的调研必须每年持续进行。

孙中山先生说:"世界潮流,浩浩荡荡,顺之则昌,逆之则亡。"外部环境的变化是不以监理企业的意志为转移的,监理企业要生存发展,必须与时俱进,顺应潮流。

理念与文化

监理企业的生存与发展,环境因素是外因,自身因素才是内因。通过"摸清家底"深入的调查研究和分析,在"道法术器"四个基本要素中,作为"企业价值观、发展理念、企业文化"综合体现的"道",是灵魂,是统领,是决定企业生存与发展的核心所在。

唯物辩证法原理告诉我们,人生价值包括两个方面:一是个人对社会的责任和贡献,二是社会对个人的尊重和满足。这同样适用于监理企业,衡量一家监理企业的价值,既要看其在物质方面对社会的贡献,又要看它在精神、思想道德方面对社会的贡献。

先进的理念和文化,是监理企业核心竞争力的体现。工程监理的业务属性是风险控制,核心内容是安全质量。作为工程安全质量的守护者,监理企业要"顺天道、应人道",监理人员要"守正道、成匠道",说到底就在于承担社会责任、履行工程职责,这是监理企业文化的核心内涵。

2018 年 12 月 29 日,青岛交通监理 20 周年总结表彰大会暨交通咨询高峰论坛在山东青岛举行。程志虎受邀参加,以"港珠澳大桥建造技术创新与质量安全控制"为题作了精彩演讲

工程创新的哲学内涵

——工程哲学笔记（七）

改革开放四十余年，中国的经济持续快速发展，工程建设领域取得了举世瞩目的成就。三峡工程、西气东送、南水北调、青藏铁路、京沪高铁、港珠澳大桥等一大批超级工程的创新成果，吸引了全世界关注的目光。工程创新，业已成为一个响彻云霄的时代强音。

作为一个工程哲学命题，"工程创新"还是一个十分模糊的概念，国内外公开发表的研究论文并不多。李伯聪先生在《工程哲学和工程研究之路》中指出，工程创新是一个亟待加强研究的新课题，深刻理解工程创新的内涵，掌握工程创新的特点和规律，对开展工程活动、促进经济社会发展具有重要的意义。

笔者认为，工程创新不仅体现在科学、技术层面，还包括理念创新、管理创新、模式创新、方法创新以及相互之间的交叉与融合。工程创新贯穿于工程活动的全过程和全要素之中，借助工程平台，通过不断地"扬弃"进而实现在一定的边界条件下的"集成与优化"。工程创新的本质是"集成性创新"，工程创新的哲学内涵是"有批判地继承"。

平台与战场

殷瑞钰、汪应洛、李伯聪等在《工程哲学》（2013年7月，第二版）中指出："工程是直接生产力，工程创新是创新活动的主战场。工程架起了科学发现、技术发明与产业发展之间的桥梁，是促进产业革命、经济发展和社会进步的强大杠杆。"

笔者的理解是，工程为创新活动提供了一个尽情施展聪明才智的平台。换句话说，工程项目是工程创新的主战场。无论是突破性的科学发现、渐进性的技术发明还是其他各类创新成果、知识成果的转化，归根结底都需要在工程活动中"实现"，并据此检验其有效性与可靠性。离开了工程平台，工程创新也就无从谈起了。

在"自然—科学—技术—工程—产业—经济—社会"的知识链条和知识网络中，工程位于"中心"地位。一般说来，科学知识、技术知识都需要通过"工程平台"才能转化为直接的生产力。没有"工程化"，游离于工程活动之外的科学发现、技术发明，都只能是"潜在"的生产力。从这个意义上说，工程是直接生产力。

继承与创新

对科学发现和技术发明来说，工程创新的本质是在一定边界条件下的"集成与优化"，当然也离不开对人类既有知识、技术和经验的继承。

作为人类有计划、有组织的造物活动，任何一个工程项目都有明确的目标，并在目标和功效导向下选择最成熟、最安全、最经济、最高效的手段。因此，工程项目必然要充分利用人类既有的知识、技术和经验，最大限度地降低各类风险。无疑，工程活动中包含了大量的继承性因素。

　　然而,每一个工程项目的"边界条件"都具有"唯一性"和"当时当地"的独特个性,这使得"创新"成为对于工程活动的"绝对要求"。李伯聪先生在《工程哲学和工程研究之路》中,从哲学的角度对此进行了深入剖析,他认为工程是一种"活动",工程项目的实施是一个"事件";"事件"是本体论的最小单元,最大的特点就是具有"唯一性"。换言之,任何工程项目都是因时、因地、因人而变化的,"不可完全重复"的,具有"唯一性"的工程活动,必须有针对性地进行创新。

　　这并不难理解。每一个工程项目的边界条件都不一样,遇到的问题也不一样,这逼迫着你必须进行"工程创新"。事实上,"创新"的过程就是对于工程问题的"求解"过程,工程问题解决了,便实现了"工程创新"。

突破与渐进

　　根据性质和强度,工程创新通常可分为突破性创新和渐进性创新。突破性创新往往立足于基础科学层面的原创发现,或是依据新的技术原理和技术路线,替代原有技术,改变原有的思维和生产方式,带来产业变革,如晶体管替代真空管、芯片替代晶体管、计算机的发明等都属于突破性创新。渐进性创新也称为积累性创新,通常是通过对某些局部的改进来实现的,如个人计算机从 286 机到 386、486、奔腾Ⅰ、奔腾Ⅱ……

　　在工程实践活动中,既要重视突破性的工程创新,也要重视渐进性的工程创新。尽管突破性创新体现出高超的才智和重大的突破,但绝大多数工程创新很少依赖于基础科学层面的原始创新,而是通过知识、技能的渐进性积累、综合集成、逐步改进和加以完善来实现;这类创新通过积累效应和集成效应同样可以产生重大的经济社会效益和历史性影响。

交叉与融合

　　当今社会的发展日新月异,工程项目所面临的重大技术难题愈来愈趋向综合性、复杂化。学科与学科之间、科学与技术之间、自然科学与人文社会科学之间,不断交叉与融合。

　　以现代桥梁工程的创新发展为例。"工厂化、大型化、装配化和标准化"的创新发展趋势,离不开技术创新、管理创新,更离不开理念创新。就像近年来被广泛认同的"桥梁快速施工方法",与其说是一种方法创新,不如说它是一种理念创新,"把天上的活儿拿到地上来干,把野外的活儿拿到工厂里来干,把海上的活儿拿到陆地上来干"。具体办法,就是通过"工厂化""标准化"的构件预制,以实现"大型化""装配化"的快速施工,在降低成本的同时,使安全质量得到更好的保证。

　　港珠澳大桥工程是现代桥梁工程创新的一个典范。40 余万吨钢箱梁、大批量钢混组合梁、6.7 公里的沉管隧道、20 余公里的非通航孔桥的墩身,甚至部分承台,都是通过"工厂化"预制,最后借助大型水上起重设备进行吊装完成安装的。

　　需要指出的是,港珠澳大桥工程"工厂化、大型化、装配化、标准化"快速施工理念和方法离不开新材料、新技术、新工艺、新装备、新手段的创新运用。而这一系列的创新运用,或许在其他行业、其他领域早已积累了许多成功的经验;但在桥梁工程中,它们却是实实在在的

"第一次"。虽然这些材料、技术、工艺、装备和手段并不一定是港珠澳大桥工程的"原创",但它们在港珠澳大桥工程上得到了成功应用,并在这一工程中"再创造",使它们得以实现跨行业、跨领域的交叉与融合。这种交叉与融合,是实实在在的工程创新。

最典型的案例,当属港珠澳大桥主桥工程钢箱梁的加工制造。U形肋坡口数控成型技术、U形肋自动组装定位技术、反变形多头机器人智能焊接技术、电弧跟踪技术、焊接数据信息化系统、长线法拼装技术、相控阵超声检测技术,以及自动化、智能化焊接设备,2000吨级大型起重设备,超长钢箱梁拼装胎架等成套技术、装备和手段的成功开发运用,在桥梁钢结构加工制造领域都是"第一次",取得了非常显著的成效,推动着中国桥梁钢结构制造行业走到世界的前列。

他山之石,可以攻玉。交叉与融合是对人类现有认知和科学成果跨学科、跨领域的传承和弘扬。它是工程创新的重要表现形式之一,也是工程创新的重要途径和手段。

壁垒与陷阱

"工程创新"是一把"双刃剑",如果不能突破"壁垒"、躲避"陷阱",工程创新活动必将导致失败,甚至伤及自身。李伯聪先生在《工程创新:突破壁垒和躲避陷阱》一书中,运用"壁垒和陷阱隐喻"对"工程创新"及其"理论与实践智慧"进行了深入分析。

他指出,"壁垒"常常明确而有形地矗立在创新者的面前,必须花费气力才能越过;而"陷阱"不但是隐蔽的,而且常常使人在无意识的状态下就掉了进去。从正面看,创新的成功皆可归因于能够成功地突破壁垒和躲避陷阱;从反面看,创新的失败皆可归因于未能够成功地突破壁垒和躲避陷阱。对工程中"为了创新而创新"的倾向,李伯聪先生也提出了批评。

理智与变通

近年来,工程界对"创新"的追求,似乎有些变味。且不说那些不顾功能性与经济性,刻意追求"最长、最高、最大、最美、最……"的工程结构大有蔓延之势,在施工组织、项目管理方面也标新立异,追求所谓的"创新"。

出于监理工程师的职业敏感,笔者认为应该理智地对待"创新"。尤其在施工组织、项目管理等方面,建立健全"规范化""标准化"的项目管理体系、风险防控体系,或许更加迫切。

中国有5000多年的文明历史,一些与现代工程管理制度格格不入的"传统习惯",不是一朝一夕就能够改变的。并且,中国人讲究"中庸之道",善于"变通",与现代管理制度中近似"教条"的"程序"和"流程",很难融为一体。值得注意的是,那些带有随意性的"变通",一旦披上了"创新"的外衣,对于工程项目的安全质量来说,或许就是一场灾难。

监理工程师的"看家本领"

——工程哲学笔记（八）

在 20 余年的总监生涯中，笔者曾经得到过许多前辈专家的指点和帮助。今日与大家分享的是笔者在 2001 年至 2004 年担任润扬大桥悬索桥上部结构总监期间，与已故著名桥梁专家陈新院士面对面、零距离交流的往事。陈新院士关于工程监理与工程之道的论述，高屋建瓴，堪称经典。

陈新院士是我国桥梁工程界德高望重的知名专家，曾经参与和主持了南京长江大桥和九江长江大桥的设计工作。陈新院士也是工程监理的前辈专家，曾经担任南京长江二桥、南京长江三桥、润扬长江大桥下部结构的总监理工程师，得到过朱镕基总理的亲切接见。

陈新院士说，工程监理集专业技术、管理科学与协调沟通艺术于一身，是一门复杂的综合性交叉学科。监理工程师要切实履行职责，不仅需要具备较强的专业技术能力，还得有较高的工程哲学素养，更应该得心应手地掌握"工程问题求解"的方法与途径。"懂技术，善管理，会协调"，是监理工程师的"看家本领"。

一晃 10 多年过去了，陈新院士已驾鹤西去，但其音容笑貌、谆谆教诲，笔者至今记忆犹新。

只有更专业，才能更卓越

"只有更专业，才能更卓越。"这句话最早是笔者 2011 年 8 月在《港珠澳大桥钢箱梁制造工程监理策划意见书》中提出来的一句宣传口号，想要表达的是船级社组织与钢结构加工制造及其检测技术的渊源，可以追溯到 100 多年前《钢质海船制造与检验规范》的诞生。近年来，中国船级社实业公司更是"以钢为纲"，坚持专业化发展方向，造就了一批精通专业技术的监理人才队伍，圆满完成了港珠澳大桥钢箱梁制造工程的监理工作。

出人意料的是，这句话竟然被很多人视为一个工程哲学命题，上升到工程哲学的高度，涉及科学、技术与工程的关系。笔者在《从"一元论"到"四元论"》一文中已经作过深入分析，这里不再赘述。

每个工程项目，都有自身技术特点。以桥梁工程为例，即便是同一种桥型（悬索桥、斜拉桥、拱桥或板桥），每座桥梁的结构形式、构造细节、技术要求和边界条件都不一样。一名优秀的总监，必须对整个工程有完整的把握并进行针对性的策划，准确掌握工程的设计要求和技术规范，明确工程的特点、难点和重点，找到核心关注，从技术上、组织上、制度上予以充分保障。

只有更专业，才能更卓越。如果没有一大批精通专业技术的高层次人才，工程监理将寸步难行。南京长江二桥、南京长江三桥以及润扬大桥下部结构土建工程的总监，均由赫赫有名的桥梁专家陈新院士出任,就是很典型的案例。

分轻重缓急,抓主要矛盾

唯物辩证法原理告诉我们,在事物或过程的多种矛盾中,各种矛盾的地位和作用是不平衡的,总有主次、轻重之分,其中必有而且只有一种矛盾居于支配的地位,对事物发展起决定作用,这种矛盾就是主要矛盾。

分轻重缓急,抓主要矛盾,作为一个工程哲学命题,是典型的"工程方法论"问题。换句话说,监理工程师在处理工程问题的方法上,一定要集中力量抓主要矛盾,解决核心问题。这是监理工程师的看家本领之一,对工程总监来说尤为重要。

工程中的各类问题和矛盾层出不穷,旧的问题、旧的矛盾解决了,新的问题和新的矛盾又产生了;原来的主要矛盾下降为次要矛盾,原来的某次要矛盾上升为主要矛盾。一个真正优秀的总监,必须具备过硬的技术能力、管理能力和综合协调能力,分得清轻重缓急,抓得住主要矛盾,及时、妥善地处理好工程中发生的各类问题和矛盾,确保工程目标的实现。

科学方法与工程方法

此前,笔者曾经深入分析和研究过工程监理的责任与使命,以及一个职业监理工程师应该具备的理念、品格、操守、良知、热情和担当,这更多地属于"工程理念"范畴。从"工程方法论"的角度来解析工程监理,监理工程师既要懂得科学方法,又要掌握工程方法。

科学以发现为目的,科学工作者要敢于"大胆假设",但又必须"小心求证"。科学方法的核心在于实事求是,一就是一,二就是二。监理工程师在试验检测、巡查抽查过程中,要确保数据的准确性、可靠性;对工程问题的发现和描述必须实事求是,既不能夸大事实,也不能隐瞒真相,更不能弄虚作假。

工程的目的是"造物",以目标和问题为导向的工程方法论,其核心在于对"工程目标函数"和"工程问题方程"的"求解"。"求解"的过程,就是在给定的初始条件和约束条件下,从初始状态出发,经过一系列中间状态而达到目标状态的动态过程。"求解"的方法,包括创新传承、交叉融合、调查研究、沟通协调、妥协让步、统筹规划、方案论证、综合比选、理论分析与试验验证等,这些都是最典型的工程方法。

毋庸置疑,对工程方法的准确把握和熟练运用,是监理工程师的看家本领。监理工程师对工程中各类问题的处理,需要善于运用工程方法深入调查研究,主动沟通协调,善于听取工程共同体各方的意见,统筹兼顾,确保问题得到妥善解决。

"工程方程"的"六解"

工程共同体,是责任共同体、命运共同体、利益共同体,也是矛盾共同体。工程共同体成员之间,常常因为信息不对称而产生误解,因为各自的角色定位、责任和利益诉求而产生争议和矛盾。

以港珠澳大桥工程项目为例,工程共同体成员单位包括咨询单位、设计单位、承包商、分包商、监理单位等,有近百家之多,仅钢箱梁的制造加工与安装工程涉及的单位就有 30 余家。如何使大家融入港珠澳大桥工程统一的管理模式和规范之中，协调一致地开展工作，是一个很大的难题。管理与协调，就成为监理工程师切实履行监理职责的重要内容。

管理大师德鲁克说过，管理与协调的本质就是建立信任、化解矛盾。工程是一个"多元目标函数"，衍生一道又一道"工程方程"，需要工程师"求解"。工程项目管理的精髓，在于善于运用调查研究、沟通交流、组织协调等方法，帮助我们求得"工程方程"的"六解"：了解、理解、谅解、和解、化解、迎刃而解。

事实上，"工程方程"的"六解"及其对应的"沟通与协调"等方法，不仅适用于对工程问题的"求解"，也适用于学习、生活和工作中对人际关系及其各种矛盾的处理。

人与人之间，如果缺乏了解，又如何能够去换位思考进而相互理解呢？又如何能够做到相互信任进而达成谅解呢？如果彼此之间始终不能消除误解，又如何能够实现和解呢？相互之间的矛盾又如何才能化解呢？一旦消除了误解，实现了和解，化解了矛盾，所有问题都将迎刃而解。这一切，都要归功于沟通与协调等方法。

沟通与协调，是最基本的人际交流方法，也是最高效的项目管理与工程监理方法。说起来简单，做起来很难。协调与沟通是一个动态的过程，沟通与协调的效果好坏，能否"求"得到我们所期望的"六解"，与沟通与交流的方式、时机、场合与技巧都密切相关。正因为如此，它常常被称为一门艺术。

两点之间的直线距离

港珠澳大桥管理局副总工程师刘吉柱曾说："两点之间的直线距离最长。"这句话非常耐人寻味。但凡学过数学的人都知道，两点之间的直线距离是最短的，刘先生却颠覆性地提出"最长"，这是为什么呢？抛开数学原理，用工程方法论的逻辑来理解这句话的涵义，或许能够找到答案。

无论是"工程问题"的"求解"，还是处理学习、工作与生活中的人际关系与矛盾，如果你不问青红皂白直奔主题，结果往往会很不理想，甚至是适得其反。这就像爬山一样，要从山脚爬上山顶，如果沿着一条直线往上爬，或许你永远也爬不上去；因此，你只能绕着山腰一圈又一圈地向上爬。

因此，沟通与协调能力是衡量监理工程师执业能力的一个重要指标。一个经验丰富的优秀总监，一定是沟通与协调的高手。

世界上最遥远的距离

—— 工程哲学笔记（九）

工程是一个"多元目标函数"，派生出一道又一道"工程方程"，需要工程师去"求解"。在给定的初始条件下，随着约束条件的不断变化，层出不穷的"工程问题"将呈现出各种难以预测的复杂形态和动态特征；尤其对重大工程项目而言，融技术复杂性、管理复杂性和人的复杂性于一体的"工程复杂性"，让"求解"过程变得更加困难和扑朔迷离。

或许，这正是它的魅力所在。工程复杂性问题近年来受到了工程界和管理学界的共同关注，深层次的原因恰恰在于它与"人的不确定性"紧密地联系在一起。作为一个重要的工程哲学命题，工程复杂性问题还涉及工程管理、工程伦理、工程方法论等许多范畴和概念。

今日与大家分享的，是笔者近几个月来与高星林、李英博士等知名专家关于重大工程管理复杂性问题的探讨及其解决方案。

人心，是工程管理复杂性的根源

"世界上最遥远的距离，不是生与死的距离；而是我站在你面前，你却不知道我爱你。

"世界上最遥远的距离，不是我站在你面前，你不知道我爱你；而是爱你爱到痴迷，却不能说我爱你……

"世界上最遥远的距离，不是彼此相爱，却不能在一起；而是明明无法抵挡这股气息，却还得装作毫不在意……"

这是印度诗人泰戈尔著名的诗歌 The most distant in the world（《世界上最遥远的距离》），读来令人感慨万千。凄美的爱情，纠结的内心。是的，世界上最遥远的距离，不是生与死的距离，不是时间上的跨越古今，也并非空间上的囊括宇宙，而是一种最难逾越的心与心的距离。

雨果也说过："这世上最辽阔的是大海，比大海更辽阔的是天空，比天空更辽阔的是人的心胸。"是啊，人心，深不可测；人心，高不可攀；人心，远不可及。咫尺天涯，方寸天下，世界上最遥远的距离，是心与心的距离。

人是工程活动的主体。工程活动不但涉及人与自然的关系，还涉及人与人、人与社会、个人与集体等不同层次的关系。工程中的一切问题，无论是简单的还是复杂的，都与人有关；当然，也只有人，才能找到解决工程问题的正确答案。从这个意义上说，人心，才是工程管理复杂性的"根源"；甚至也可以说，人心是一切复杂性的"根源"。

王阳明的"心学"，是管理学，也是实践论

"阳明心学"揭示的最大真相，是我们根本没有看透世界的真相。每个人与世界之间，都不自觉地隔着一堵墙。只有当我们唤醒自我意识，让自我觉醒觉悟，心才能真正感应到世界

的真实存在。心灵感受到了，还要做到"知行合一"，才能修道成圣，在实践中展示出强大的威力。

对于这个道理，王阳明在解读平定"宁王之乱"时，概括为"此心不动，随机而动"。这八个字，堪称王阳明的"八字真言"，建立在阳明学说"事上磨练"与"知行合一"的基础之上；反复锤炼、不断唤醒内心的"良知"，当"良知"精察才能做到，不然"临事便要倾倒"，还是立不住，此乃阳明心学的最高精华。其中所蕴含的道理，是世间最高明的心理学，也是管理学的基础。

内心纯净精粹了，研究任何事物就相对简单了，这是阳明心学自我修炼的法门，也是区别于朱熹早年学说的关键之处。"人心惟危，道心惟微；惟精惟一，允执厥中"，这是《尚书》中的方法和境界。只有尽可能地摒弃小我和私欲，内心充盈，心态平和，才能洞察精微。

心理学的核心在于"心"，管理学的核心也在于一个"心"字。王阳明的"心学"，是心理学，是管理学，也是实践论。

管理的核心在于"人心"

人心是最复杂的，因此管理必须从人心入手。管理大师德鲁克说过，管理的本质就是建立信任、化解矛盾。这与王阳明的"心学"是一脉相承的。

王阳明一生的学说，核心精华在于"事上磨练""知行合一""致良知"和"四句教"，归根到底是实践的学说，建立在"事上磨练"的实践基础之上。"知行合一"是成圣之道，是发扬通透的"良知"本体实现其伟大事功的"行"。有鉴于此，工程总监应该不断地提醒自己和自己的团队，要修炼强大的内心。

事实上，作为一个工程师，我们不但要修炼自我，还要洞察世道人心，要能够充分了解人的离散性和复杂性并加以引导。按照老子的说法，"挫其锐，解其纷，和其光，同其尘"。实际上，真正解开工程复杂性的钥匙，是人心。它是工程复杂性的"源"，也是工程复杂性的"根"。

港珠澳大桥：以合同履约为基础的伙伴与合作关系

港珠澳大桥管理局提出的"以合同履约为基础的伙伴与合作关系"的核心理念能够得到业界的广泛关注和高度认可，得益于李英博士的译著《伙伴关系——厄勒海峡通道项目管理成功之道》。作为荷兰隧道工程咨询公司（TEC）驻中国的首席代表、驻场项目经理，李英全过程深度参与了港珠澳大桥人工岛和沉管隧道的设计与施工咨询，是"伙伴关系"的积极倡导者和践行者，对咨询过程中所遭遇的挑战和冲突感受真切。

随着港珠澳大桥岛隧工程设计与施工的不断推进，承包人和咨询单位之间逐步产生矛盾和摩擦，冲突不断升级。2013 年，在隧道半刚性的争议中，双方针锋相对，合作关系也降到"冰点"。

"语言障碍和文化差异是一方面原因，真诚愿望与心灵沟通才是最重要的，需要在中外双方之间架起一座'桥梁'。"通过对伙伴关系的反思，李英调整了自己的角色定位。她一方面尽可能融合和平衡双方，积极促进双方的沟通和交流，让双方都觉得受到尊重；同时提升自身专业知识，积极促进提供对承包人更有帮助的实用信息和咨询意见；再就是调整日常工作方式与思想观念,尽可能多地进行面对面交流,现场办公直接解决问题,避免双方无休止的文件来往。

日积月累,双方逐渐形成了理解和包容的态度,重新建立了信任,"伙伴关系"也达到了新的高度。项目临近完工之际,岛隧工程设计与施工总承包人向荷兰隧道工程咨询公司真诚致谢:"七年建设历程,将是双方永远铭记的一段光辉岁月,也将成为双方携手合作最美好的回忆!"

对"伙伴关系"的解读

《伙伴关系——厄勒海峡通道项目管理成功之道》并没有对"伙伴关系"给出一个明确的表述。笔者不敢对"伙伴关系"妄下定义,在与李英多次交流后,作如下简要解读。

通常,"伙伴关系"可以有"广义"与"狭义"两种理解。从"狭义"上解读,伙伴关系应该限定在"工程共同体"之中,当然是一种工作关系。这是工程师的解读。引申开来,伙伴关系也可以推广到更"广义"的人际交往之中。比如说,与朋友结伴去完成一次艰难的徒步旅行,也可以看成是伙伴关系。

无论是"广义"还是"狭义",能否建立"伙伴关系",有几个重要的行为准则,比如说"共同的目标""真诚的愿望""积极的行动""深入的交流""善于沟通协商"与"敢于妥协让步"等。其中,"共同的目标"与"真诚的愿望"是前提,"积极的行动"与"深入的交流"是途径。

有鉴于此,笔者认为,工程中的伙伴关系,是建立在各自切实履行国家法律法规与合同赋予的职责、权限和义务的基础上,围绕共同的工程目标,相互之间所建立的紧密合作、和谐协调的工作关系。

如何建立"伙伴关系",其实也是一道"工程方程"。求解的过程,是动态的、繁杂的,甚至是闹心的。要跨越心与心之间的"鸿沟"和"高山",需要架设一座"桥梁"、开凿一条"隧道",需要付出真诚、热情和耐心,才能依次求出"六个解"——了解、理解、谅解、和解、化解、迎刃而解。

有时候,真诚付出不一定都能得到回报。"无解"的情况在工程中也时有发生。双方关系进入"冰点",针锋相对,势不两立,互相伤害。一旦项目结束,一拍两散,各自打道回府,永不相见。显然,这不是伙伴关系。

工程共同体内部的斗争与矛盾,或许是不可避免的。因为信息不对称而产生误解,因为利益诉求不同而产生矛盾。沟通与协调是常用手段,妥协让步也是解决问题的方案。我想,即便"斗争",也一定得有"底线",第一不能损害工程项目总体目标的实现,再就是不能牺牲工程的质量安全。因此,工程共同体成员必须有"底线思维",要恪守"工程伦理"。

跨越心与心之间的"鸿沟"

工程共同体是利益共同体,也是命运共同体,更是责任共同体。在工程共同体内部,艺术处理相互之间的关系,是工程管理问题,也是工程伦理问题。跨越心与心之间的"鸿沟",建立伙伴关系,是一个行之有效的解决方案。

工程何须天下最

> 造物有道非常道,创新无价有匠心。
>
> 魔鬼恰在细节中,工程何须天下最。

这首寓意深刻、境界高远的小诗,是 Myint Lwin 先生 2014 年 7 月在中山马鞍岛港珠澳大桥钢箱梁制造基地与笔者围绕"工程理念与工程观"话题进行探讨时的即兴之作,至今让笔者记忆犹新。

Myint Lwin 先生退休前曾经担任美国联邦公路总署桥梁技术总监,是国际桥梁工程界德高望重的知名专家。或许是因为祖先的中国血统,或许是因为缘分,Lwin 先生与笔者自 2007 年相识至今,一直保持着密切的联系和纯洁的友谊,并成为"跨国忘年交"。Lwin 先生对桥梁工程与工程之道的论述高瞻远瞩、高屋建瓴,极大地提升了笔者对工程哲学的认知。

造物有道非常道

工程活动是集体性、社会性的"造物"活动,必须从工程理念和工程观的高度来审视和指导工程实践。工程活动不但要改变人与自然的关系,而且会改变人与人的关系。

工程理念和工程观(包括工程系统观、社会观、生态观、伦理观、文化观等)是人们关于工程活动所形成的总体观念和基本观点,它渗透到工程活动的全过程,并深刻影响着工程战略、工程决策、工程规划、工程设计、工程建构、工程运行以及工程管理的各个阶段和环节。

《工程哲学》认为,工程活动要建立在遵循自然规律和社会规律的基础上,遵循社会道德、社会伦理以及社会公正、公平的准则,坚持以人为本、环境友好,促进人与自然、社会的协调发展。

创新无价有匠心

在工程中,"创新"往往与"个性化"联系在一起。近年来,随着当今社会"自我意识"的多元化回归、"创新思维"的不断激发,为了更加贴近个体的独特需求,个性化定制已成为一种新的生产模式,为人们所普遍接受。"个性化服务""个性化教育""个性化营销""个性化设计""个性化品牌"等一大批新的名词和概念层出不穷。或许,一个"个性化时代"已经来到我们身边。

在"个性化"大旗的掩护下,近年来建设工程领域诞生了一大批"最新、最美、最高、最长、最大"的创新作品,大都被标榜为"地标性建筑"。最具代表性之一的是矗立在首都北京东三环上的中央电视台大楼,因形状神似"大裤衩"而受到业界的争议。

与央视大楼遥遥相望的《人民日报》新大楼,在网上也"火"了一把。一组新大楼的照片,被网友送上"电熨斗""航母"等封号,甚至还有人调侃,该大楼的形象与央视大楼呈"阴阳调和"之态。

苏州的"秋裤"楼为大家增加了许多笑料,不过它还比不上沈阳的方圆大厦。直白得不能再直白的仿古钱币造型,总建筑面积达 4.8 万平方米,建筑高 99.75 米,一共 24 层。该建筑既高且厚,表达出对于金钱不加掩饰的崇拜,让人扼腕叹息。

被网友称为"奇葩"的桥梁结构是位于广西南宁市城区东南的南宁大桥。这座主跨 300 米的钢箱拱桥,采用令人匪夷所思的"曲线梁非对称外提篮式钢箱拱结构",因为其打破常规的独特设计,无论是工期,还是投资,都翻了两番。对地处偏远落后地区的广西壮族自治区来说,无论是从工程的经济性、安全质量、结构的耐久性来权衡,还是从自然环境与人文环境的和谐协调方面来考量,都是不合时宜的。

目前,桥梁工程界对"个性化"的追求,也似乎有些变味。且不说那些不顾功能性与经济性、刻意追求"最长、最高、最大、最美……"的桥梁结构大有蔓延之势,在施工组织、项目管理等方面也标新立异,追求所谓的"个性化"。更让人难以理解的是,那些无底线不断张扬的"个性化",无一例外、冠冕堂皇甚至理直气壮地披上了"创新"的外衣。

诚如 Myint Lwin 先生的诗句"创新无价有匠心","个性化"与"创新"并不是一对可以直接画等号的概念,关键还在于"匠心"二字所蕴含的"工程观"。假如哪一天你穿上清朝的长袍马褂、扎一根又粗又长的大辫子走上大街,相信你这种"复古"的"个性化"打扮,不仅能够吸引人们的眼球,没准还会有好心人把你送进精神病院。

现代桥梁工程呈现"多元化"的发展理念,其中"大型化、工厂化、标准化、装配化"是一个重要的发展趋势,与"个性化"理念既对立又统一,需要人们有更深刻的理解和更准确的把握。

唯物辩证法认为,共性寓于个性之中,并通过个性表现出来,没有个性就没有共性;另一方面,个性也离不开共性。任何事物,无论如何特殊,总要服从于同类事物的一般规律。也就是说,"标准化"寓于"个性化"之中,并通过"个性化"表现出来,没有"个性化"就没有"标准化";同时,"个性化"必须服从于"标准化"的一般规律。

出于监理的职业敏感,笔者认为应该理智地对待"个性化创新"。在桥梁工程实践中,如何深刻理解、准确把握和统筹兼顾"个性化"与"标准化"的对立与统一,笔者在此谈几点意见:

尊重科学,尊重规律,顺势而为,精益求精。不顾功能性、经济性,无视与自然环境的和谐协调,刻意去追求所谓的"个性化创新",只能是"搬起石头砸自己的脚",必将付出沉重的代价。

理智对待"个性化创新",积极推广"标准化产品"。笔者认为,能够以"标准化"进行推广的东西,一定是成熟的,能够最大限度地减少工程风险。

钢箱梁的"标准化",具体说,就是设计几种标准化的钢箱梁型,其材料、结构形式、规格尺寸、技术要求等,都是一致的,这样一来,工厂就可以设计与之配套的标准厂房、标准胎架、标准工艺等,钢箱梁就成了标准产品,成本大大降低,质量也能大大提高。推广"标准化"钢箱梁产品,也符合现代桥梁工程"大型化、工厂化、标准化、装配化"的建设理念。

工程项目管理也要"走标准化道路"。在桥梁工程中,因为融资的途径和渠道不一,目前流行多种项目管理模式,如 PPP 模式、设计-施工-总承包模式等。因为缺乏统一的管理标准,在项目实施过程中,常常因为"职责不清"而产生"扯皮"现象。

魔鬼恰在细节中

"Devil hides in the details"(魔鬼恰在细节中),这是西方人的谚语。我们说"细节决定成败",道理都是一样的。

近十多年来,我国"桥梁垮塌事故"频发。从表面上看,"体质先天不足、身体后天失养、生存环境恶劣",是造成安全事故的主要原因。桥上汽车超载,"压断了腰";桥下船舶偏航,"撞断了腿";桥旁无序挖砂,"掏空了基";桥梁安全运行的风险极大。

事实上,不断发生的"桥梁垮塌事故",暴露了我国桥梁工程建设过程中深层次的质量和效益问题。如果仅仅从设计角度去衡量,与国外桥梁强国相比,或许我们在技术上并不落后。以港珠澳大桥为代表,近年来产生了一批创新的设计案例,堪称经典。如果从施工技术及其装备来衡量,与其他先进国家相比,差距是显而易见的;如果再进一步从施工组织、项目管理方面去考量,我们的差距则更大。如果我们再深入一步,从安全质量意识、风险管理理念等方面去探究,已不能用"差距"衡量了。

中国与世界桥梁强国的差距,或许就在细节之中。

"细节"的概念,可以理解为"有形"与"无形"两种形态。有形的细节,如结构物的细部构造,结构制造、加工与安装的规范化与精准度,勘测、设计、施工的质量与准确性,规范标准、工艺文件的精细化程度等等,往往是可测量的、可考核的;无形的细节,主要体现在人的基本素质、文化理念和管理协调等方面,是精确性与混沌性的结合,往往在事后才能进行分析评判。

细节决定成败。中国要真正成为名副其实的"桥梁强国",必须在细节上狠下功夫。尤其需要从细节上入手的是管理者、工程师以及广大桥梁建设者们人文素质的提升。以科学的世界观与方法论、辩证的逻辑思维、对立统一的哲学思想指导桥梁工程实践,进而把桥梁工程做得更好。

工程何须天下最

21 世纪的今天,世界以其特有的速度发展,越来越多的"最"字号工程呈现在我们眼前。回顾过去,眼看现在,展望未来,对于"最"字号工程,我们应该理性地去看待。我们真正需要的,是有巨大价值与意义、重大文化内涵的品质工程。

工程理念是工程活动的灵魂

——工程哲学笔记（十一）

2020 年接近尾声,人类与新冠肺炎病毒的搏斗还在持续,我对于《工程哲学》系列著作的阅读与思考,也将告一段落。今日与大家分享的,是《工程哲学笔记》系列的最后一篇文章,也是我最为关注的一个工程哲学论题——工程理念。

工程理念是人们在工程实践中经过理性思考而形成的对工程活动发展规律、发展方向和理想追求的总体性、根本性观点,是工程观的集中体现。作为工程哲学的核心概念之一,工程理念已经在全社会范围内引起了人们愈来愈多的关注。

工程理念之所以如此引人注目,最核心的原因在于工程理念是工程活动的灵魂。任何工程活动都是在一定的工程理念指导下进行的;工程理念贯穿于工程活动的始终,是处于全局性、战略性、统帅性指导地位的观念、原则和方针,深刻地影响着工程战略、工程决策、工程规划、工程设计、工程建设、工程运行以及工程管理的各个阶段和环节。

工程理念是一个"总体性"的概念,包含工程价值观、工程系统观、工程社会观、工程生态观、工程伦理观、工程文化观和工程人才观等诸多内容。限于篇幅,我只能提纲挈领地进行简要解读。试图全面、完整、准确地理解和把握工程理念的内涵、作用和意义,建议"读原著、学原文、悟原理"。

工程价值观

任何工程都渗透着人的价值追求。人类的工程活动就是一个创造和提升价值的过程。根据工程满足主体需要的层面不同,可以将工程价值分成若干类型,如工程的经济价值、政治价值、生态价值、军事价值、社会价值和人文价值等。

通常说,一项工程包含着多种价值,这是由工程活动的跨领域特性以及利益主体多元化的现实所决定的。工程不仅塑造着"物性",也塑造着"人性",因此工程具有功利价值,也具有超越功利的人文价值。如果说功利价值是工程活动的直接目标,那么人文价值就是工程活动的根本旨趣。

科学理性的工程价值观,应以功能价值的充分发挥作为主导目标。在实际工程中,往往存在"潜在的""隐含的""病态的"价值追求。比如,单纯为拉动 GDP 而投资不必要的工程项目、为提升城市或地区形象不顾现实需求而大肆兴建"地标工程""献礼工程"等,这些目的对工程的影响很大,往往会扭曲工程的方向。

科学理性的工程价值观,倡导建立科学理性的工程价值系统评价体系。值得指出的是,工程价值评价体系的许多指标往往是互相矛盾、互相制约的,如工程的经济利益与环境保护之间的冲突、功利价值与人文价值的冲突、集团利益与社会利益的冲突、当代人的需求与后代子孙的冲突等。

工程系统观

工程是一个包含了多种要素的动态系统。在认识、分析和观察工程时,不但必须认识其组成的各种要素,而且必须把工程看成是一个复杂系统,用系统论的观点去认识、分析和把握工程,这是工程系统观的基本思想。

工程系统化是现代工程的本质特征之一。首先,现代工程活动越来越明显地具有复杂系统特征(如系统规模庞大,属性及目标多样,影响因素众多,人的因素、环境因素及经济性因素突出等);其次,各种专业、学科之间的交叉与融合程度越来越高;再次,现代工程对工程技术人员的观察视野、知识范围、实践能力等不断提出新的更高要求。

现代工程技术人员应具备工程系统观,掌握系统思维与系统分析方法,努力成为具有战略眼光、系统思想和综合素质的新型工程技术专家。

工程社会观

作为人类有目的、有计划、有组织的活动,工程关联自然与社会,同时具有自然性和社会性。工程的社会性体现在工程目标的社会性、工程活动的社会性、工程评价的社会性以及工程功能的社会性等多方面。在认识和分析工程活动时,不但必须认识和分析工程的自然维度和科学技术维度,而且必须认识和分析工程的社会维度。

工程直接关系到大众的利益和社会的福祉,工程绝不是也绝不能成为一个被专家垄断的领域,工程活动必须得到公众的理解,也必须有公众的参与。公众作为利益相关者,有权以适当方式参与到工程过程中去。社会应鼓励公众真正作为有资质的行动者,介入重大工程的决策、设计和价值评价过程,从而促成重大工程决策的科学化、民主化,从根本上将未来可能发生的利益冲突尽量解决在工程实施之前,将可能产生的负面影响消灭在萌芽之中。

工程生态观

近代以来,工程往往被不恰当地视为人类征服自然、改造自然的实践活动,对工程活动可能产生的对生态环境的破坏及其各种生态效应和风险估计不足,这种"征服自然"的工程理念已经对工程实践产生了严重的负面影响。

恩格斯说,当人类欢呼对自然的胜利之时,也就是自然对人类报复的开始。工程生态观倡导必须树立科学的生态理念,把工程理解为生态循环系统中的生态社会现象,要做到在遵循自然规律的基础上,促进人与自然的和谐共处与协调发展。

工程生态观主要包括工程与生态环境相协调的思想、工程与生态环境优化的思想、工程与生态技术循环的思想以及工程与生态环境再造的思想,这里不再赘述。

工程伦理观

工程实践不仅仅是一种改造自然的造物活动,也是一种关涉人、自然与社会的伦理活动。作为哲学的一个分支,伦理学集中研究人的行为和价值的道德领域,它要回答"一个人应当怎样生活和行动"这样的问题。工程活动内在地与伦理相关,或者说,伦理诉求是工程活动的一个内在规定。

工程活动涉及许多复杂的伦理问题,常常使工程共同体中的不同利益主体和工程人员陷入"伦理困境"。比如,在设计阶段会出现关于产品的合法性、关于是否侵犯专利权等问题,在谈判订立合同阶段会出现"恶意压低标准和价格"的问题,在施工阶段会出现"工程共同体内部利益冲突""质量、工期与费用冲突"的问题等。

工程伦理观的核心是要求工程各方及其相关利益者,在工程活动中体现出高尚、健全的伦理精神,摒弃道德上的丑恶、低下行为。关于工程师的职业伦理,涉及质量与安全、诚信、利益冲突、与雇主的关系等几个方面内容,需要引起我们的特别关注。

工程文化观

工程与文化具有密不可分的内在关联性。一方面,人类的工程活动离不开一定的文化背景;另一方面,工程活动直接影响到整个社会文化的面貌。

工程文化并不是工程与文化的简单叠加。所谓工程文化,就是"人们在从事工程活动时创造并形成的关于工程的思维、决策、设计、建造、生产、运行、知识、制度、管理的理念、行为准则、习俗和习惯等"。工程文化的内容,通常可以划分为理念层(精神——理念)、知识层(技能——知识)、制度层(制度——法规)、规范层(礼仪——规范)和习俗层(习俗——习惯)共五个层面的内容。

工程文化是工程与文化的融合剂,是促进工程活动健康发展的重要因素和力量。工程文化贯穿于工程活动的始终,对工程活动的各个环节乃至工程的发展图景都发挥着重要的作用和影响。

工程人才观

工程是在不断变化发展的。"历史"走到了"现在","现在"又要走向"未来"。当今世界正遭遇百年未有之大变局,社会、经济与环境的变化给未来的工程提出了一系列重大的挑战。面对不确定的未来,人类终究还得依靠自己,包括依靠高素质的工程人才。

新时代的工程人才观,对未来工程人才的基本素质及其培养途径提出了一系列的要求。这些素质包括"知识、智慧和创造力""组织领导才能""伦理责任""国际视野、跨文化的沟通能力、人际交往技能与合作精神""知识更新能力"以及"能够经常性地介入公共政策讨论和咨询"等。

《工程哲学笔记》结束心声

我是一名监理工程师,为自己选择了监理这份职业而感到庆幸和自豪,也深感责任重大。20余年来,围绕时刻盘旋在脑际的"监理之道"疑问,我对工程哲学的理论研究与实践探索,始终不曾停下过脚步。

或许是因为工程哲学太过深奥,或许是因为天资太过愚钝,我终究还是没有真正地"开窍"。但我始终坚信,哲学并非远在天边,而是就在我们的工作生活之中。只要我们用功读书,用眼观察,用心感悟,勤于思考,敢于实践,善于总结,就一定能够进入工程哲学神圣的殿堂;进而用哲学思想武装自己,更好地为工程监理服务。

2018 年 11 月 14 日,时任中咨公路工程监理咨询有限公司党委书记、董事长程志虎带队参观广吉高速公路赣江特大桥及泰和北服务区

美好的记忆值得珍惜

——总监往事（一）

在我20余年的总监生涯中，得到过许多前辈专家、领导和朋友的指点和帮助。我即将分期与大家分享的总监往事，都是亲身经历的鲜活故事。故事涉及的人和事，包括我童年的记忆与少年的梦想，监理项目中发生的重大事件，尤其是那些与我有过面对面、零距离交流的工程大家，对我所从事的监理职业乃至人生态度，都产生过重大而深远的影响。纵然时光无情，但我依然不会忘记他们，内心也充满感激。

需要强调的是，我没有能力、没有资格也没有必要，对故事中所涉及的工程大家的功过是非、成就大小进行总结和点评，只是记录了我在与他们交流过程中那些让我难忘、对我有所启发和教益的故事或片段。这些美好的记忆，值得我永远珍惜。

童年的记忆

我出身在江南最典型的工匠之家，是一名石匠的儿子。家里兄弟姐妹6个，我排行老六，妈妈昵称我为"六郎"。父亲是一位技艺高超的石匠，一直从事石拱桥的建设。父亲做人做事极其严谨，雕刻的石狮子美轮美奂，加上他为人重义守信，在当地很有名望。小时候，顽皮的"六郎"最兴奋的事就是跟随父亲到桥梁建设工地，在石狮子身上跳上跳下地玩，从小就对石拱桥有种特别的亲切感。

父亲主持设计监造的都是那种跨度很小的石拱桥，但工艺要求非常苛刻，对材料的选择和检验也十分严格。我常常看到父亲拿着一把铁榔头，伴随着对徒弟们的严厉训斥，将已经砌好但不合要求的石块敲得粉碎。父亲愤怒的神情、犀利的眼神，把顽皮的我吓得不敢说话。其实，父亲是一位很慈祥的人，曾经给我讲过很多关于赵州桥、广济桥、宝带桥等古代桥梁的动人故事。他告诉我，名闻天下的赵州桥是石匠李春设计监造的，距今已经有1300年历史了，依然完好无损，靠的就是匠人们对品质的苛刻坚守。

将不合格的石块敲得粉碎，是父亲给我留下最深刻的童年记忆。父亲愤怒的神情、犀利的眼神，常常浮现在我眼前，挥之不去。或许正是因为这个原因，多年来我对桥梁的钟爱，似乎总夹杂着一层浓浓的恐惧和敬畏。尽管如此，童年的我一直盼望着自己早日长大，将来一定要接过父亲的铁榔头和锋钢錾子，雕刻出比父亲的手艺还要精致的石狮子。

多年以后，我成了一名从事桥梁建设的总监理工程师。每次想起父亲和他的石拱桥，我总是充满自豪。父亲已去世多年，作为一个从事桥梁建设的"匠人"，他留给我的，绝不仅仅是这些回忆。

少年的梦想

少年的我，对未来充满着憧憬和想象。或许，我的梦想到达过许多遥远的地方，梦中的场景却总也少不了家乡的石拱桥。悬挂在石拱桥两侧石栏杆下方那一对对精美的石狮子头，直到今天，依然常常出现在我的梦中。

我的家乡，是江南水乡一座有着 2000 多年历史的古老小镇。小镇河道交织、石桥纵横、高墙深巷、水阁飞檐，到处都呈现出古色古香的园林景致。最让我留恋的，还是那一座座历经数百年风雨沧桑而依旧保存完好的石拱桥。我家门口那座有着 1000 多年历史的季子桥，是我们少年嬉戏的好地方，给我留下了许多难以忘怀的快乐记忆。

悬挂在石拱桥两侧石栏杆下方那对精美的石狮子头，是孩童们夏日戏水时的最佳跳台。小朋友们把汗衫背心和小裤衩脱下朝桥边一扔，一个接一个，动作娴熟地翻过石拱桥上游的石栏杆，晃晃悠悠地站在石狮子头上，匆匆忙忙地振臂做一个动作，喊一句口号"自由属于人民"，一个"冰棍"便跳将下去。未等冒出水面，香草河湍急的流水早已将我们冲到了拱桥的下游。接下来，我们拼命地游向岸边的石板码头，敏捷地爬上光滑的石板台阶，争先恐后地嬉闹着一路小跑便上到了桥面。然后再次翻过石栏杆，又是新的一轮……

我的家乡，也是桥梁专家茅以升和数学家华罗庚的故乡。我从小特别崇拜华罗庚，也因此特别喜欢数学，小的时候我的数学成绩一直名列前茅，不复习也能考第一，经常能做出连老师都解答不了的难题。那时候，我的理想就是当一名数学家。

当然，我也特别崇拜茅以升，他写的《中国石拱桥》以及他与钱塘江大桥的故事，我不知道读过多少遍。茅以升造桥、毁桥的爱国故事给了我很大的激励，我期望将来能够成为一名真正的桥梁工程师。尽管我对桥梁始终有一份敬畏和恐惧，但我已经下定了决心，即便将来我成不了茅以升，成不了李春，但我至少可以成为一名像父亲一样的工匠。

1979 年 9 月，我考上大学离开了家乡小镇。一晃 40 年已经过去，我读了大学，考上了硕士研究生、博士研究生，先后主持和参与了数十座特大型桥梁的监理检测工作。少年的梦想，已经变成了鲜活的现实。

"零"的突破

1988 年我研究生毕业分配到上海的时候，南浦大桥和杨浦大桥正在如火如荼的建设之中。我所在的研究所，参与了这两座特大型斜拉桥工程的钢结构监理工作。我曾经非常认真地向所里提出申请，期望能够参与到两座大桥的监理工作中去，但未能获得批准，理由是没有从事桥梁工程的经历。

其后数年，我一次又一次与参与桥梁工程的机遇擦肩而过，陷入了一个无法破解的死循环。因为没有从事桥梁工程的经历，所以就不能参与到桥梁工程中去；既然不能参与到桥梁工程中去，当然也就无法积累从事桥梁工程的业绩。

1998 年，我终于迎来了参与特大型桥梁工程的机会——厦门海沧大桥钢箱梁焊缝验收前无损检测监督抽检，实现了我职业生涯从事桥梁工程"零"的突破。能够获得这次机会，与我作为中国第一个无损检测（NDT）博士的专业特长有一定关系，更重要的是时任交通部总工杨盛福先生作为政府监督部门技术掌门人对于工程质量的高度关注和敏锐洞察。

海沧大桥钢箱梁焊缝的检测模式，主要依赖承包商的自检。然而，承包商对检测过程的控制和管理却非常松散,资源投入也明显不足,检测人员的技术水平、经验、责任心都有所欠缺。为此,杨盛福非常担忧,提出必须聘请第三方专业 NDT 机构对焊缝进行 20％ 的监督抽查。

中国船级社实业公司(CCSI)作为国家级独立的第三方专业 NDT 机构,获得了这次机会,成立了海沧大桥 NDT 监督抽查小组,由我担任总检测师。经过近半年的努力,抽查小组完成 93 个钢箱梁节段所有一类焊缝的 NDT 监督抽检,发现了大量承包商自检遗留在焊缝中的危害缺陷。CCSI 的出色表现赢得了政府监督部门和项目业主的高度赞誉,被交通部海沧大桥监督工程师办公室授予"质量卫士"光荣称号。

值得一提的是,海沧大桥钢箱梁焊缝 NDT 监督抽检工作,不仅实现了我从事桥梁工程"零"的突破,也实现了特大型钢结构桥梁质量监督模式的重大转变。海沧大桥钢箱梁焊缝 NDT 抽检所发现的问题是系统性的,引起了质量监督部门的高度重视。之后,交通部提出了钢结构桥梁"工厂自检＋监理平行检测＋政府监督抽查"的"三级"质量监督模式,并制定了有关桥梁钢结构焊缝质量监督抽查的法规和规范,一直沿用至今。

海沧大桥一小步,中国桥梁一大步。我有足够的理由相信,海沧大桥钢箱梁焊缝 NDT 监督抽检工作,将载入中国桥梁建设的史册。

白色旋风,跨海越江

自 1998 年在海沧大桥项目实现"零的突破"之后,由我领导的 CCSI"依水登陆"进入了桥梁工程监理领域,首先在润扬大桥悬索桥上部结构监理项目中刮起了"白色旋风",紧接着在重庆菜园坝长江大桥、朝天门长江大桥工程中取得新的突破。2011 年,CCSI 凭借无可争议的骄人业绩和深入到位的技术策划,一举中标港珠澳大桥超级工程两个钢结构监理标段,在业界引起强烈反响。20 年来,CCSI"白色旋风"一路高歌猛进,跨海越江,先后拿下了苏通大桥、杭州湾跨海大桥、美国奥克兰海湾大桥、重庆东水门大桥、重庆千厮门大桥等 60 余座特大型桥梁的监理检测项目,创造了辉煌的业绩。

从海上的大桥,到长江上的桥,再到海外的大桥,由我亲自担任总监/总检测师的特大型桥梁,共有 12 座。与父亲相比,我是幸运的,赶上了一个伟大的时代。改革开放 40 年让中国在学习、借鉴、创新与超越的过程中成了桥梁大国、桥梁强国,也为我们提供了施展才华的舞台。

20 年来,我主持了 12 座特大桥梁的监理检测工作。担任港珠澳大桥工程总监的经历,更让我的职业人生攀上了新的高峰。业绩成就传奇,历程却充满艰辛。其间,我所遭遇的挑战、所承受的压力、所经历的磨难以及所发挥的作用,当然还有快乐与荣耀,酸甜苦辣只有自己体会最深。

昨日的往事,已成为遥远的回忆。在时间的坐标轴上,只需要一天,今天变成了昨天,明天又成了今天。时光匆匆,一天又一天;时光匆匆,一年又一年。那些美好的记忆,值得我永远珍惜。

"依水登陆"的经典之战

——总监往事（二）

自 1998 年在海沧大桥实现桥梁工程业绩"零的突破"之后，中国船级社实业公司（CCSI）又一鼓作气先后完成了重庆鹅公岩长江大桥和武汉军山长江大桥两座特大型桥梁钢箱梁焊缝 NDT 第三方抽检工作。2001 年 10 月，CCSI 在桥梁工程领域实现新的突破，以"监理联合体"牵头单位的身份中标了江苏润扬大桥悬索桥上部结构监理项目。这是 CCSI 第一个特大型桥梁监理项目，实现了由"桥梁检测"向"桥梁监理"的成功转型，我的职业人生由此也翻开了全新的一页。

CCSI 能够在润扬大桥监理项目激烈的竞标中脱颖而出，对于 200 余年一直从事船舶检验的"船级社"来说，是一场"依水登陆"的经典之战，也创造了一个"化敌为友、强强联合"的成功经营案例。

"船级社"是干什么的

即便是在今天，很多朋友对于"船级社"的认识依然是"一头雾水"。他们不知道"船级社"是干什么的，甚至根本没有听说过。"船级社"要进军桥梁工程监理领域，所遭遇的尴尬是可以想象的。

我非常清楚地记得，2001 年 5 月的某一天，当我带着精心编制的《江苏润扬大桥主桥钢结构施工监理策划意见书》去镇江拜访项目业主时，听到的第一个问题就是"船级社是干什么的？"。有一位处长的话更加刺耳："你船级社不在船上呆着，跑到我桥上来干什么？"

我只能苦笑。接下来，我非常耐心地给他们讲述了 1760 年发生在英国伦敦"劳埃德咖啡馆"的故事。这个从船级社先辈们口中传承下来的故事，我在不同场合讲过多遍，每次都讲得有滋有味。与世界上最古老的"船东互保协会"同一年诞生在"劳埃德咖啡馆"中的"英国劳氏船级社"，是专门为船舶的安全等级和安全状态进行评级的技术权威组织，独立于船东与保险公司之外，具有第三方独立公正的地位，至今已经有 260 多年的历史。

船级社组织最早是为保险公司服务的，除了颁发入级证书和安全证书外，也接受政府委托进行法定检验和认证。目前，国际船级社协会（IACS）共有 10 个成员：美国船级社（ABS）、法国船级社（BV）、中国船级社（CCS）、挪威船级社（DNV）、英国劳氏船级社（LR）、德国劳氏船级社（GL）、日本船级社（NK）、韩国船级社（KR）、意大利船级社（RINA）和俄罗斯船级社（RS）。

早在 1760 年诞生的船级社，是世界上历史最悠久、最权威的第三方检验机构，为世界造船与航运业及其现代工业的发展发挥了重要作用。260 多年来，船级社组织专业从事于船舶、海洋工程及相关产业的检验发证业务。恪守独立、公正的第三方立场，是每个验船师刻骨铭心的职业准则。

船级社组织与钢铁冶炼技术、钢结构加工制造与检测技术的渊源，可以追溯到 100 多年以前"钢质海船"的诞生。随着船舶制造业的大型化、现代化、模块化、装配化发展趋势，船级社的《钢质海船检验规范》正不断更新。船级社组织在船舶钢结构领域的强大技术优势，为 CCSI 钢结构监理检测业务的专业化发展奠定了坚实的基础。

再造一个"陆上船级社"

2001 年 2 月，CCSI 系统工作会议提出了再造一个"陆上船级社"的发展战略。会议认为，CCSI 在工程设备监理、公正检验、企业管理咨询、桥梁无损检测等领域的不断探索和成就，以及传统产品检验、海工检验业务向工业领域的不断延伸，使 CCSI 具备了大规模"依水登陆"的基本条件。

DNV、BV、GL 等国外船级社在发展工业服务中的成功经验，也为 CCSI 建立和完善工业服务体系提供了有力的支持和借鉴。

进入 21 世纪以来，我国经济持续高速发展，西部大开发掀起基础设施建设和城市建设的高潮，桥梁、高架道路、立交桥、机场、港口码头、水库、油气田、管道输送工程、空中轻轨交通工程、西气东输、南水北调、风能发电、高速公路等重大市政工程和基础设施项目相继投入建设和开发，使得工业服务的市场前景十分广阔。同时，国家对工程质量的高度重视，也为监理、检测、产品检验等服务带来了大好发展机遇。

只有更专业，才能更卓越。CCSI 坚持专业化发展方向，"以钢为纲"，将桥梁钢结构工程监理、无损检测业务做大、做精、做强，确保 CCSI 在桥梁工程监理、检测领域的竞争优势和领先地位，进而树立 CCSI 品牌。对于那些 CCSI 尚不完全具备项目经营和操作能力的新业务领域，则通过"项目合作"模式，加强与国内外知名咨询检验机构的合作，进而积累业绩、提升能力、培养人才，以实现"借船出海"。

润扬大桥项目的成功，让再造一个"陆上船级社"的梦想变成了现实。CCSI 桥梁监理团队被称为"依水登陆"的"海军陆战队"；跻身于中国最知名特大型桥梁工程的业绩，也使得 CCSI 迅速站到了高起点上。

化敌为友、强强联合

2001 年 9 月，当我以 CCSI 副总经理的身份再次来到润扬大桥工程指挥部表达参与悬索桥上部结构投标的强烈愿望时，尽管我对自己和公司的实力都很有信心，得到的反馈信息却让人非常不安。工程指挥部虽然对船级社在钢结构检测方面的能力深信不疑，但对能否胜任特大型桥梁工程的监理工作深表担忧。据了解，有意参与投标的其他五六家竞争伙伴，都是桥梁监理领域大名鼎鼎的单位，与它们相比，我们在桥梁界是最不知名的，只能算是一个初出茅庐的"小兄弟"。

润扬大桥却是最知名的。除了悬索桥主跨 1490 米的中国第一跨径，它还拥有第一大锚碇、第一特大深基坑、第一高塔、第一长缆、第一重钢箱梁、第一大面积钢桥面铺装、第一座刚柔相济的组合型桥等当时许许多多的"中国第一"。

如何才能够在强手如林的竞争中胜出呢？我一筹莫展。在这个业绩为王的桥梁领域，没有业绩也就意味着拿不到项目。当年无缘上海南浦、杨浦两座大桥的监理工作，正是因为这个原因。

于是，我决定采用"联合体模式"，与中铁大桥局两家兄弟监理公司进行"强强联合"，进而达到"优势互补"的目的。对方的优势是对混凝土连续梁桥梁比较熟悉，偏重于桥梁的基础工程（土建部分），对钢箱梁等大型钢结构的制造、焊接、无损检测以及交通机电工程等比较陌生，而这恰恰是我们的优势。3家专业侧重点不同的监理单位联合起来组成"监理联合体"，资源共享，责任共担，做到互相弥补、互相补充，能够最大程度地发挥各自的优势，进而达到合作共赢。

面对各有所长的两个强大合作伙伴，谈判是艰苦的。我通过在项目利益方面的主动让步，使CCSI获得了联合体中牵头单位的地位，并在后续的投标中成功拿下了润扬大桥悬索桥上部结构监理项目。现在看来，润扬大桥这场"依水登陆"之战之所以"经典"，首先，最精彩的，就是成功地组建了"监理联合体"，让两家实力超强的竞争对手变成了合作伙伴；其次，成功地获得联合体牵头单位的地位，不仅为CCSI赢得了项目的控制权，也为我赢得了项目管理与学习提高的空间。

工地刮起"白色旋风"

在润扬长江大桥悬索桥上部结构的监理工作中，我作为监理联合体领导小组的组长，与陈新院士等知名专家合作，提出并建立了"联合体模式下的组织管理体系"，亲自撰写了《润扬桥G标监理联合体组织管理手册》等一系列行之有效的文件，在工程中取得了良好的效果。

在工地上，CCSI的监理工程师一律身着白色连衣工装，象征着"职业化的作风""值得信任的品质"和"专业的自信"。以我挂帅领导、陈新院士坐镇指挥的监理联合体所体现出的严谨职业风范，在润扬大桥建设工地上刮起了一股"白色旋风"，彻底改变了人们对监理的固有印象和传统看法。竣工验收评比阶段，由CCSI监理的钢箱梁制造与安装工程（G3）在全桥所有合同段的工程竣工验收评比中脱颖而出，获得了98.15的最高分。

工地上的"白色旋风"，也凝聚着我对监理属性和文化内涵的思考与认识。在润扬大桥项目中，我把自己对安全质量的深刻理解融入日常监理工作中，提出"基于风险管理与风险控制的监理检测技术"等理论，得到了业内专家们的一致认同和肯定。

化险为"机"的典范之作

——总监往事（三）

　　与李华基先生相识并成为知己，是我的幸运。从 1999 年重庆鹅公岩大桥无损检测（NDT）项目开始，我相继在重庆菜园坝长江大桥、朝天门长江大桥、两江大桥（东水门长江大桥、千厮门嘉陵江大桥）担任总监理工程师，与李华基等一大批并肩战斗的建设管理者结下了深厚友谊。

　　在"桥都"重庆，李华基可是一位响当当的桥梁工程专家。作为业主单位重庆市城市建设投资（集团）有限公司的副总经理、现场总指挥，他对桥梁工程的深刻理解和扎实功底，对重大工程风险的敏锐嗅觉与准确把握，处理安全质量问题时的苛刻坚守与勇气品格，以及协调建设各方关系时的灵活务实和老辣干练，都让我十分钦佩。我的专业是钢结构 NDT，对桥梁工程尤其是土木工程并不熟悉，许多桥梁知识都是李华基先生教给我的。

　　今日与大家分享的总监往事，是我 2003 年底至 2007 年 10 月在菜园坝大桥建设工程中，与李华基先生一道在一次又一次共同面对重大风险、质量事故以及安全事件的重大考验时，那些鲜为人知的故事。

一语成谶

　　提起李华基，我的心早已飞回了重庆，飞回菜园坝长江大桥工程建设时如火如荼的难忘岁月。从 2003 年底大桥桩基工程开始，到 2007 年 10 月大桥通车，大约 1500 个日日夜夜，给我留下了太多值得珍藏的记忆。2005 年，顶住了势不可挡的特大洪峰；2006 年，经历了天吊断索的突发事件，遭遇了百年不遇的高温酷暑；2007 年，战胜了钢箱拱、钢桁架梁吊装合龙等一系列世界级难题；2008 年，一举获得了詹天佑奖、国家市政工程金杯奖……

　　与其他特大型桥梁相比，重庆菜园坝大桥是世界上跨径最大的提篮式公路、轻轨两用无推力中承式钢箱系杆拱桥，主桥长 800 米，主跨 420 米，设计构思独特，结构形式新颖，技术难点众多。Y 型刚构高标号大体积混凝土浇筑、临时主塔（高达 164 米）安装与缆索架设、钢桁梁节段（标准节段 420 吨）吊装工程、钢拱肋制造质量控制（包括控制几何尺寸、变形、焊缝的内在质量、涂装等）、高强度螺栓质量控制、安装过程整桥线性监控等，在我国造桥史上创造了多项第一。

　　菜园坝长江大桥工程充满着风险与挑战。基坑作业深不见底，挂篮施工高不可攀，天吊安全刻不容缓，高温酷暑热不可耐，长江洪峰势不可挡，点多面广防不胜防，安全质量形势十分严峻。

　　李华基常常告诫大家："风险与责任，是所有从事桥梁工程建设的单位和个人都无法回避和逃脱的两个概念。不管你在项目中扮演什么角色，你都要承担相应的工程责任。""风险贯穿于桥梁工程的每一个过程和环节之中。""在我们履行职责的过程中,会遇到各种各样风险的重大考验,如果不能进行有效的控制,就应当对发生的一切后果承担责任。"

李华基的话,竟一语成谶。四年时间里,菜园坝大桥工程经受了特大长江洪峰、天吊断索突发事件、百年不遇的高温酷暑以及涂层剥落质量事故等一次又一次重大考验,让参建各方清晰地看到了,一旦风险转化成质量事故或安全事件,将后果严重、代价高昂。

特大洪峰

2005年8月初,正是重庆的洪水期,水文站预报近期将有洪峰到达重庆主城区。监理项目部及时组织参建各方召开了专题会议,加大了现场巡查的力度,密切关注现场防洪安全。

未曾料想,某天晚上9点,百年未遇的特大长江洪峰已奔涌而至。暴雨倾盆,重庆主城区长江水位从156米暴涨至186米警戒线之上,朝天门码头平台已经被淹没在滚滚洪水之中。建设中的菜园坝大桥的施工栈桥系统、缆索吊系统(俗称天吊)在滚滚洪水的强烈冲击下,激烈地颤抖着,承受着极其严峻的重大安全风险考验。

正在桥位现场巡视的我接到了李华基的电话,他已经先我一步登上了施工栈桥。因为暴雨和脚下栈桥结构的剧烈摇晃,他几乎是在吼叫着,但也不失沉稳地要求对原先制订的应急预案进行调整和完善,并尽快组织人员到桥位上游2公里和1公里处设置应急警戒船,以监控和疏导从上游顺水而下的类似圆木之类的大体积漂浮物,这些漂浮物一旦冲击正在建设中的大桥墩柱、栈桥或缆索吊系统,后果不堪设想。

作为总监,我深感责任重大。我在第一时间召开了现场紧急会议并进行了应急部署。随后,我和李华基等一道一直冒雨在大桥工地上巡视督查,在现场坚守了一整夜,直到第二天中午12点,目送着洪峰渐渐退去,才瘫坐在安然无恙的施工栈桥上。转眼间,我竟在栈桥上沉沉睡去……

天吊断索

2006年6月中下旬,菜园坝长江大桥工程进入天吊作业阶段。施工单位出于成本、工期和其他因素的综合考量,提出了省却试吊环节、创新吊装程序的直接吊装方案。我敏锐地感觉到,这是一着险棋,安全风险极大。为此,我提出了反对意见,但施工单位依然胸有成竹,不以为然。

在由相关部门主持召开的方案审查会议上,我以书面形式表明了监理方的立场,并以翔实的数据和照片陈述了反对直接吊装的理由。面对个别领导"讲不讲政治"的指责,我理直气壮地提出了"安全质量大于政治"的理念,坚持必须严格按试验工艺规程及程序执行,得到了李华基等人的支持,最终迫使施工单位取消了提前正式吊装的计划。

现在回想起来,我最佩服的还是李华基,当真是"每临大事有静气"。那次会议从下午2点一直开到晚上9点,围绕"吊装安全风险",两种意见始终争执不下。几个小时中一言未发的李华基终于开口了,短短不到5分钟的发言,立马让会议出现了转机。

8月中下旬的一天,在无荷载状况下,天吊系统北岸上游侧突然发生了断索事件。短短数日,天吊系统北岸上游侧水下部位共有7根主缆索从根部折断。当时正值洪水期,看不到水下的情况,一时也无法知道断索的原因。

得知断索消息后,我立即组织缆索吊监理组成员和有关专家到北岸现场察看。李华基与其他领导也在第一时间赶到了桥位,大家脸上的惊恐表情至今让人记忆犹新。

突如其来的安全事件,让参建各方陷入了迷茫与恐惧之中。大家不敢想象,如果当初通过了直接吊装的方案,420 吨重钢桁梁节段一旦吊至 150 米高空,必将造成"桥毁人亡"的惨剧。

形势十分危急,为保证缆索吊塔架和施工人员的安全,我当即发出了《监理工程师通知》,要求先停止缆索吊塔架的加固工作,所有施工人员离开塔架,同时把情况通报重庆市交通质监站,并与 BT 公司领导紧急磋商,成立了排险指挥系统,启动了紧急预案并积极开展排险工作。

整个排险过程,监理项目部总监办和缆索吊监理组的人员一起,在"处变不惊、沉着应对、坚守岗位、各负其责"方针指引下,认真地履行监理职责,使排险工作紧张有序、安全快速地进行,避免了重大事故的发生。

天吊断索事件导致菜园坝长江大桥工程工期延长了整整一年。事后,经国内外专家调查研究后一致认定,造成天吊 7 根缆索折断的原因系洪水强烈冲击所产生的"疲劳"累积。在高周次疲劳应力的作用下,反复"加工硬化"导致缆索从根部折断。据专家介绍,类似由洪水强力冲击造成缆索折断的事件十分罕见,在世界造桥史上尚属首例。

顺便提一句,2007 年 10 月 29 日,在菜园坝大桥的通车庆典活动中,时任重庆市市长王鸿举先生曾亲切地握着我的手说:"谢谢你,程博士!在重大安全质量风险面前,您所表现出来的专业能力、职业操守和政治素质,值得所有人尊敬!"

新的契机

风险一旦转化为事故,必将付出沉痛代价;如果以风险管控作为新的契机进而推动管理创新升级,定能收获丰硕成果。经历了"天吊断索"的惨痛教训,参建各方对工程风险的认识也发生了根本性的转变。李华基不失时机地提出了"以风险管控为契机推动工程管理创新升级"的新理念和新要求,得到了参建各方的积极响应。施工单位的变化最为可喜,不仅增派了数位国内知名的桥梁工程专家常驻现场工作,还在技术资源投入、管理创新以及风险管控机制等方面加大了力度。菜园坝大桥的工程管理得到了整体提升,上了一个全新的台阶。

菜园坝大桥工程是化险为"机"的典范之作。实践中,我更深刻地认识到,仅仅依靠监理方的努力是远远不够的。如果说"工程风险"是一面"坡"一道"坎",只要参建各方都能够提高站位,对重大工程风险时刻保持警惕,以风险管控为契机全面推动工程管理的创新升级,相信就没有爬不上的"坡"上不去的"坎"。

山城重庆的地形地貌特征要求人们必须具备"爬坡上坎"的技能和品格,工程监理的行业职业特征,不也正是如此吗?事实上,我从李华基先生身上所学到的,远远不止这些。

在院士论坛上的"吐槽"

——总监往事（四）

2011年9月20日至22日，由中国工程院、重庆市人民政府、茅以升科技教育基金会联合主办的"国际桥梁高峰论坛"在重庆君豪大酒店召开。我作为重庆两江大桥（东水门长江大桥、千厮门嘉陵江大桥）的总监理工程师，应邀参加了会议。

今日与大家分享的，是我参加此次会议与朋友们交流以及在22日的"院士论坛"上发言的内容。10年前的"吐槽"内容，至今似乎还有现实意义。

此次高峰论坛，为老朋友们提供了相聚的机会。20日晚宴后，笔者与香港路政署原署长刘正光博士（香港工程院院士）、孙峻岭博士等几个老朋友坐在咖啡馆喝茶聊天，相谈甚欢。

大家最关心的，是正交异性桥面钢板各类焊缝的"疲劳与断裂"问题。有些结构因为设计不合理，局部区域的应力集中，最容易产生"疲劳损伤"。在钢结构的制造与安装过程中，焊缝的质量受到诸多因素影响，容易产生裂纹、未焊透、未融合等内部缺陷，更容易产生咬边、凹坑、焊肉不足等表面缺陷，这些缺陷都可能成为致命的"疲劳源"。

桥梁钢结构在服役过程中，当"疲劳损伤"达到一定程度以后，"疲劳裂纹"将迅速扩展，导致结构单元"断裂"，也可能造成结构整体"失稳"甚至"垮塌"。由"疲劳"到"裂纹扩展"，再到"失稳"甚至"断裂"，与前面说到的由"氧化"到"腐化"再到"变质"的概念，都是一个累积渐进的过程。

事实上，钢结构的锈蚀现象，也是一个由"氧化"到"腐化"的过程。钢铁材料暴露在空气中，必然要与大气中的氧气、水分发生化学反应，形成 Fe_2O_3、Fe_3O_4 等锈蚀物。尤其是跨越江河湖海的桥梁钢结构，环境条件更加恶劣，腐蚀是造成结构损伤的主要因素之一。值得注意的是，"疲劳"与"腐蚀"常常在某结构单元同时发生，产生"应力腐蚀"或"疲劳腐蚀"，这是最危险的。

由"氧化"到"腐化"，是一个累积渐进的过程。这个过程或许很长，"长"到使人"麻痹"，"长"到使人"不以为然"。最近参加几座桥梁钢结构工程的评审会议时，总能听到个别专家"不以为然"的声音，让人非常担忧。

事实上，焊接方法自1928年应用于桥梁工程，至今不过几十年时间。并且，在这些年之中，焊接结构的疲劳断裂事故层出不穷。如今，桥梁的设计寿命大都是100年，个别甚至要求达到120年，但我们只有80余年的经验积累。对此，范文理教授痛心疾首地指出："希望在我们的有生之年，至少不要看到我们建造的桥梁发生垮塌事故。"

目前，社会上还有一种流行说法："安全质量问题的背后，一定有党风廉政问题。"大咖们一致认为,是否"一定有",或许只有在调查以后才能知道,但有一点是肯定的,"安全质量"与"党风廉政"也是一个由"氧化"到"腐化"的过程。对于一个工程来说,主要领导和管理者的"氧化与腐化"达到一定程度后,发生"责任事故"是必然的结果。

9 月 22 日 8 时 30 分,在君豪大酒店豪君厅,此次高峰论坛的核心内容"院士论坛"拉开了序幕,主题是对中国桥隧发展战略及其现状的反思和诊断。

"院士论坛"的范围很小,但规格非常高。参加会议的正式代表共 20 名,除了王梦絮、孙永福、王景全、郑皆连四位院士外,还有来自美国的邓文中院士、A. H-S. Ang 院士、John W. Fisher 院士、John M. Kulichi 院士、Tor Ole Olsen 院士,来自日本早稻田大学的小泉淳院士、来自韩国的李正仁院士、来自新加坡的赵志业教授、来自中国香港的刘正光院士等高级专家。会议还邀请了 6 名来自桥隧工程建设第一线的专家到会,我作为重庆两江大桥的总监也有幸被邀请。

在大会主席王梦絮院士的引导下,中外院士们针对中国正如火如荼进行中的超大规模桥隧工程建设进行了深刻的审视和反思,提出了许多深层次的问题。在谈到当时发生的"铁路动车事故""桥梁垮塌事故",院士们从设计理念、风险管理、可靠性评判、耐久性预测、腐蚀与疲劳、工程管理模式、养护与"治超"、分包与资质、工程监理等方面,多角度多方位进行了分析讨论。

早稻田大学小泉淳院士的发言引起了一阵骚动。小泉淳说,在日本,工程建设讲究节约成本,强调"省、省、省"!中国讲究工程速度,强调"快、快、快"!结果都一样,工程的安全质量不能得到有效保障,出事故,那是必然的。邓文中院士谈到工程的分包问题,设计、施工单位的"借牌"问题,监理的"费用"问题,这些都是制约国内桥隧工程安全质量的重要因素。

会上,我在发言中的大胆吐槽,也引起了一阵不小的骚动,得到了院士们的关注和赞许。我提出并阐述了三个重点问题:对桥梁工程质量风险的认识、理智地对待"创新"、呼吁对监理进行"再认识"。

对桥梁工程质量风险的认识

近年来,我国"桥梁垮塌事故"频发。从表面上看,"体质先天不足、身体后天失养、生存环境恶劣",是造成安全事故的主要原因。桥上汽车超载,"压断了腰";桥下船舶偏航,"撞断了腿";桥旁无序挖砂,"掏空了基";桥梁安全运行的风险极大。

事实上,不断发生的"桥梁垮塌事故",暴露了我国桥隧工程建设过程中深层次的质量和效益问题。桥梁工程的风险贯穿于桥梁工程的每一个过程和环节之中。桥梁在制造、安装和建设阶段的风险,不仅来源于项目可行性分析、规划、勘测、设计、设计评审等前期因素,更取决于施工的技术准备、工艺方法、机械手段、材料的试验检测、过程监督控制,以及施工的组织管理等。建设阶段遗留的安全质量问题,又将成为营运阶段的主要风险来源。为此,迫切需要引进基于风险管理和风险控制的监理检测技术。

理智地对待"创新"

目前,桥梁界对"创新"的追求似乎有些变味。且不说那些不顾功能性与经济性、刻意追求"最长、最高、最大、最美……"的桥梁结构大有蔓延之势,在施工组织、项目管理方面也标新立异,追求所谓的"创新"。

出于一个总监的职业敏感,我认为应该理智地对待"创新"。尤其在施工组织、项目管理等方面,我们与国外先进的项目管理模式还有很大差距,建立健全"规范化""标准化"的项目管理体系、风险防控体系,或许更加迫切。

一些与现代管理制度格格不入的"传统习惯",不是一朝一夕就能够改变的。中国人讲究"中庸之道",善于"变通",这与现代管理制度中近似"教条"的程序和流程很难融为一体。那些带有随意性的变通,一旦披上了创新的外衣,对工程项目的安全质量或许就是一场灾难。

呼吁对监理进行"再认识"

大多数桥梁的设计本身并没有多大毛病,但最终质量达不到要求,关键还在于施工过程中的质量控制。施工方案与工艺、施工组织与人员、施工器械、工程材料、施工环境、施工监理等都是影响施工质量的重要因素。为确保桥梁的安全质量,监理人员的任务艰巨,责任重大。

工程监理的核心任务是确保工程的安全质量,其所发挥的作用是不言而喻的。遗憾的是,工程监理无论是学术地位还是在职责履行方面,并未得到应有的认可与尊重。因为监理费率低、授权不充分以及监理单位的自身原因,监理在工程中处于非常弱势的地位。一旦出了安全质量事故,监理常常成为"替死鬼"。

为此,我在会上强烈呼吁,各位院士作为工程技术界的意见领袖,需要对监理进行"再认识",并能够站出来替工程监理说句公道话,承认监理的学术地位,肯定监理在工程中的杰出贡献。同时,也呼吁社会各界,对监理多一些信任,少一些猜忌;多一些鼓励,少一些抱怨;多一些支持,少一些责难;多一些关怀,少一些冷漠。

10年过去了,至今我还清晰地记得,那次发言我的嗓门特别洪亮。现在回想起来,我还真有些后怕,面对那么多来自国内外的院士和顶级专家,我居然那么滔滔不绝、理直气壮,真不知道当时"豁出去"的勇气从何而来。或许,这正是一个总监理工程师的忠诚、热血与担当吧!

"身价最高"的总监

——总监往事(五)

2005年10月,杭州湾大桥上部钢结构工程监理投标总监答辩的经历,或许是我人生中遇到的第一次重大考验。答辩会的情景至今让我记忆犹新,那宏大的场面、庄严的气氛,以及评标专家们那一双双盯着你的锐利眼神,真是压得人喘不过气来。

说实话,答辩和演讲对我来说并不陌生。学生时代,我曾担任过校研究生会主席,在上千人的会议上发言,我都不曾感到胆怯;参加硕士、博士论文答辩,依然底气十足。然而这一次,我在总监答辩的时候的确感到了紧张。或许,是杭州湾大桥作为当时世界上第一特长跨海大桥的名头过于响亮,抑或是我期待出任总监的愿望太过于迫切,至今回想起来都感到尴尬。

尽管如此,我还是很完整、准确和流利地回答了评标专家们的所有问题。尤其是我对监理业务属性与文化内涵的解读,对工程安全质量的深刻理解,以及如何切实履行总监职责的阐述,得到了评标专家们的一致认同与高度评价。

很快喜讯传来,我们中标了。不过杭州湾大桥指挥部在《中标通知书》中提出了一个附加条件,要求签订一份承诺书:"在合同工期内如若撤换总监,将处以200万元的罚款。"这可是一个惊人的数字! 按照当初的国家规范,撤换一个总监的罚款数额只是20万元。

就这样,我成了当时国内"身价最高"的总监理工程师,在杭州湾大桥工程中曾经引起过轰动。杭州湾大桥指挥部总工程师吕忠达曾经对我解释——"是因为大桥指挥部对您寄予厚望"。我当然懂得这一招的真实涵义,真诚地告诉他,"我珍惜参与工程的荣誉,更懂得肩上责任的重大,一定以更加出色的工作,不辜负您的殷切期望"。

2007年6月26日,36公里杭州湾大桥全线贯通,创造了当时多项世界第一。得益于所在企业多年来形成的安全质量文化,我把自己对安全质量的深刻理解,融合到日常监理工作之中,在实践中取得了良好效果,充分展示了出色的管理能力、技术素质和严谨的职业风范,赢得了多项荣誉。今日与大家分享的,是我在杭州湾大桥总监答辩和工程实践中对桥梁监理的思考。

康德说:"头上璀璨星空,心中道德法庭。"监理工程师要"懂物理、明事理与通人理",换句话说,监理工程师要"懂专业、善管理、会协调"。

工程监理集专业技术、管理科学与协调沟通艺术于一身,是一门复杂的综合性交叉学科。监理的"三控两管一协调"职能以及在施工安全、环境保护等方面所发挥的作用,无一不是一种高智力、高技术的复杂劳动,凝聚着监理工程师的智慧、热情和汗水。

工程是一个"多元目标函数",派生出一道又一道"工程方程",需要工程师去"求解"。工程监理的精髓在于要擅长运用调查研究、沟通交流、组织协调等工程方法,帮助我们求得"工程方程"的"解"。因此,监理工程师既要懂得科学方法,又要掌握工程方法。

监理业务的基本属性是风险管理,核心内容是安全质量,监理业务的文化内涵在于"放心"。项目业主为什么要请监理,花几百万元、上千万元究竟买什么?两个字——"放心"。监理企业只有切实履行职责,才能够确保安全质量,进而才能够让业主放心,让政府放心,让社会放心!

牢记职责,不辱使命,切实履行监理职责。

(1)围绕一个核心

安全质量控制永远是监理工作的核心内容。工程监理业务最大的风险在于工程的安全质量。因为监理不到位、失职或过失,或错误的检测结果,都会导致安全与质量事故、工程延期或造成业主经济损失,监理单位将被索赔甚至承担刑事责任。"安全质量"是工程监理的生命线。

(2)抓住六个重点

① 针对性策划:在针对性研究的基础上,从组织上、制度上、技术上、手段上予以充分保障。

② 程序化管理:靠制度管人、按程序办事,确保每一个人都在受控状态下工作,每一件事都在受控状态下进行。

③ 精细化操作:于细微处见功夫,品质的高低只有在细节中才能够充分展现。

④ 人性化协调:必须正确处理监理项目部与业主等"十大关系",需要进行人性化的协调。

⑤ 职业化作风:表现在职业制度、职业素质、职业技能、职业行为等多个方面,体现了监理企业的综合实力。

⑥ 社会化合作:在最短时间内实现社会资源的有效整合,为项目服务。

(3)处理好十大关系

监理项目要取得成功,协调是关键。监理要坚持原则性,掌握灵活性,正确处理以下十大关系,确保项目的顺利实施。

① 监理项目部与项目业主的关系:以专业化的服务履行承诺,让委托方放心。

② 监理办与咨询人、质量顾问等之间的关系:充分尊重,积极配合,独立自主,互相支持。

③ 监理项目部与设计单位之间的关系:尊重设计,贯彻设计意图,涉及设计更改必须按程序进行。

④ 监理项目部与施工、制造单位的关系:讲友谊、讲合作、讲原则也讲斗争,要协调好关系但不能过于亲热,不发生经济关系,不与其做生意,不提供监理以外的服务。

⑤ 总监办与专业监理组的关系:总监办应做好组织、管理、协调、监督、保障、服务的工作,专业组应通过"巡检、旁站、复核、平行检测"等手段,提供专业监理服务,履行合同职责。

⑥ 总监与专业监理组的关系:总监是指挥员,应具备全局性、政策性、技术性与前瞻性,

以制度管人、以程序管事;专业监理组是基层作战组织,强调独立性、专业性、深入性、纪实性,应独立履行职责,遇到重大问题及时汇报,一旦总监作出决定,应认真贯彻落实,不能在不适宜的场合与总监争辩。

⑦ 专业监理组与专项监理组的关系:二者是"常规部队"与"特种部队"的关系,互相之间需要紧密配合。

⑧ 安全监督与专业监理组安全岗的关系:安全监理工作必须做好制度、组织、过程巡检、应急预案、安全大检查、突发事件与事故的处理等方面的工作。总监办安全监督进行宏观控制,专业监理组安全岗负责具体实施。

⑨ 计量支付岗与专业监理组计量岗的关系:专业监理组计量岗的重点在于"计量",总监办计量支付岗的重点在于"审核、支付"。

⑩ 与合作单位、外聘人员的关系:以人为本,一视同仁。

"魔鬼就在细节中。"作为大桥工程质量的守护者,监理的职责维系着千万人的平安。魔鬼就在细节中,在大桥建设中,监理工程师必须是一个完美主义者,或者至少是完美的追求者,因为监理是所有失误的最后一道防线,不允许有半点差错。

一位合格的总监的基本标准:要有高度的社会责任感、职业操守和良知,要严格要求自己,牢记职责,不辱使命;要经受得起各种诱惑和考验,尤其在应对工程变更、计量支付与索赔以及处理重大安全质量问题和隐患的时候,要恪守底线;既要保持居安思危和如履薄冰的心态,又要具备明察秋毫、甄别隐患的能力,要对整个工程技术有完整的把握,明确工程的重点和难点,找到核心关注点,及时、妥善地处理工程中的各类问题和争议。

项目总监的"六个一工程":

① 带好一支精英团队:努力将监理团队打造成"思想先进、行为规范、步调一致、作风顽强、技术过硬、管理严谨、团结和谐、能征善战"的精英团队。

② 建成一个精品工程:全力以赴,持之以恒,加强对监理项目的管理,确保工程项目的安全质量,切实履行监理合同赋予的各项职责,将工程项目建设成为一流的精品工程。

③ 树立一个精致品牌:要让所有监理人员牢记,每一个监理人员的行为都代表着监理企业的形象,企业的品牌形象靠大家共同塑造。

④ 结交一批精诚朋友:借助工程项目平台,结交一批国内外知名的专家学者、管理精英等人才,虚心向他们学习,不断完善自我。

⑤ 收获一批科研成果:号召项目第一线的监理人员积极钻研业务,针对工作中积累的实践案例和技术素材撰写技术总结和研究论文,形成一批技术成果。

⑥ 练就一副精壮身板:在艰苦的工作环境中劳逸结合,强身健体,保持旺盛的精力,享受工作的快乐。

"顺天道,应人道,守正道,成匠道。"监理工程师要有哲学思维,学哲学,用哲学,用辩证的逻辑思维、对立统一的哲学思想,指导工程实践活动;要积极弘扬工匠精神,承担工程责任义务,施展职业监理才华,确保工程各方利益。

中国桥梁的 2007（上）

—— 总监往事（六）

改革开放 40 余年来，我国交通运输业蓬勃发展，已经成为一张闪亮的国家名片。港珠澳大桥、杭州湾大桥、苏通大桥、泰州大桥等一大批世界级特大桥梁的建设，更是为我国交通运输发展添上了浓墨重彩的一笔。在学习、借鉴、创新与超越的过程中，中国桥梁一步一个脚印从桥梁大国向桥梁强国不断迈进，也为工程监理提供了施展才华的舞台。

作为一位桥梁监理工程师，我有幸参与了海沧大桥、润扬长江大桥、菜园坝长江大桥、杭州湾跨海大桥、苏通长江大桥以及港珠澳大桥等 12 座特大型桥梁建设工程并担任总监/总检测师，不仅见证了中国桥梁翻天覆地的建设成就，自身的命运和记忆也与中国桥梁紧紧地联系在了一起。

回顾 20 余年从事桥梁工程监理的经历，最难忘的还是 2007 年。这一年，中国桥梁的故事很多，充满着辉煌和欢喜，也充满了悲伤和痛苦、激情与理智、泪水与口水，当真是五味杂陈。今日与大家分享的，是我经历并见证的与中国桥梁共喜共悲的 2007 年。中国桥梁 2007 年的"十大事件"，是中国桥梁建设者共同的珍贵记忆。

2007 年十大事件

2007 年，是中国由桥梁大国走向桥梁强国漫漫征程中最具代表性、最值得纪念的一年，是如火如荼岁月中桥梁建设的一个缩影。

著名桥梁专家、时任交通部总工、中国交通建设监理协会理事长凤懋润先生，在"2007 年全国桥梁安全技术论坛暨中美日桥梁安全论坛"上，总结了中国桥梁 2007 年发生的"十大事件"。

它们分别是：

两个诞辰纪念：钱塘江大桥建成使用 70 周年与武汉长江大桥建成通车 50 周年。

两个合龙纪念：苏通长江大桥千米主跨合龙与 36 公里杭州湾跨海大桥合龙。

两座桥梁奖项：东海大桥获国家科技进步一等奖与南京三桥获 2007 国际桥梁大会奖。

两项国际交流：中国桥梁代表团赴美参加美国国际桥梁大会（IBC）"中国主题年"活动与缅怀茅以升先生国际联谊活动。

两起特大事故：广东九江大桥坍塌事故与湖南凤凰堤溪石拱桥整体坍塌事故。

除了以上"十大事件"，2007 年中国桥梁界还发生了一件大事，那就是重庆菜园坝长江大桥建成通车。这座由我担任总监、历时 4 年建成的公轨两用提篮式钢桁梁钢箱拱桥，创造了当时多项世界第一，同样值得纪念。

两个诞辰纪念

"钱塘江大桥建成使用 70 周年"与"武汉长江大桥建成通车 50 周年"是年度重要事件。

这两座桥梁在中华民族近现代桥梁史,以及在新中国桥梁发展史上,都具有里程碑意义。

钱塘江大桥位于杭州西湖之南、六和塔附近的钱塘江上,是由"中国桥梁之父"茅以升先生主持设计、建造、炸毁并成功修复的中国第一座公铁两用现代化大桥。1937 年 9 月 26 日和 11 月 17 日,钱塘江大桥铁路桥、公路桥建成通车。

在战火纷飞的年代,钱塘江大桥和苦难深重的旧中国共同历经了沧桑。1937 年 12 月23 日,为了阻断侵华日军南下,完全通车仅 89 天的钱塘江大桥由茅以升先生亲自指挥将其炸毁;1948 年 5 月,也是在茅以升先生的亲自主持下,钱塘江大桥成功修复。

我出生在江苏丹阳,与茅以升先生是同乡,机缘巧合下,我与茅以升先生的小女儿茅玉麟成为多年好友。茅以升先生在炸桥前曾赋诗一首:"斗地风云突变色,炸桥挥泪断通途。五行缺火真来火,不复原桥不丈夫。"此诗流露出茅以升被迫炸桥的无奈,以及今后复建的决心。茅玉麟曾经对我说,这首诗中的第三句"五行缺火真来火",很多人都不明白究竟;只要把"钱塘江桥"联系起来,你就能够品出其中韵味。原来这四个字的偏旁分别是金、土、水、木,唯独没有火;而炸桥后,五行不缺火了,桥却断了。

钱塘江大桥是一座历经磨难和沧桑的大桥,它自身的经历就是一部传奇。这座建成于抗日烽火之中的现代桥梁,不仅在中华民族抗击日本侵略者的斗争中书写了可歌可泣的篇章,它所经历的苦难也奠定了我国桥梁业的复兴之基,是我国桥梁建筑史上的一座里程碑。

为了纪念钱塘江大桥建成通车 70 周年,弘扬钱塘江大桥深厚文化底蕴,缅怀著名桥梁专家茅以升先生的桥梁民族精神,全国各地相继举行了一系列形式多样的纪念活动。

武汉长江大桥是新中国成立后在长江"天堑"上修建的第一座大桥,也是古往今来长江上的第一座大桥,是我国第一座复线铁路、公路两用桥,素有"万里长江第一桥"之美誉。武汉长江大桥 1957 年建成通车,2007 年 10 月 15 日是大桥诞辰 50 周年纪念日。

武汉长江大桥于 1955 年 9 月 1 日动工兴建。在大桥的建设过程中,曾经得到苏联政府的帮助,苏联专家为大桥的设计与建造提供了大量的指导,但是中苏关系破裂之后,苏联政府就撤走了全部专家,最后的建桥工作由茅以升先生主持完成,于 1957 年 10 月 15 日通车运营。武汉长江大桥全长 1670.4 米,正桥是铁路、公路两用的双层钢木结构梁桥,上层为公路桥,下层为双线铁路桥,桥身共有八墩九孔,每孔跨度为 128 米,桥下可通航万吨巨轮。八个桥墩除第七墩外,其他都采用"大型管柱钻孔法",这是由中国桥梁工作者所首创的新型施工方法,凝聚着中国桥梁工作者的智慧和精湛的工艺。

"一桥飞架南北,天堑变通途。"1956 年 6 月,毛泽东主席首次在武汉畅游长江时,面对正在建设中的武汉长江大桥,写下了不朽的诗句。大桥在长江天堑上铺成了一条坦途,成为连接南北的大动脉,对国民经济的发展起到了重要的作用。

改革开放 40 余年来,尽管长江上新建的大桥一座又一座,但武汉长江大桥头顶上的光环从未因时间的流逝而黯淡。它是我国桥梁建设的一座不朽丰碑,是人们难以忘怀的历史记忆,有着无法割舍的历史情结。

两个合龙纪念

"苏通长江大桥千米主跨合龙"与"36 公里杭州湾跨海大桥合龙",在当时的中国桥梁界乃至全世界,或许都是引人注目的新闻事件。

这两座让国人为之骄傲的特大型桥梁的合龙,曾经在中华大地上掀起过一阵强烈的爱国热潮,当然也曾经引起过一场旷日持久的关于"大国与强国"的口水之战。现在回头再看,这样的"口水之战"似乎有些无聊,但在当时却又是那样地引人入胜,许多专家常常为此针锋相对,争得面红耳赤。作为一个"吃瓜群众",我虽然没有加入"战斗行列",但不等于没有看法。因为涉及"量变与质变""外因与内因""必要与充分"等几个工程哲学概念,我也曾作过一些"断想",这里暂时按下不表。

苏通长江公路大桥是一座真正意义上的现代桥梁,代表了当时世界斜拉桥建设的最高水平。2007 年 6 月 18 日,主跨 1088 米、被称为世界第一斜拉索大桥的苏通长江公路大桥完成了千米跨越,实现了主桥合龙。这座当时我国建桥史上工程规模最大、综合建设条件最复杂的特大型桥梁工程,因承载着最大群桩基础、最高桥塔、最长斜拉索、最大主跨四项世界纪录而备受关注。苏通大桥的顺利合龙,部分专家认为是中国跻身世界桥梁强国的标志之一。

杭州湾跨海大桥是我国当时世界上最长的跨海大桥,线路全长 36 公里。大桥所在的海域是世界三大强潮海湾之一的杭州湾,受水文、气象、地质等环境的影响大,建设条件极其复杂,这为杭州湾大桥建设带来了种种困难和技术难题,如海洋环境下的结构耐久性、强潮急流条件下的架梁、宽滩涂下的主梁运架等,都需要通过技术创新来解决,科技含量极高。加上海上施工船舶多、作业点多、工程战线长,工程管理难度也极大。海上 36 公里长的线路,245 万立方米混凝土耗用量、82 万吨用钢量以及约 138 亿元的总投资,在当时都是史无前例的。因此,当时有专家认为,2007 年 6 月 26 日杭州湾跨海大桥的成功合龙,是中国跻身世界桥梁强国的标志之一。

我非常幸运,有机会深度参与了这两座世界级桥梁的建设——我曾在苏通长江大桥工程中担任钢箱梁结构第三方 NDT 总检测师,在杭州湾跨海大桥工程中担任桥梁上部钢结构工程的总监理工程师。2007 年 6 月 18 日和 6 月 26 日,作为建设者,我分别参加了苏通大桥和杭州湾大桥的合龙仪式,至今记忆犹新。

程志虎在 2017 桥梁大讲堂——工程哲学指导桥梁建设实践暨港珠澳大桥技术参观活动中发表演讲

中国桥梁的 2007(下)

——总监往事(七)

两座桥梁奖项

"东海大桥获国家科技进步一等奖"与"南京三桥获 2007 国际桥梁大会奖"对正一步一个脚印从桥梁大国向桥梁强国不断迈进的我国的桥梁界来说,是一个巨大的鼓舞。

东海大桥是我国第一座真正意义上的跨海大桥,大桥总长 32.5 公里,是上海市跨越杭州湾北部海域通往上海国际航运中心洋山深水港的外海超长桥梁,以"东海长虹"为创意理念,宛如东海上的一道彩虹。

东海大桥于 2002 年 6 月 26 日正式开工,2005 年 5 月 25 日实现全线贯通。东海大桥最大主航通孔离海面净高达 40 米,相当于 10 层楼高,可满足万吨级货轮的通航要求;159 米高的两座大跨度海上斜拉桥主塔,当时在国内是最高的;位于大乌龟岛和颗珠山岛之间的深海大堤绵延约 1.2 公里,实现了诸多突破和创新;最大的奇迹在于它的建设速度——在风高浪急的外海,运用高效、科学的施工技术,大桥贯通仅用了短短 3 年时间。

作为外海超长桥梁的"先行者",东海大桥研发的七大关键技术达到了国际先进水平,部分关键技术达到了国际领先水平。2007 年,"东海大桥工程关键技术与应用"荣获了国家科技进步一等奖。

南京长江三桥(南京大胜关长江大桥)主跨 648 米,是我国第一座钢塔钢箱梁斜拉桥,也是世界上第一座"人"字弧线形钢塔斜拉桥,于 2005 年 10 月建成通车。

南京长江三桥创造了当时多项国内第一,工程质量和管理都达到了世界先进水平,其中最引人注目的是大桥的钢结构主塔。两个"人"字形钢塔高 215 米,相当于两座金陵饭店的高度;其主体部分由 90 余块钢节段拼装而成;钢塔柱的弧线设计在世界上也是首次采用;钢塔柱的单节重量在 130 吨至 180 吨之间,最大起吊高度超过 200 米;加工工艺要求高、吊装难度大、在国内没有成熟经验可循,是钢塔施工最突出的特点和难点。

2007 年 7 月,南京长江三桥荣获第 24 届国际桥梁会议(IBC)年度大奖——"古斯塔夫斯·林德恩斯"奖。除此之外,南京长江三桥还获得中国公路学会科学技术特等奖、中国土木工程詹天佑奖、国家优质工程奖金质奖等。

我与这两座大桥也算有些缘分。2003 年至 2005 年期间,由我领导的中国船级社实业公司(CCSI)无损检测技术团队承担了这两座特大桥梁钢箱梁的第三方 NDT 工作。但这段时间,我的主要精力都集中在菜园坝大桥工程上,并没有全程参与这两座大桥的现场检测工作,只是主持制订了第三方 NDT 的技术方案,参加过业主组织的几次专家会议。

两项国际交流

我国桥梁代表团赴美参加美国国际桥梁大会与缅怀茅以升先生的国际联谊活动,曾经在全世界范围内掀起了一股"中国桥梁热",让每一位桥梁人都扬眉吐气。我有幸担任中国公路学会桥梁分团的团长,全程参加了这两项重大的国际交流活动。

2007 年 6 月 4 日至 7 日,第 24 届国际桥梁大会(International Bridge Conference,简称 IBC)在美国匹兹堡举行,来自 13 个国家的近千名桥梁工作者参加了此次会议。出于对我国桥梁建设所取得成绩的由衷敬佩,大会主办方将此届 IBC 确定为"中国主题年"。

我国选派了由近百名专家组成的"中国桥梁代表团"参加了此届 IBC,可谓阵容强大。总团长由时任交通部专家委员会主任、中国公路学会副理事长凤懋润担任,三个分团分别由中国公路学会、中国铁道学会和茅以升桥梁基金会选派。我国桥梁专家在大会上共发表了 9 场精彩的演讲,博得了一阵又一阵热烈的掌声。

在大会主会场,凤懋润先生作了题为"中国现代公路桥梁建设"的主题报告,以翔实的数据、大量的图片,向中外同行展示了我国桥梁建设的巨大成就和桥梁文化的深厚底蕴,引起轰动。从那些高鼻子、蓝眼睛惊讶、羡慕与憧憬的表情中,身临其境的我百感交集,禁不住热泪盈眶。

最让人印象深刻的,是"中国桥梁代表团"在卡内基梅隆大学(Carnegie Mellon University)与美国桥梁工程界共同举办的"缅怀茅以升先生联谊活动"。茅以升先生早年曾留学美国,1917 年获康奈尔大学硕士学位,1919 年获卡内基梅隆大学博士学位。茅以升先生是卡内基梅隆大学的第一个工程博士,校园内竖有茅以升先生的铜像。

凤懋润在缅怀茅以升先生联谊会上作了激情洋溢的即席演讲。凤懋润的演讲文采飞扬,充满感染力和冲击力,让担任临时翻译的美国联邦公路总署桥梁技术处长 Piter-Yan 先生根本无法组织出同样优美的英文文字。干脆,凤懋润直接用流利的英文继续演讲,会场的气氛瞬间达到了高潮。凤懋润是一位著名的桥梁专家,也是一位出色的演讲家,听他的演讲果真是一种享受。

从特大桥梁的总设计师,到行业的技术掌门人,再到桥梁工程哲学的奠基人,无论扮演哪一个角色,凤懋润始终如一地专情投入,因为在他的心中,装满了桥梁。博学、睿智、严谨、执着,他美出了桥梁工程师的风骨,彰显了他独有的人格魅力。

此次赴美参加两项国际交流活动,我有幸结识了一大批国际桥梁专家,如美国联邦公路总署原桥梁技术总监 Myint Lwin 先生、美国土木工程学会疲劳与断裂学术委员会主席周毅(Edward Zhou)博士、美国加州交通厅钢结构委员会主席段炼博士等。这些年来,我们一直保持着密切的联系和交流,他们对我所从事的桥梁监理工作都有过很大的帮助。

两起特大事故

"6·15 广东九江大桥船撞桥断事故"与"8·13 湖南凤凰堤溪石拱桥整体坍塌事故"是 2007 年留给桥梁界永远的伤痛记忆。

2007 年 6 月 15 日凌晨约 5 时 10 分,一艘佛山籍运沙船"南桂机 035"行航经九江大桥时撞击九江大桥桥墩,全长 1675.2 米的广东九江大桥坍塌 200 米,桥上 4 辆汽车与 2 名施工人员坠入江中,共造成 8 人死亡。

有关专家在调查报告中指出,造成桥梁坍塌事故的直接原因是石桂德船长驾驶的"南桂机 035"运沙船撞到了大桥桥墩,进而将桥撞塌。2007 年 8 月 3 日,石桂德被批捕。在其后的案件审理过程中,专家的调查报告受到了质疑。究竟是"船撞桥"还是"桥砸船",曾经引起了全社会的广泛关注。船长石桂德后被判处有期徒刑 6 年。截至今日,九江大桥坍塌事故依然在人们的记忆中挥之不去。

2007 年 8 月 13 日 16 时 45 分许,位于湖南省凤凰县的在建堤溪沱江大桥突然坍塌,事故共造成 64 名作业人员死亡,22 人受伤。事故引起了党中央、国务院的高度关注。时任国务院总理温家宝作了重要批示,国务院秘书长华建敏和建设部、交通部、卫生部、安全监管总局等有关部门负责人第一时间赶到了事故现场。事故也引起了国内外的广泛关注,陈肇元、范立础、刘建航等院士分别著文,对桥梁建设安全表达了深深的担忧。

国务院事故调查组经调查认定,这是一起严重的责任事故。施工、建设单位严重违反桥梁建设的法规标准,现场管理混乱,盲目赶工期;监理单位、质量监督部门严重失职;勘察设计单位服务和设计交底不到位,湘西土家族苗族自治州和凤凰县两级政府及湖南省交通厅、公路局等有关部门监管不力。

这两起特大事故对正处于建设热潮之中的我国桥梁界来说,无疑再次敲响了警钟。为此,交通部、建设部、安全监管总局等部门相继对做好桥梁安全工作作出部署。2007 年 8 月 18 日,交通部宣布,在全国范围内组织开展以桥梁为重点的交通基础设施安全质量隐患排查工作。

结束语

以苏通大桥与杭州湾大桥为代表,我国一大批世界级特大桥梁的合龙与建成通车,向世界展示了我国桥梁建设取得的举世瞩目的成就。南京长江三桥和东海大桥在国际国内获得大奖,以及第 24 届 IBC 命名为"中国主题年",这一切似乎都意味着我国已经跻身世界桥梁强国之列。然而,广东九江大桥与湖南凤凰堤溪石拱桥坍塌事故的伤痛记忆,让人们有理由对桥梁建设的质量与安全表达担忧和质疑。在这样的背景下,发生围绕"大国与强国"的口水之战,自在情理之中;无疑,这是"激情与理智"的一次正面对决,从某种程度上也标志着我国桥梁在学习、借鉴、创新与超越的过程中正不断走向成熟。

2007 年是我国由桥梁大国走向桥梁强国漫漫征程中的一个缩影,充满着辉煌和欢喜,也充满了悲伤和痛苦。作为与桥梁共喜共悲的亲历者和见证者,我愿意将这段珍贵的历史记忆写出来与大家分享,铭记这一段如火如荼的难忘岁月。

桥梁大国与强国的学术之争

——总监往事（八）

2021年8月8日星期天，一个值得纪念的日子。因为新冠疫情延期了一年时间举办的东京2020年奥运会在这一天晚上落下了帷幕。中国奥运军团取得了38金、32银、18铜共88枚奖牌，位于金牌榜第二位，追平了在2012年伦敦奥运会取得的境外参赛最好成绩。中国体育健儿在跳水、乒乓球、举重、射击、游泳、体操等项目中发挥出色，打破4项世界纪录，创造21项奥运会纪录，再一次向世界展示了"体育强国"的综合实力。

闭幕式上中国代表团旗手苏炳添，以9秒83的惊人成绩成为首位闯入奥运百米决赛的中国人，突破了黄种人的极限；由张雨霏领衔的中国姑娘在女子4×200米自由泳接力决赛中，将世界纪录远远抛在了身后；中国队再次载誉而归……这一切，都让国人欣喜万分、无比自豪！

也有遗憾之处。那支曾经创造过世界大赛"十冠王"传奇的王者之师中国女排，在遭遇"三连败"后惨遭淘汰；曾经的世界亚军中国女足、曾经的世界羽坛霸主中国羽毛球团队……这些被公认的"世界强队"，在本届奥运会上的成绩让人遗憾。

这世界沧桑变幻，这时代变化太快！我情不自禁地想到了中国桥梁，想起了始于2007年那场关于"桥梁大国"与"桥梁强国"的"口水之战"。这场"口水之战"持续了10余年，直到2018年10月港珠澳大桥通车。

在港珠澳大桥开通仪式上，习近平总书记说："港珠澳大桥是一座圆梦桥、同心桥、自信桥、复兴桥。港珠澳大桥创下了多项世界之最，体现了我国综合实力、自主创新能力，体现了勇创世界一流的民族志气。"

是啊，港珠澳大桥项目作为中国交通建设史上规模最大、技术最复杂、标准最高、集桥岛隧为一体的超大型跨海交通集群工程，是中国桥梁由"桥梁大国"迈向"桥梁强国"的里程碑项目，凝聚着几代中国交通人的"桥梁强国梦"。既然习近平总书记都说"圆梦"了，论战双方由此偃旗息鼓、握手言和，这场"口水之战"也终于画上了句号。这一晃，又是三年过去，一切风平浪静。

不知道为什么，在看完奥运会闭幕式以后，联想起这些年我曾经参与建设的苏通大桥、杭州湾大桥和港珠澳大桥，联想起那场我曾经感到非常无聊的"口水之战"，我的心中竟然涌现出一股莫名的情感和冲动。时至今日，或许人们早已将曾经的故事遗忘，而我却格外地怀念起来。

世界上有很多认知必须经过时间的磨砺。作为当年的"吃瓜群众"，我看了十多年的热闹，事实上也经历了10多年的实践与思考，现在回过头来再看，又有了许多全新的认识和感悟。今日在我看来，那场曾经被我认定为"无聊"的"口水之战"，其实是一场很严肃、对中国桥梁发展很有意义的"学术之争"。

这场"论战",果真这么无聊吗?这场"论战",真该如此无声无息地结束吗?不妨让我们听听国内外知名桥梁专家的声音——以下所列举的一段段文字,涉及桥梁建设理念、技术创新、质量安全、工程品质、工匠精神、基础研究、未来发展等方方面面,凝聚着他们对于中国桥梁的热情、智慧与情怀。

我想再次提醒业内同行:中国正在努力从桥梁大国向桥梁强国迈进,而保证桥梁的优质和耐用应当是最基本的前提。如果中国桥梁是不耐久的,寿命很短,即使数量最多、跨度最大、建设速度最快,也难以得到国际同行的认可。更何况我们在高性能材料应用、创新设计理念、先进施工装备、软件和规范等方面和发达国家还存在差距,可能需要几代人的不懈努力并通过自主创新取得突破性进展,才能形成中国的品牌,才能令国际同行赞服,才能取得国际桥梁强国的地位。

——中国工程院院士项海帆:《对中国桥梁工程质量问题的再提醒》

中国桥梁有一个问题非常值得担忧,就是桥与桥之间的质量参差不齐,有的桥质量非常高,比如南京二桥、三桥的质量很好,从外观看,与世界水平已没有差别;有的桥就差些。中国桥梁工期赶得太紧,这一点我很担心。

——国际桥梁与结构工程协会前主席伊藤学:《创新不是刻意的,重要的是总结》

实事求是地说,30余年超常规的发展,总是要交"学费"的,现在年均9%的危桥就是这个"学费"。建设期的粗放必将带给养护管理严峻的挑战。此外,重建轻养、养护资金不足和养护管理队伍的素质提升跟不上需求,都是需要认真解决的问题。

——交通运输部原总工凤懋润:《桥梁百年康健 养护任重道远》

强国是在竞争中形成的,工程水平是竞争的主题,而方案是工程的灵魂。这里的方案是指设计方案和施工方案,方案的标准是安全、实用、经济、美观,离开了这个标准谈创新、谈强国毫无意义。

——中国工程院院士林元培:《以天下为己任 迈向桥梁强国》

目前,最关键的还是工程品质问题,除去超载这类的外部因素影响,从全国范围总体上看,桥梁的耐久性与发达国家还是存在差距。尽管现代信息传播很快,我们可以借鉴国际先进经验,但一个最大的问题就是制造、施工水平的全面提升需要时日。

——全国工程勘察设计大师邵长宇:《求索者求真》

设计是桥梁工程的灵魂,而创新又是设计的灵魂,设计理念的创新就是要将桥梁整个生命周期(全寿命)的使用性、耐久性、经济性及风险性统筹考虑,使各方面实现总体协调平衡。我国的桥梁建设特别是公路桥梁建设空前繁荣,展望我国桥梁建设的前景,桥梁新建、改建、加固的任务依然很重。只要坚持桥梁创新和可持续发展,总结经验,正视不足,认真解决桥梁建设中所存在的不足,不断创新,我国从"桥梁大国"向"桥梁强国"迈进的步伐就一定会加快。

——中国工程院院士黄卫:《对我国桥梁建设成就与发展的思考》

解决桥梁安全问题，是一个系统工程，需政府部门、建设各方、养护管理、使用单位共同努力，各司其职才能奏效。政府部门真正树立质量安全第一理念；工程建设各方要始终坚持质量安全第一；养护单位要严防工程安全事故的发生；加强科研，及时修改规范，满足安全的急需。我相信只要桥梁工程有关各方，认识到我国公路桥梁安全问题的严重性，认识到安全、质量第一是不能动摇的原则，齐抓共管，我国桥梁安全状况一定会好转。

——中国工程院院士郑皆连：《我国公路桥梁安全状况及对策》

竞争是人类与生俱来的天性，因此，人们对设计创世界纪录桥梁的渴望不会减弱。但是，在我们力图创造新纪录之前，应对项目的成本和价值深思熟虑。同时，我们也需要考虑新纪录能够保持多久。当今，世界纪录频频被打破，与其考虑如何设计更大跨度的桥梁，不如将更多精力和创造力放在如何设计出品质更高、造型更漂亮的桥梁上。1937年建成的金门大桥，至今没有一项世界纪录，但它还是名气最大的桥梁，人们还是非常热衷前去参观，只因它举世无双的美丽。

——中国工程院外籍院士、美国工程院院士邓文中：《桥梁跨径世界纪录的竞赛》

新一代桥梁工程的主要发展方向是"智能桥梁"，它具有"工业化、信息化、智能化"三大特征。其中，"工业化"可以保证快速建造、质量稳定，从而实现高效建造；"信息化"可以保证实时监测、动态管控，从而实现有效管养；"智能化"可以保证科学建造、智能决策，从而实现长效服役。"智能桥梁"发展战略与国家战略导向和产业痛点高度契合，代表了桥梁工程的发展方向，也是中国桥梁解决现实问题和实现"桥梁强国"目标的重要支撑。

——中国工程院院士张喜刚：《承前启后 拥抱未来》

项海帆、伊藤学、凤懋润、林元培、邵长宇、黄卫、郑皆连、邓文中、张喜刚，都是享誉世界的知名桥梁专家，他们对中国桥梁的反思与提醒、对创新的精辟论述以及对未来桥梁发展的真知灼见，闪耀着智慧的光芒，必将成为引领中国桥梁技术不断进步的指路明灯。

改革开放40年来，中国桥梁取得了举世瞩目的成绩。但是，我们更应该看到差距和不足。笔者认为，中国桥梁要成为名副其实的"桥梁强国"，首先，需要加强基础科学研究，用科学武装工程；其次，需要更加积极深入地培育"工匠精神"；再次，桥梁工程共同体各方要坚守对于桥梁工程持之以恒的情怀，切忌浮躁和浮夸。

"天上璀璨星空，心中道德法则。"这是德国最伟大的古典哲学家康德的名言。当我们低头赶路时，不要忘记抬头仰望天上璀璨的星空，恪守我们心中最崇高的道德法则。

持之以恒的职业情怀

——总监往事(九)

2006 年 10 月的绍兴,秋高气爽。由交通部、铁道部、建设部和国家文物局四部委联合主办的"中国十大桥梁人物"颁奖典礼在绍兴人民大礼堂隆重举行。我作为唯一的监理工程师,荣幸地获得了"首届中国十大桥梁人物"这一殊荣。当我从中央电视台著名节目主持人徐俐手中接过沉甸甸的奖杯时,心中充满了自豪与感慨。

曾经在润扬大桥监理项目与我并肩战斗过的前辈专家陈新院士听到消息后,第一时间给我打来了祝贺电话:"作为一名监理工程师,你能够在桥梁界脱颖而出,与张喜刚、孟凡超等设计大师共享殊荣,意味着监理的作用得到了社会的高度认可,可喜可贺。"

电话中,陈新院士还语重心长地对我说:"工程监理集专业技术、管理技术与协调沟通艺术于一身,是一门综合性的交叉科学。然而,多年来监理在工程中所扮演的角色一直十分尴尬,地位也十分低下。原因当然是多方面的,但监理自身的问题也不少。最值得关注的,是目前大多数监理人员缺乏持之以恒的职业情怀……"

一晃,15 年已经过去。陈新院士关于"职业情怀"的论述却一直萦绕在我的耳边,让我一次次陷入深思。2011 年 6 月,80 岁的陈新院士因病医治无效在无锡逝世,让我感到无比悲痛。今日与大家分享的,是我近年来关于监理工程师"职业情怀"的思考与感悟,也寄托着我对陈新院士深深的怀念。

无比沉重的话题

工程监理在我国已经走过了 30 余年坎坷辉煌的历程。鲜花与掌声,误解和争议,可谓一路伴随。或许,从推行工程监理制度的第一天开始,就注定了工程监理的"边缘化"特征。工程监理的这种"边缘化"特征,对监理行业的发展以及监理工程师的职业生涯都将产生深刻的影响。

从理论上说,工程监理制度是现代工程管理经验的结晶,监理的作用是不言而喻的。30 余年的工程监理实践也表明,工程监理业已成为工程中不可或缺的核心力量。然而,作为工程共同体的核心主体之一,工程监理在工程项目中所扮演的角色一直十分尴尬,甚至被不断地"边缘化"。这种"边缘化"特征带有明显的中国特色,主要原因还在于改革开放以来市场环境、监理制度、监理理念、监理职责和规范标准等方面的不成熟和不完善,以及社会各界、工程各方对工程监理认识与理解的不对称。

近年来,随着 PPP、EPC、BOT、PMC 等投融资与项目管理模式的不断推陈出新,工程监理的外部环境发生了深刻的变化。然而,工程监理的"边缘化"特征非但没有得到根本性扭转,甚至还有不断加剧的趋势。目前,国家对外开放的力度不断加大,国家主管部门对监理行业的监管也将更加规范、更加严厉。这一切,不仅使得监理企业面临生存与发展的严峻考验,监理行业更是遭遇到信念、信任和信心上的危机而产生迷茫。

在这样的大背景下讨论"职业情怀"话题,显然是无比沉重的。不过,也正因为如此,这个话题才显得更有分量和意义。学者陈行之说:"只有读懂历史,又读懂现实,才堪称思想者。"我想说的是:"最深刻的思想来自对现实的洞察与思考。"在我们经历过一次又一次挫折与磨难之后,依然能够淡定坦然地接受这一切,持之以恒地选择坚守,无怨无悔甚至乐在其中,这种发自内心的对于这份职业最深沉的热爱与情感就是"职业情怀"。持之以恒的"职业情怀",正是当今监理行业最需要注入的精神动力。

职业情怀的深刻内涵

对监理工程师来说,如果缺乏持之以恒的职业情怀,注定只能成为监理行业的匆匆过客,甚至也无法在监理工作中切实履行职责。如何理解职业情怀的深刻内涵,我想必须学深弄通"职业"与"情怀"两个关键词。

先讲"职业"。监理当然是一个"职业",但从事监理业务的人员却不一定是"职业监理人员"。即便是持有"监理工程师职业资格证书"的人员,也不一定就是"职业监理工程师"。有些人虽然具备了从事监理职业的资格,经过了职业培训和考试,具备了一定的专业知识和职业能力,但如果他们只是把监理看做是一种谋生的手段,三天打鱼两天晒网,一旦在工作中遭遇磨难抑或遇到来自其他行业的某些诱惑,就立马改弦易辙离开监理行业,这样的人员当然不是真正的"职业监理工程师"。

按照我的理解,"职业监理人员"是以监理作为终身职业的人员,与那些短期从事监理业务的人员有着本质的区别。职业监理人员除了必须具备基本的职业化素养(包括职业理念、职业知识、职业习惯和职业操守等)、规范化、标准化的职业行为和相应的职业技能,还应该具备持之以恒的职业情怀。

这些年来,我几乎参加了中国交通建设监理协会组织的全部会议。遇到的新面孔越来越多,老朋友却越来越少了,心中不免有些失落。新面孔越来越多,说明交通监理行业兴旺发达、后继有人;老朋友呢? 他们都到哪里去了呢? 据我了解,当年那些与我并肩战斗在一线的监理工程师们,大都因为种种原因离开了监理行业,这让我无比感伤。

现在看来,持之以恒地坚守工程监理这份职业,是一件多么艰难的事情啊! 对那些离开监理行业的老朋友们,我虽然能够理解他们的苦衷,但我从情感上并不认同他们的行为。尽管,他们当中不乏出类拔萃的英才,但他们称不上真正的职业监理工程师。一个具备持之以恒职业情怀的监理工程师,是不会轻易放弃监理这份职业的。

接下来再说"情怀"。情怀英文翻译为 feelings,是一种高尚的心境、情趣和胸怀,是以人的情感为基础,与所发生的情绪相对应,是人生观、价值观和世界观的有机统一。

监理工程师的职业情怀贵在持之以恒。一时的冲动持续不了多长时间;持之以恒的精神支撑,在于对监理职业的热爱,享受监理工作的乐趣,以及对于监理社会责任、价值理念的深刻理解和认同。

驾鹤仙去的陈新院士在他生命最后的日子里,依然持之以恒地对监理事业倾注着巨大的热情和关注,让我真切地感受到了"职业情怀"的深沉内涵。"以监理作为终身职业",持之以恒,义无反顾,无怨无悔。

以监理作为终身职业

20余年来,我担任过润扬大桥、杭州湾大桥、菜园坝大桥、朝天门大桥、港珠澳大桥等世界级桥梁工程的总监,获得过很多荣誉,也经历过无数磨难。看到自己参建的一座座世界级特大桥梁拔地而起,我能够一次又一次强烈地感受到"以监理作为终身职业"的光荣、自豪、尊严与价值。

大家或许知道,在担任港珠澳大桥SB01标总监理工程师之前,我曾担任中国船级社实业公司(CCSI)总经理、法人代表。因为投标之前我曾经许下诺言,CCSI一旦中标,我将辞去总经理职务,常驻项目一线担任总监。结果呢,CCSI果真中标了,我义无反顾地辞去总经理职务,来到了港珠澳大桥项目一线,一转眼就是6年多时间。

就这么简单的一个故事,引出了两种截然相反的解读。有人说我创造了一个天大的"笑话",放着国有大型企业的总经理不做,却跑到最艰苦的项目一线去做一个总监,不是"有毛病"吗?这种说法似乎也符合常理,辞去总经理职位来到项目上以后,在资源调动、资金调配等方面,我也确实遇到过很多困难,在"官本位"意识依旧浓厚的社会现实中,做不做总经理的确有些不一样。当然也有人说,我创造了一个光荣的"传奇"。

两种说法我都不喜欢。事实上,我既不是"笑话",也不是"传奇"。我只是在不经意间找到了属于一个职业监理工程师的快乐与归宿。6年多时间,我始终坚守在港珠澳大桥工程的第一线。钢箱梁制造与拼装在中山的马鞍孤岛上进行,这里工作与生活的条件都非常艰苦,但我并不感到孤独与寂寞,精神世界十分平静与充实。

"岁月匆匆催人老,梦里依旧那座桥。马鞍岛上有好酒,孤岛不孤自逍遥。"这是我在马鞍岛上写下的小诗,很真实地表述了我的心情。或许,只有在经历过无数磨难和顽强坚守以后,才能真切地体验到这种淡然与幸福的感觉,这当然也是一种职业情怀。

"以监理作为终身职业",我做到了持之以恒,我做到了义无反顾,我做到了无怨无悔。我更加期待,在当今监理行业遭遇信念、信任和信心危机与迷茫的关键时刻,每一个监理工程师都能够永葆持之以恒的职业情怀,携手同行,共同渡过难关。

看到自己参建的一座座世界级特大桥梁拔地而起,程志虎一次又一次强烈地感受到"以监理作为终身职业"的光荣、自豪、尊严与价值

冬日碎语

2021年11月6日晚上，北京下了入冬以来的第一场大雪。早上醒来，小区被白雪覆盖的景致让人震撼、惊喜。这么好的景色当然不能错过，于是夫人穿上了一套红红的滑雪衫，也刻意帮我找到了一条红色的围巾，在小区里拍了很多照片。

昨晚，我在朋友圈发了一组照片。我这个朋友圈，已经两年多没有发过东西了。或许是因为老朋友久别重逢的喜悦，短短两小时内我看到了200多条点赞，熊广忠、田克平和薛林等很多监理行业的老朋友们还给我留了言，让我十分感动。其中，王友斌应景应时、意味深长的一首五言诗，让我十分感慨——

> 北国初雪急，层层压青松。
> 红巾映丹心，白发抒情怀。
> 境高达东西，浩气贯南北。
> 独立寒风里，傲雪一老翁。

我更加怀念起从前那些在一线从事桥梁监理的日子。如今，成为"傲雪一老翁"的我，心里最放不下的，其实还是几十年来我执着坚守的工程监理事业；心中最惦念的，是那些在高温酷暑的炎炎烈日下、在冰天雪地的呼呼北风中依然无怨无悔工作在一线的监理工程师们。天气冷了，北京下起了第一场大雪，不知坚守现场的那些监理兄弟的境况如何？想着想着，我的心情也格外的沉重起来。

于是，我在朋友圈给王友斌回复了一首小诗，表达了我对监理事业的无比热爱，也寄托着我对一线监理工程师们的深情惦念。

> 当青春已成为遥远的往事，
> 我怀念在一线从事监理的日子；
> 那身如雪般洁白的连裤工作服，
> 是我人生最宝贵的财富和记忆。
> 如今，职业生涯已接近终点，
> 我收拾工装回到了温暖的家庭。
> 初冬的北京迎来了第一场大雪，
> 我惦念依然坚守在工地上的监理兄弟。
> 在朋友圈发一首思念的小诗，
> 挂在脖子上的红围巾，格外鲜艳。

行驶的航船,终究是要停靠码头的。我的监理职业生涯即将接近终点,心中虽然有些依依不舍,但并没有太多遗憾。当青春已成为往事,留下来的是美好的回忆。最难以割舍的,当然还是在那一段段峥嵘岁月中与兄弟们结下的深深情谊。

展望未来,我对中国交通建设监理的明天充满信心。在当今国际化、全球化、信息化的大背景下,监理行业的外部市场和政策环境都发生了深刻的变化,迎来了新一轮高质量发展的机遇。一大批新生代青年才俊进入监理行业,也为行业的发展壮大注入了活力。

关于监理之道的新感悟

最近一段时日,我研读了易中天先生编著的关于中国传统哲学方面的书籍,包括《先秦诸子》《儒墨道法的救世之策》和《中国人的智慧》等,受到很大的启发。结合所从事的工程监理职业,以及近年来我潜心研究的工程哲学,我又有了许多新的感悟。

监理工程师既要懂得科学方法,又要懂得工程方法,当然更要学习中国的传统智慧。周易的启示、中庸的原则、兵家的思考、老子的方法,甚至于魏晋的风度、禅宗的境界,对我们感悟监理之道、切实履行好一个监理工程师的职责都会有所帮助。

中庸之道与监理之道

中庸之道,当然不是监理之道。究竟什么是监理之道,我只能告诉你三个字——"不知道"。"道"是"悟"出来的,如果研究和思考没有积累到一定强度,恐怕是很难有所"顿悟"。不妨还是先看看中庸之道吧,中国的传统智慧对我们有很大帮助。

多年以来,因为很多人念歪了"经",让孔子和中庸之道都背了黑锅。什么"骑墙""和稀泥""好好先生""没有原则""各打五十大板"等等,认定中庸之道就是"调和的哲学",这实在是大错特错了。事实上,孔子是非常实事求是、直言不讳、恪守原则的。

据《论语·为政》记载,孔子对他的学生子路说:"知之为知之,不知为不知,是知也。"将孔子说的话翻译成白话,就是"知道就是知道,不知道就是不知道,这就是智慧,这就是知识"。显然,孔子并不主张和稀泥。

同样在《论语·为政》中,还记载了孔子的一句名言:"君子周而不比,小人比而不周。"周是"团结",比是"勾结"。君子之交淡如水,小人之交甜如蜜。一帮狐朋狗党、酒肉朋友,纠集在一起吃吃喝喝、拉拉扯扯,是没有原则没有底线的。而倡导"君子之交",中庸是最讲原则、守底线的。在儒家的思想中,中庸不但讲原则,本身就是最高的原则。

《论语·雍也》记载孔子的话说:"中庸之为德,其至矣乎!民鲜久矣"。意思是说,中庸作为一种道德,难道不是最高的原则吗?可惜已经很久不见了。那又怎么办呢?当然是坚持这种原则,回到这种原则。

中庸究竟是什么

"中庸"不是"老好人",也不会"和稀泥",更不是"没原则"。那么,中庸究竟是什么呢?中庸其实很简单,用两句话概括:中就是不走极端,庸就是不唱高调。

所谓不走极端,也包括两个方面:不缺位也不越位,不过头也不掉队。孔子说"过犹不及"，意思是"走过头等于跟不上"，强调中庸就是无过无不及，不偏不倚，就是恰到好处。

不唱高调，是"庸"的核心内涵。庸就是庸常或平庸，平平常常，普普通通。另外，庸还有一层意思，就是"用"，使用，适用。两层意思加起来，就是"常用"。也就是说，经常用得到的这个普普通通的"道"，就是中庸之道。

既然是平常之道，当然不能唱高调，否则只能造就伪君子。据《论语·宪问》记载，有一次，有人问孔子："以德报怨，何如？"孔子说："以直报怨，以德报德。"这句话非常经典，以直报怨，就是根据实际情况该怎么着就怎么着，不必拘泥于德或怨。《中庸》里面有一句话，叫做"极高明而道中庸"。"极"就是房屋的正梁，必须放在正当中，否则"上梁不正下梁歪"，房屋就会倒塌。直是正，是义，也是宜，以直报怨也可以解释为"以正报怨""以义报怨""以宜报怨"。这样做，既解决了问题，又坚持了原则。

中庸之道，并不是什么"惊世骇俗"的东西，而是不唱高调、不走极端的"适中之道"，是普通老百姓都能够想得通、学得会、做得到的"常人之道"，也是具有现实可行性的"可行之道"。

经与权的辩证关系

中庸之道作为儒家思想的精髓，所蕴含的传统智慧是儒家思想方法留给华夏儿女的宝贵财富。作为一个监理工程师，我们常常遇到的诸如"原则性与灵活性"难题，可以运用中庸之道，在"经"与"权"的辩证关系中找到答案。

在儒家思想方法中，有一个重要的法则是"有经有权"。经是什么呢？经就是织布机上的纵线。古人织布，是先有几根纵线固定在那里，然后用梭子牵着横线来来回回地织。这个纵线就叫作"经"，横线叫作"纬"。纬是运动的，经是不动的，所以经又引申为"不变"，比如"经典""原则"等。"权"是什么？是秤砣。一杆秤，仨配件，秤杆、秤砣、秤盘。秤砣是"权"，秤杆是"衡"，有权有衡，就可以用来称重，所谓"权衡"。又怎么权衡？要看秤盘里面的重量。秤盘里面重了，秤砣就要往外挪；秤盘里面轻了，秤砣就要往里挪。所以，秤砣是移来移去的。

这就是经与权。经是不变的，权是可变的。有经有权，就是有的变，有的不变；有的能变，有的不能变。经是原则，当然不能变；但原则是抽象的，事情是具体的，具体问题必须具体分析，因此处理问题的具体方式方法是可以变的，也是必须变的。这就是"权变"。在孔子眼里，做人的最高境界是"仁"，治学的最高境界是"乐"，做事的最高境界是"权"。有经有权，才是中庸。只有经或者只有权，那就是"走极端"。

回到我们的监理工作当中，如何把握好"原则性"与"灵活性"的关系，同样需要"有经有权"。立足多年的工程监理实践，笔者认为应该把握好几条原则。

首先，"大事经，小事权"。也就是说，要"抓大放小"，原则问题不能让步，枝节问题可以商量。其次，"方向经，方式权"，或者说"内容经，形式权""目标经，路径权"。监理的使命、目标不能够改变，但监理的方式方法可以灵活。再次，"现场经，总监权"。在原则性和灵活性的问题上，要有分工。原则性由下级把握，灵活性则必须由总监掌控。如果现场监理工程师不能严格按照规范、标准和实施细则进行巡检把关，事事都去灵活处理，那就没谱了。此外，还要"和而不同,守住底线",这里不再赘述。

中庸是处世的哲学,是做人的艺术,是一种内涵修养,更是一种道德境界。中庸"不唱高调、不认死理、不走极端、实事求是、有经有权、坚守底线"等思想方法,是中国传统智慧的结晶,值得广大的监理工程师们学习、研究和不断实践。

2021 年 11 月 7 日,北京下的第一场雪,小区景致独好

这当然不是没有涵养！自古以来，中国知识阶层关心国事、心忧天下的传统文化烙印之深刻、之久远，是其他国家难以比拟的，所谓"天下兴亡，匹夫有责"。然而，这些"匹夫"，除了手中握有一支针砭时弊的笔，再就是一张骂人的嘴，剩下的恐怕只有无奈与痛苦了。

尽管如此，依然还有那么多人加入了"边走边骂"的行列，愿意成为"骂人的狗"。

只是，看似酣畅、痛快的"边走边骂"，其实是一份伤心、伤身、伤神的"苦差事"。一旦真的骂到别人的"痛"处，或许就不好玩了。闹不好，还会引来无数的攻击和非议。

如此说来，"边走边骂"是勇敢者的游戏，是智慧者的园地。"边走边骂"所演绎的，是幽默更是良知，是调侃更是道义，是嘲讽更是责任。

好一个《边走边骂》！好一条"骂人的老狗"！

喜欢《边走边骂》，却又不愿意看到，"边走边骂"的队伍正不断壮大！

——中国桥梁网主编 刘行行

边走边骂

2011 年 9 月 20 日至 22 日，由中国工程院、重庆市人民政府、茅以升科技教育基金会联合主办的"国际桥梁与隧道工程技术高峰论坛暨茅以升先生诞辰 115 周年纪念大会"在重庆召开，来自国内外的 300 多名桥梁与隧道专家参加了会议，包括全国政协副主席王志珍院士、中国工程院院长周济院士、邓文中院士等 20 余名中外院士。本人应邀参加会议，并参与了 22 日的"院士论坛"（国际桥梁与隧道发展战略研讨会）。

高峰论坛也为老朋友们提供了再次相聚的机会。20 日晚上，我与孙峻岭、刘行行等几个老朋友坐在咖啡馆里喝茶聊天，相谈甚欢。与以往一样，神聊胡吹之际，总少不了要将对方挖苦调侃一番，最后遭到"致命嘲讽"的，当然只能是自己。

老虎？老狗？

这一次，"老虎"摇身一变，竟然成了一条"老狗"。事实上，"老虎"变成"老狗"，并非朋友们的恶意攻击，而是来自"老虎"本人的自我嘲讽。故事还得从我的老朋友徐捷说起。

一个月前，在天津与徐捷等朋友聚餐。席间，徐捷非常认真地提出，特别想辞去现在的工作，改行去做一个"职业骂手"，写一本"骂人的书"，专门针对当今社会形形色色让人无比愤怒的人和事，"口诛笔伐，破口大骂"。比如说，"温州动车事故"发生后，有关方面一连串的"善后行为"以及对新闻媒体的"封杀"，荒唐之极，让人忍无可忍。再如，"三鹿奶粉事件""达芬奇家具造假事件""桥梁垮塌现象"，都是最该骂的！

"仁兄目光锐利、思维敏捷、骂技高超，期望能够与您共同操刀执笔，完成'骂业'！"徐捷一下子变得谦虚起来了。

"有点意思！就给这本书起名叫《边走边骂》吧！"我欣然接受了邀请。

我们两人经过一番推敲,初步确定了《边走边骂》的基调:先骂自己,再骂别人。《边走边骂》的第一篇文章,题目也已经想好,《狗咬狗,一嘴毛》,内容则是程与徐互相之间的对骂。先将自己骂得"体无完肤",然后就可以开始骂别人了。在《边走边骂》的封面上,画上两只正在对骂的老狗,意思非常明白:这两个作者,就是两条喜欢骂人的"老狗"。这样做有一个最大的好处,被骂的人的心情或许比较舒畅。骂对了,您就改正;如果骂得过火了,您也别计较,不过是"被狗骂了"。

"要骂,一定要骂! 要骂得响亮、骂得痛快、骂得酣畅!"没等我讲完这个故事,孙峻岭博士居然鼓掌喝彩。

"要不,在封面上再画一条洋狗上去?"我笑问。

"再帮我画一条小狗上去!"未等孙博士回答,中国桥梁网的美女主编刘行行小姐抢先说话了,似乎有些迫不及待。

"我担心,《边走边骂》封面的篇幅有限,画不下许多'骂人的狗'。还是把文章交给中国桥梁网吧,相信'边走边骂'的队伍将会十分壮大!"行行小姐果真是三句不离本行,为中国桥梁网拉起了生意……

这两天,每逢会议休息时间,在大厅抽烟的我总会被一群朋友紧紧包围,"边走边骂"成了热门话题。正如刘行行所言,"边走边骂"的队伍正"不断壮大"。

对此,我非常感慨:居然有这么多人愿意成为"骂人的狗",看来,在这个社会上,该骂的人、该骂的事,实在太多了。

氧化? 腐化?

21 日晚上,重庆市人民政府举行盛大宴会,招待参加高峰论坛和纪念会议的中外专家。

席间,我与香港路政署原署长刘正光博士(香港工程院院士)、孙峻岭博士等"几条老狗",从红酒的"氧化"、酸奶的"腐化"聊起,针对桥梁工程的安全质量问题,又一次演绎了"边走边骂"的幽默内涵。有趣的是,瀚阳公司的小刘、小魏等几个"乳臭未干"的洋博士,居然也"借酒壮胆",加入了"边走边骂"的行列。

红酒里面有"骨头",必须慢慢地品,细细地尝,才能体味红酒的真谛。最好用大口径玻璃杯,浅浅地晃上一圈,充分"氧化"后,红酒才有"味道"。酸奶就不一样了,已经过"腐化"处理,打开后要尽快喝,否则就会"变质"。

大家最关心的,是正交异性桥面钢板各类焊缝的"疲劳与断裂"问题。有些结构因为设计不合理,局部区域的应力集中,最容易产生"疲劳损伤"。在钢结构的制造与安装过程中,焊缝的质量受到诸多因素影响,容易产生裂纹、未焊透、未融合等内部缺陷,更容易产生咬边、凹坑、焊肉不足等表面缺陷,这些缺陷都可能成为致命的"疲劳源"。

桥梁钢结构在服役过程中,当"疲劳损伤"达到一定程度以后,"疲劳裂纹"将迅速扩展,导致结构单元"断裂",也可能造成结构整体"失稳"甚至"垮塌"。由"疲劳"到"裂纹扩展",再到"失稳"甚至"断裂",与前面说到的由"氧化"到"腐化"再到"变质"的概念一样,都是一个累积渐进的过程。

事实上,钢结构的锈蚀现象也正是一个由"氧化"到"腐化"的过程。钢铁材料暴露在空气中,必然要与大气中的氧气、水分发生化学反应,形成 Fe_2O_3、Fe_3O_4 等锈蚀物。尤其是跨越江河湖海的桥梁钢结构,环境条件更加恶劣,腐蚀是造成结构损伤的主要因素之一。值得注意的是,"疲劳"与"腐蚀"常常在某结构单元同时发生,产生"应力腐蚀"或"疲劳腐蚀",这是最危险的。

由"氧化"到"腐化"是一个累积渐进的过程。这个过程或许很长,"长"到使人"麻痹","长"到使人"不以为然"。最近我参加了几座桥梁钢结构工程的评审会议,多次听到个别专家"不以为然"的声音,让人非常担忧。

事实上,焊接方法自 1928 年应用于桥梁工程,至今不过八十几年时间。并且,在这短短八十几年之中,焊接结构的疲劳断裂事故层出不穷。如今,桥梁的设计寿命大都是 100 年,个别甚至要求达到 120 年,但我们只有八十几年的经验积累。对此,连学富五车的范文理教授也只能在心里默默祈祷:"在我的有生之年,至少不要看到我参与建设的桥梁发生垮塌事故。"

目前,社会上还有一种流行说法,"安全质量问题的背后,一定有党风廉政问题",这种说法有一定道理;但安全质量问题的背后,是否"一定有"党风廉政问题,只有调查以后才能知道。有一点是肯定的,"安全质量"绝不是一个单纯的技术问题。

安全质量问题、党风廉政问题,其实也是一个由"氧化"到"腐化"的过程。只是,思想的"氧化"与"腐化"更加隐蔽,危害也就更大。

对于一个工程来说,主要领导和管理者的"氧化与腐化"达到一定程度后,发生"责任事故"是必然的结果。那么,对一个经济社会来说,当"氧化与腐化"达到一定程度和范围后,后果又会怎样呢?

刹那间,"几条老狗"同时陷入了沉思,似乎再也没有骂人的热情了。

事故? 差距?

近年来,我国"桥梁垮塌事故"频发。从表面上看,"体质先天不足、身体后天失养、生存环境恶劣"是造成安全事故的主要原因。桥上汽车超载,"压断了腰";桥下船舶偏航,"撞断了腿";桥旁无序挖砂,"掏空了基"……桥梁安全运行的风险极大。

事实上,不断发生的"桥梁垮塌事故"暴露了我国桥隧工程建设过程中深层次的质量和效益问题。如果仅仅从设计角度去衡量,与国外桥梁强国相比,或许我们在技术上并不落后。以苏通大桥为代表,近年来产生了一批创新的设计案例,堪称经典。如果从施工技术及其装备来衡量,与其他先进国家相比,差距是显而易见的;如果再进一步从施工组织、项目管理方面去考量,我们的差距则更大;如果我们再深入一步,从安全质量意识、风险管理理念等方面去探究,已不能用"差距"衡量。

桥梁工程的风险,贯穿于桥梁工程的每个过程和环节之中。为此,迫切需要引进基于全寿命风险管理的理念和风险控制技术。

创新？变通？

目前，桥梁界对"创新"的追求，似乎有些变味。且不说那些不顾功能性与经济性、刻意追求"最长、最高、最大、最美"的桥梁结构大有蔓延之势，在施工组织、项目管理方面也标新立异，追求所谓的"创新"。

借我一个胆，我也不敢反对"创新"。只是，出于一个总监的职业敏感，我认为应该理智地对待"创新"。尤其在施工组织、项目管理等方面，我们与国外先进的项目管理模式还有很大差距，建立健全"规范化""标准化"的项目管理体系、风险防控体系，或许更加迫切。

郑皆连院士在《桥梁技术创新的几点思考》一文中说过："桥梁技术创新是手段不是目的；追求新奇、怪异绝不是技术创新；精心设计精心施工也是技术创新！"这些观点，我都非常赞同。

在桥梁工程中，因为融资的途径和渠道不一，目前流行多种项目管理模式，如 BT 模式、设计-施工-总承包模式等。这些管理模式，因为缺乏统一的"标准"，在项目实施过程中，常常因为"职责不清"而产生"扯皮"现象。

中国有五千年的历史，一些与现代管理制度格格不入的"传统习惯"，不是一朝一夕就能够改变的。并且，中国人讲究"中庸之道"，善于"变通"，与现代管理制度中近似"教条"的"程序"和"流程"，很难融为一体。

多一些"规矩"，少一些"变通"；多一些"制度"，少一些"随意"，工程项目管理必须"走标准化道路"。值得注意的是，那些带有随意性的"变通"，一旦披上了"创新"的外衣，对于工程项目的安全质量，或许就是一场灾难。

替死鬼？高技术？

"桥梁垮塌事故"频发暴露了我国桥梁工程建设过程中深层次的质量和效益问题。早稻田大学小泉淳院士说，在日本，工程建设讲究节约成本，强调"省、省、省！"；我国讲究工程速度，强调"快、快、快！"，结果都一样，工程的安全质量不能得到有效保障，出事故，那是必然的。

邓文中院士说，大多数桥梁设计本身并没有毛病，但最终质量达不到要求，关键还在于施工过程中的质量控制。施工方案与工艺、施工组织与人员、施工器械、工程材料、施工环境、施工监理……都是影响施工质量的重要因素。

笔者曾经在几座特大桥梁工程中担任过总监，对此深有感触。工程中常常遇到一些普遍性问题，主要表现形式有："先斩后奏、不讲程序""工艺文件，未经评审""质量检验，滥竽充数""材料代用、偷梁换柱""偷工减料、偷工减序""隐蔽工程，敷衍了事""自说自话，变更设计""层层分包，缺乏控制""发现问题，降低标准"……为确保桥梁的安全质量，监理人员的任务艰巨，责任重大。

工程监理的核心任务是确保工程的安全质量，所发挥的作用是不言而喻的。遗憾的是，目前工程监理无论是学术地位还是在职责履行方面，并未得到应有的认可与尊重。因为监理费率低、授权不充分以及监理单位的自身原因，监理在工程中处于非常弱势的地位。一旦出了安全质量事故,监理人员常常成为"替死鬼"。

工程监理,到底算不算一门技术?我坚持认为,监理集专业技术、管理技术与协调沟通艺术于一身,是一门复杂的综合性技术,是交叉科学。润扬大桥的总监,由赫赫有名的桥梁专家陈新院士出任,就是一个典型案例。

事实上,监理也需要院士,监理也需要博士,监理行列更需要一大批精通专业、善于管理的高层次技术人员。监理的"三控两管一协调"职能以及在施工安全、环境保护等方面所发挥的作用,无一不是一种高智力、高技术的复杂劳动,凝聚着监理工程师的智慧、热情和汗水。

为此,我强烈呼吁,社会需要对监理进行"再认识"。我热切地期望,社会各界应该对监理多一些信任,少一些猜忌;多一些鼓励,少一些抱怨;多一些支持,少一些责难;多一些关怀,少一些冷漠。

果如此愿,监理幸甚!工程幸甚!社会幸甚!

烟花三月，去扬州品桥读诗

我与扬州的渊源，可以追溯到 1983 年 8 月。那个炎热的夏天，我大学毕业被分配到了扬州。我所在的工厂，就坐落在琼花巷头的解放桥附近。

扬州，南临滔滔的长江，东依静静的京杭大运河。这里河流密布，湖泊众多，灿若星辰的桥梁为扬州赢得了"桥城"的美誉。明月箫声廿四桥、春灯夜宴小市桥、禅智迷雾月明桥、津度要塞扬子桥、花团锦簇开明桥、彩楼香亭迎恩桥、邗上文枢文津桥、仙鸟飞落凤凰桥、几时停杯问月桥、诗文修禊大虹桥、金莲盛开五亭桥、烟雨最疑春波桥、将军亲定公道桥……自古以来，无数文人骚客为扬州的桥梁写下了不朽的诗章。

扬州是桥文化的故乡。从到扬州的第一天开始，我就深深地爱上了这座城市，爱上了扬州的烟雨亭桥，爱上了扬州的诗词歌谣。遗憾的是，我在扬州只工作了短短两年时间。1985 年那个春夏之交的梅雨季节，我接到了硕士研究生的录取通知书，再次独自踏上了北上求学的火车。

2001 年 10 月，我有幸担任润扬大桥悬索桥上部结构的总监理工程师。其后 4 年，我一次又一次踏上春风十里扬州路，品读扬州的烟雨亭桥和诗词歌谣。2005 年 4 月 30 日，创造当时 7 项"世界第一"的润扬大桥建成通车。我漫步在横跨滚滚长江的大桥之上，心潮澎湃。我想到了王安石，想起了李白，想起了杜牧，想起了"明月何时照我还"的千年感叹。

一晃，润扬大桥已经通车十多年。其间，我虽然也出差路过几次扬州，但始终不能像从前一样从容地品读扬州。牛年早春，我再次回到了阔别已久的扬州城。漫步在瘦西湖内新建的"二十四桥"景区，抚摸着单孔拱桥上的汉白玉栏杆，聆听着桥旁亭台楼阁里《烟花三月下扬州》的悠扬旋律与琴箫交汇之声，感慨万千。

> 牵住你的手，相别在黄鹤楼，
> 波涛万里长江水，送你下扬州。
> 真情伴你走，春色为你留，
> 二十四桥明月夜，牵挂在扬州。
> ……
> 烟花三月，是折不断的柳，
> 梦里江南，是喝不完的酒。
> 等到那孤帆远影碧空尽，
> 才知道思念总比那西湖瘦。
> ……

折不断的柳，喝不完的酒……这样的句子，把烟雨江南的扬州当真写得如同梦境一般。这首宛转悠扬、情深意切的流行歌曲《烟花三月下扬州》，融经典诗词意境、传统文化底蕴、现代情感趣味和流行时尚魅力于一体,将我的思绪一下子带回到了一千年之前的盛唐,两位风流潇洒诗人的离别场景仿佛就在我的眼前。

> 故人西辞黄鹤楼,烟花三月下扬州。
> 孤帆远影碧空尽,唯见长江天际流。

这首《黄鹤楼送孟浩然之广陵》,是唐代诗仙李白脍炙人口的千古绝唱。短短四句28个字,把两位诗人潇洒离别的情景和真挚的感情表达得淋漓尽致,也让扬州这座风韵无限的"烟花之地"从此名扬天下。

这一场极富诗意的、两位风流潇洒诗人的离别,对李白来说,又是带着一片向往之情的离别。诗人用绚烂的阳春三月的景色,将泛舟长江的宽阔画面、目送孤帆远影的细节极为传神地表现出来了。

我最喜欢的,是诗中的"烟花"二字,把送别环境中那种诗的气氛涂抹得尤为浓郁。烟花,指烟雾迷蒙,繁花似锦。给的绝不是一片地、一朵花,而是看不尽、看不透的大片阳春烟景。烟花三月之时,而开元时代繁华的长江下游,又正是烟花之地。"烟花三月",不仅再现了那暮春时节、繁华之地的迷人景色,也透露了时代气氛。

"扬州"是东南都会,自古繁华,而"三月"又正是春光明媚、百花争艳的季节。诗人用"烟花"修饰"三月",不仅传神地写出烟雾迷蒙、繁花似锦的阳春特色,也使人联想到处在开元盛世的扬州,那花团锦簇、绣户珠帘繁荣而又太平的景象。"烟花三月下扬州"这清丽明快的诗句,正表达了李白内心对扬州的向往。

又到了"烟花三月",请和我一起,去扬州品桥读诗。

> 青山隐隐水迢迢,秋尽江南草未凋。
> 二十四桥明月夜,玉人何处教吹箫。

这首《寄扬州韩绰判官》,是晚唐诗人杜牧流传千年的名篇。杜牧出身望族,三十岁出头便在扬州做官。他生性喜好声色歌舞,在扬州度过既风光又逍遥的三年。后经考试升迁到京城做官,然而扬州始终令他魂牵梦绕。有一回,他因故错过了本可以路过扬州游玩的机会,于是给仍在扬州做判官的挚友韩绰写信。

"青山隐隐约约,绿水千里迢迢。秋时已尽,江南的草木还未凋零。二十四桥明月当空,映照幽幽清夜。帅气貌美的你,又在何处教人吹箫呢?"诗中,"隐隐"和"迢迢"这一对叠字,不但刻画出了山清水秀、绰约多姿的江南风貌,而且隐约暗示着诗人与友人之间山遥水长的空间距离。抑扬的调侃声调中,仿佛还荡漾着诗人对扬州生活的深情怀念。看得出,杜牧与韩绰私交甚笃。

唐代的扬州是长江中下游最繁荣的大都会,店肆林立,商贾如云,酒楼舞榭,比比皆是。放荡不羁的杜牧在这样的环境中有不少风流韵事,韩绰与他同道,所以杜牧才会在回到长安后写诗寄赠。

这首诗中,"玉人"二字很值得玩味。诗人巧妙地把二十四个美人吹箫于桥上的美丽传说与"月明桥上看神仙"的现实生活融合在一起。我仿佛看到,在月光笼罩的二十四桥之上,吹箫的美人们披着银辉,宛若洁白光润的玉人;又仿佛听到,呜咽悠扬的箫声飘散在秋尽的江南月夜,回荡在青山绿水之间。这样优美的境界早已远远超出了与朋友调笑的本意,它所唤起的联想是对江南风光的无限向往:秋尽的扬州尚且如此美丽,烟花三月又将如何迷人?

关于二十四桥,相传有三种说法。一说是扬州城内有二十四座桥,其证据是北宋沈括在《梦溪笔谈》中对每座桥的方位和名称都一一做了记载。另一说是指一座桥,"二十四桥"只是这座桥的名字。清代李斗的《扬州画舫录》中记载:"廿四桥即吴家砖桥,一名红药桥,在熙春台后……是桥因古二十四美人吹箫于此,故名。"第三种说法,"二十四桥"泛指扬州城,意指扬州的歌吹、风月与繁华。

扬州的"二十四桥"究竟是指一座桥还是指二十四座桥,在我看来,这并不重要。我们要品味的是"二十四桥"之于扬州所承载的诗情画意和浪漫情怀。

> 京口瓜洲一水间,钟山只隔数重山。
>
> 春风又绿江南岸,明月何时照我还?

公元 1070 年,王安石被任命为同中书门下平章事,位同宰相,开始推行变法。但是由于反对势力的攻击,他几次被迫辞去宰相的职务。这首《泊船瓜洲》写于 1075 年 2 月,正是王安石第二次拜相进京之时。

"京口和瓜洲之间只隔着一条长江,钟山就隐没在几座山峦的后面。和煦的春风又吹绿了大江南岸,明月什么时候才能照着我回到钟山下的家里呢?"多年以来我一直不明白,王安石的这首《泊船瓜洲》语言非常直白,意境似乎也很清浅,为什么能够成为传颂千年的千古绝唱?

时过境迁,我似乎有所顿悟,感同身受。或许,没有经历过迷茫、挫折、磨难、背叛和打击的人,是很难真正领悟王安石诗词的思想内涵的。不过,我更愿意从字面上来理解这首诗的意境。

扬州,离我的家乡丹阳仅一江之隔。京口瓜洲的距离,当真是十分的遥远。诗人王安石泊船瓜洲,急于想回到金陵的家中,但由于受风浪之险晚上不便行船,只好抬头仰望浩浩明月,发出"京口瓜洲一水间,钟山只隔数重山"的喟然长叹。如果王安石能够活到今天,和我一起走在高高的润扬大桥之上,不知他又将如何表达他的心情?

> 扬州好,高跨五亭桥。
>
> 面面清波涵月影,头头空洞过云桡。
>
> 夜听玉人箫。

这是清代黄鼎铭在《望江南百调》中赞美五亭桥的诗句。

五亭桥位于瘦西湖水道之上,是中国古代十大名桥之一。五亭桥始建于清乾隆二十二年(1757 年),巡盐御史高恒及扬州盐商为迎奉乾隆帝而建。因为建于莲花堤上,所以它又叫"莲花桥"。

五亭桥有"中国最美的桥"之美誉,不但是瘦西湖的标志,也是扬州城的象征。桥的造型秀丽,黄瓦朱柱,配以白色栏杆,亭内彩绘藻井,富丽堂皇。桥下列四翼,正侧有十五个券洞,彼此相通。每当皓月当空,各洞衔月,金色荡漾,众月争辉,倒挂湖中,不可捉摸。

作为一名专业从事桥梁工程的监理工程师,我常常在思考,桥梁是什么? 桥梁文化又是什么? 当道路遇到了河流,就有了桥梁。桥梁因满足人民生产生活需要而存在,桥梁因弘扬优良传统而发达,桥梁与各种艺术形式的融合就产生了丰富多彩的桥梁文化。当桥梁遇到了诗歌,桥梁文化便呈现出更加富有内涵意趣的艺术表现形式。扬州的烟雨亭桥和诗词歌谣,是中国桥梁文化宝库中最瑰丽的明珠之一。

桥梁文化需要不断传承。值此烟花三月,请和我一起,去扬州品桥读诗。